中庸明意

泰山学者工程专项经费资助

温海明／著

华夏出版社

图书在版编目（CIP）数据

中庸明意 / 温海明著 . -- 北京：华夏出版社有限公司，2024.6
ISBN 978-7-5222-0714-8

Ⅰ．①中… Ⅱ．①温… Ⅲ．①《中庸》—研究 Ⅳ．① B222.15

中国国家版本馆CIP数据核字（2024）第 098518 号

中庸明意

作　　者	温海明
责任编辑	曾　华　张　平
出版发行	华夏出版社有限公司
经　　销	新华书店
印　　装	三河市少明印务有限公司
版　　次	2024 年 6 月北京第 1 版 2024 年 6 月北京第 1 次印刷
开　　本	710mm×1000mm　1/16 开
印　　张	18.75
字　　数	288 千字
定　　价	78.00 元

华夏出版社有限公司　地址：北京市东直门外香河园北里 4 号　邮编：100028
　　　　　　　　　　　网址：www.hxph.com.cn　　电话：（010）64618981
若发现本版图书有印装质量问题，请与我社营销中心联系调换。

序一

在这本专著中,作为一名比较哲学家,温海明在他独创且富有扩展性的"意哲学(意学)"框架下,对《中庸》做了十分精彩的阐释。过去十多年间,以《周易明意》的出版为奠基,海明一直将"意哲学"作为解读中国古代哲学经典的策略。他对《中庸》的全新解读,运用了比较文化阐释学的方法,从而将《中庸》置于比较哲学和宗教学的广阔视野中。在这些解读中,我们可以体察到一种持续性的哲学反思,这一反思通过对原始文本的细密解读彰显其意义。正如海明所坚持的,意义本身只有在缘发情境(in situ)、原初状态(ab initio),以及(我想或许可以再加上)过程之中(in medias res)才能显现,而不能以一种本体论的因果思维方式,通过揭示某种本源得以复原。

古希腊本体论思维与《易经》生生论思维的一个根本差异,就是本体论将无所不在的理念(eidos)和目的(telos)视作所有事物的形式因和目的因:即绝对思维的内在设计和既定目标,使得事物具有非此即彼的同一性。这种目的论思维已经深嵌于印欧语系之中并成为一种根深蒂固的常识,使他们即使在宣称"上帝已死"时,仍然以实体本体论(substance ontology)的方式言说——尽管一百多年前这就已经被视为一种错误的思维方式。这种思维是线性的、绝对的,并诉诸一种封闭的逻辑。而这种理性的封闭性,与中国过程宇宙论中意象思维的审美感受形成了鲜明对比。在意象思维中,"意"从人类经验中寻求的不是终极性或封闭性的诠释,而是无穷无尽的细节中所蕴含的意向关联,进而揭示其中不断生成的附加意义。事实上,正是为了刻画这种情境化的方法，郝大维（David Hall）和我才在几十年前引入了"情境化艺术"（ars contextualis）这个全新术语，来描述关联性思维的生成性。

海明还提出了另一个关于意义的重要论点。意义以各种形式、来源出现时，都带有某种特定的意向或目的（intentionality or purpose），这便是"意"。当然，"意"的含义相当复杂。最早出现在周代青铜器上的"意"，带有"言"这个部首，表明它指的是"以言达意"。直到战国时期，"意"才以与"心"相结合的形式出现，指不同的思考和感受模式，或可称为"思意"，即"意欲、打算、预期、期望、渴求、疑心、记住（intending, purposing, anticipating, expecting, aspiring to, doubting, remembering）"。《说文解字》将"意"与"志"联系起来，释之为"志向"，有"志意、志思、志望（intending, purposing, aspiring to）"的含义。海明在他早期的著作中，已经通过诉诸"道"这个术语当中"言""行""意"之间的同构性，以及古希腊的"逻各斯"（logos）既是词语又是理性方法（oratio and ratio）的特质，将"意"的这两种早期字象——言说和行动（speaking and acting）——巧妙地联系在了一起。

在对《中庸》的持续反思中，海明对"天人合一"这一统合哲学与宗教的命题有着深刻的理解，也正是这一命题，促使朱熹将《中庸》从众多经典文本中拣择出来，视其为儒家思想的极致表达。海明创造性地诠释了天人之间的第一序问题及其共生关系，在他看来，天与人由彼此的"意"相互塑造，这超越了我以往接触到的其他《中庸》相关研究。他使用了一些全新的表达——"祖天之意"（基于有能力和成就去理解祖先与天贯通而可产生的"意"）和"诚中之意"（基于人与神圣世界深入交融并达到天地人三才合一之境而产生的"意"）。

海明认为，《中庸》通过诉诸人类自身最高层次的洞见，来调和天人、主客、本体实践、知行、内外、身心、心物等常见的二元对立范畴。在《中庸》里，孔子本人之意被描述为人与自然之间差异性的消解："辟如天地之无不持载，……辟如四时之错行，如日月之代明。"历代至圣、至成之人所

序一

达到的这种认知水平提升了人类经验,使其成为恒常日新的宇宙秩序得以显现的资源。

海明最独特的贡献或许在于,他对人与世界彼此塑造过程中,人所具有的生存性(existential)和意向性(intentional)能力的强调。他引入了一种独特的中国式目的论,即《中庸》所说的"致中和,天地位焉,万物育焉"。首先,海明质疑并摒弃了默认的、未经批判的实在论观点——"客观"完全不受任何"主观"的侵染,因而是真知的终极"客体"。与此相反,在他的诠释路径中,海明坚持认为,人类经验本身才是真正的实存,而要理解这一点则需要一个强有力的主观面向。这一主观面向体现在他对"中庸"的"中"字进行的另一种现象学解读中——将"zhōng"读作"zhòng",后者指的是时时刻刻都直接而具体地"切中伦常"。

当然,人的这种生存性和意向性能力必须被置于一个关联性世界中。在这个世界中,人们远非离散和孤立的个体,而是穿越层层历史迷雾的物质和文化谱系的演进。这便是海明解读《中庸》的第二个根本性创新。简言之,生生的儒家文化的最根源处,就是祖先祭祀传统。这一祭祀传统本身植根于对祖先累代成就的建制化尊崇,并随之发展壮大。对于儒家文化生命的延续和发展来说,延续祖先崇拜传统的重要性,无论怎么强调都不为过。比如,在面对"汉字从何而来"这一问题时,我们可以追溯至五千多个甲骨文字符,这些字符正是为了与先人有效沟通而创造的。或者面对另一个问题,"儒家伦理话语中最基本的语词,如'义''礼''孝''悌''道''德'等从何而来?"我们可以追溯到祭祀祖先的季度性仪式,这些仪式不仅强化了社会、政治和宗教的层级制度,而且使人类脱离了原有的动物性,变得更具优雅性、道德性与精神性。这种对"生生论(the art of living)"的理解反映在众多礼俗仪节之中,呈现出儒家宇宙论中最根本的东西,并且对于解释儒家哲学中人类经验的各个维度(美学、教育、家庭生活、道德、政治、宗教等)之间的假定关联都至关重要。也就是说,人类经验中所有美好、智慧、仁爱、善良、正义和神圣的事物,皆使我们重回那些稳固并赓续家庭、公共、文化和生态关系的人类行为模式。

在海明看来,《中庸》开篇即将读者缓缓迎入其自身的神秘世界。细细回想,我对这一经典文本的印象与他相仿。这部涤荡人心的经典,就像贝多芬的《第九交响曲》一样,一步步地引领读者踏上旅程:开篇仿佛蹒跚学步者迈着缓慢而吃力的步伐探寻前路;紧随其后是一大段重要的历史插曲,讲述了儒家功业与古代圣贤的故事;在中间章节,儒家之道通过对"诚(creative resolution)"的阐释获得一种哲学化的展开,文本深度被进一步拓展,叙述节奏不断加快;最后几章首先赞颂了人与天地共同创生的能力,而后转入独属于《中庸》的胜利《欢乐颂》,如一首激情昂扬的颂歌,歌颂着人类的希望和幸福。

安乐哲 Roger T. Ames（北京大学）

（庞子文 译，关 欣 校）

序二

海明兄希望我给他的《中庸明意》写个序，感佩于海明兄沉浸于一系列经典"明意"，坚守依经立说的传统，也因看重《中庸》在中国哲学传统中的核心地位，我便答应了下来。可也因为特别重视，便始终不敢下笔，拖拉很久。终于在"清明"之际完成这篇序言，算是与海明兄"祖天之意"在时间节点上有一个呼应。

2019年秋季学期我在柏林自由大学哲学系讲授《中国哲学的现代阐释》，特意挑选《易传》《中庸》与《孝经》来讲。对于国外学生来说，三部经典所建构的体系性内容更容易接受，理解。在这样的安排中，《中庸》便具有一种枢纽性的地位，"天命之谓性，率性之谓道，修道之谓教"，"天命之性"直接承乎《易传》所言的"天道"；修道之教，所教"孝"而已。恰如唐文治先生所说，《中庸》乃"天道之奥，人道之本，其悉备于此乎？"。也正是在这个意义上，《中庸》"是一部最具哲学性的著作"（陈荣捷语）。

我本是研究西方哲学的，长期教授西方哲学史。当细细解读《中庸》时，便强烈地感受到《中庸》呈现出"另一种"思考哲学问题的框架，与西方哲学的框架判然有别。在西方哲学的传统中，柏拉图式二元世界占据着主导性地位：一个理念世界，一个可感世界；于人而言，也有着灵魂与躯体之分，灵魂直达理念世界，躯体落实在可感世界。《中庸》则接续《周易》所开启的世界观，体现的是"一个世界"，在此世界中有天、地、人三才，人居天地之间，也是某种意义上的"居中"。于是尽人性，尽物性，便可以赞天地之化育，可以与天地参。这是一个天、地、人三才互动的世界。

在理念与感性世界的二分中，追求的是对本质世界的认知，即巴门尼德所谓的"真理之路"。在这条道路上要尽量摆脱感性世界的干扰，探究世界的本质与规律。《中庸》则以"中和"表达这个世界的理想状态："中也者，天下之大本也。和也者，天下之达道也。致中和，天地位焉，万物育焉。"不是对象世界的本质，而是天、地、人三者之间的"中和"，表达的是对宇宙万物的包容与协和。

在二元世界的哲学传统中，有存在与非存在、理念与感性、质料与形式、本质与表象、真理与意见的区分。在这套思维框架之下，如果要套用中国哲学的说辞，那就是求道在于彼岸。《中庸》的"道"完全不同于西方哲学的"理念"或"本质"，强调的是"道也者，不可须臾离也，可离非道也"，即所谓的"道不远人"，虽造端乎夫妇，及其至，却能察乎天地。可以说，求道在于此身。由此也造就了中西哲学完全不同的方法论。

《中庸》还体现了一种智慧的德性，甚至孔子也认为"中庸之为德也，其至矣乎！民鲜久矣"。《中庸》体现的这种"无过无不及"似乎与亚里士多德的"中道"颇为相似。亚里士多德把智慧德性分为五种：智慧、努斯、科学、明智与技艺。智慧是努斯与科学的结合，本质上是对于"不变"对象的思考。"明智"则是一种实践智慧，追求的是一种"中道"。适度的中道是一种指导"可变"事务的品质，适用于伦理德性的领域，如伦理学、家政学以及政治学等领域。但中庸不只是"中道"而已，而是在天、地、人三才中，"中和之为用也"。因此，在西方哲学中，理论智慧预设的是真，追寻的是"真理"；《中庸》切中日常人伦之道，更强调生活中的"道理"。

中庸之道在中国哲学传统中一直是沟通天人关系的桥梁与纽带，并以"诚"作为沟通的方法与途径，即所谓"诚者，天之道也；诚之者，人之道也"。西方哲学传统强调认识与知识，通过认知抵达自然的本质。《中庸》以"诚"沟通天人关系，"唯天下至诚，为能经纶天下之大经，立天下之大本，知天地之化育"。《中庸》以诚识道，以诚用道，于是一种由内心体悟而进行的不断的学习，就可以感通天道而赞天地化育。

《中庸》不仅谈"天命性道"，也重视"修道之谓教"。所教者斯"孝"矣，德之本也。为什么《中庸》把"孝"看得如此重要？《周易》传统讲天地之大德曰生，以"生生"来理解世界的变易。于是在人世间《中庸》特别重视"亲亲"，"仁者人也，亲亲为大"，一种连接"世代"的情感；特别强调"孝"，"善继人之志，善述人之事"，一种连接"世代"的德性，由此"宗庙飨之，子孙保之"。西方哲学发端于古希腊，希腊人最重视他们赖以生存的"城邦"，一个由统治者、护卫者、生产者组成并各从其性、各行其是的理想场域，于是就产生了西方哲学传统的"四枢德"：智慧、勇敢、节制与正义。这四种德性把"城邦"紧紧地连接起来，而"孝"则把中国人最为看重的"家"紧紧地连接起来。

海明兄《中庸明意》以"诚中之意"为中心解读中庸，更以"祖天之意"来落实这"诚中"，以感通祖先来解释贯通上下之"中"，表达通于天地大道的状态，由此来发挥《中庸》之宗教关怀；重新发扬"修道之谓教"的精神，直至确立"家之教"的高度，这样的解读路径实乃海明兄的一大发明。与我所理解的《中庸》重在哲学不同，海明兄的立意更关乎宗教性。在后记中，海明兄特别记叙了一场幡然醒悟的精神之旅，对海外华人开疆拓土艰难历程的深切理解触发了其天机感悟，获得一种祖天的信仰力量，这也是对其《中庸》解读的一种特别提点，"祖天之意"由此确立。这是中国人生存的一种活生生的精神力量，生生不息，无穷无尽。"中庸"之切中伦常最终落实于"祖天之意"，现代解读与传统的至德要道遥相呼应。这些年我重提家哲学、亲亲与孝道，路径虽不同，其意义大抵正在于此。想来这也是海明兄邀我写序的原因。

我们讲《中庸》常在汉宋之间徘徊，海明兄在《中庸明意》的"注"中多留意于海外学者的解读，如理雅各（James Legge）、辜鸿铭、陈荣捷、杜维明、安乐哲等人的翻译,这是非常有意义的一个着眼点,不仅多了一层跨文化视角,更体现出《中庸》思想的一种普遍性意义。在此基础上,海明兄申发己"意",蔚为大观。我特别赞赏海明兄把"明意"理解为"致良知",诚于祖天,便能心中光明无限。我想这正是中庸之于现代生活的重要意义。

是为序。

孙向晨(复旦大学)

目 录

导　言　诚中之意——从诚本到意本·001

第 一 章　天命道教 …………… 046
第 二 章　诚于时中 …………… 081
第 三 章　中庸鲜久 …………… 087
第 四 章　诚中知味 …………… 092
第 五 章　行道至难 …………… 098
第 六 章　明两用中 …………… 101
第 七 章　择中守常 …………… 106
第 八 章　择善固执 …………… 111
第 九 章　蹈刃难中 …………… 113
第 十 章　诚中则强 …………… 116
第 十 一 章　遵道无悔 …………… 122
第 十 二 章　明意至隐 …………… 127
第 十 三 章　行道忠恕 …………… 136
第 十 四 章　素位易行 …………… 148
第 十 五 章　意家祖天 …………… 157
第 十 六 章　祖微显意 …………… 161
第 十 七 章　祖德佑命 …………… 166

第 十 八 章　祖身通天 …………… 173
第 十 九 章　孝祖继述 …………… 178
第 二 十 章　仁亲宜礼 …………… 183
第二十一章　诚教明性 …………… 204
第二十二章　诚中参赞 …………… 212
第二十三章　至诚能化 …………… 218
第二十四章　至诚感天 …………… 224
第二十五章　诚明万物 …………… 228
第二十六章　诚天至纯 …………… 235
第二十七章　诚祖峻极 …………… 243
第二十八章　礼乐时诚 …………… 250
第二十九章　诚明百世 …………… 254
第 三 十 章　诚祖育天 …………… 258
第三十一章　圣祖如天 …………… 261
第三十二章　祖意达天 …………… 265
第三十三章　明意化天 …………… 269

参考文献 …………………………… 275
后　记　诚于祖天之意中 ………… 281

导言　诚中之意——从诚本到意本

诚中之意——诚于祖天之中意

本书致力于重建儒家哲学、思想和文化的精神祖先。[①] 在张祥龙看来，儒家生存史上最为惨痛衰微的时代就是二十世纪：

> 一个存在了两三千年的主流文化，几十年间就在其本土灰飞烟灭了。所残留的只是在西式大学中的一些个体的儒家研究者，或做外观式研究，或称作新儒家，虽然聊胜于无，具有某种提示的作用，但已无关大局了。而官方同意的祭孔，没有儒家团体的主持，也不过一旅游项目、一统战姿态或一构建软实力的努力罢了。"礼云礼云，玉帛云乎哉？乐云乐云，钟鼓云乎哉？"（《论语·阳货》）

百年以来，儒家的精神祖先已经缺失了。《中庸》是儒家经典著作中宗教性最强的一部，本书认为可以把其中心思想概括为"诚中之意"，并以"诚于祖天之意之中"来解释"诚中"，从而建构儒教的宗教性之核心，以期重振儒家的精神祖先——祖天之意。换言之，因亲祖而接天之"意"是《中

[①] 张祥龙感叹儒家思想在当代难以复活的一个根本原因在于，儒家思想的精神祖先被不断地谋杀，如今需要看出儒家真理性的人们，去努力"兴灭、继绝、举逸"，再续民族的精神族谱。参张祥龙：《复见天地心——儒家再临的蕴意与道路》，东方出版社，2014年，序言，第4页。

庸》宗教性的根源。所谓"祖天",就是如天一般的祖先意识,而"诚于祖天之中意"就是感悟自己当下与祖先相通的那种通天之"意"。

《中庸》第二十一章"诚则明矣,明则诚矣",以"诚"和"明"互训,可知,诚意即明意,明意即诚意。祖天意识的真诚和明白,本来就是意识状态的一体两面,难舍难分,而且祖天之意的真实不虚,亦可从朱熹"子思惧夫愈久而愈失其真也,于是推本尧舜以来相传之意……"而得。朱熹认为,子思担心尧舜相传之"意"无法传续,故特地写作《中庸》。在本书中,尧舜相传之意即"诚中之意",诚于祖天之中的意识状态。

祖天就是"诚中之意"之"中",就是"允执厥中"的"中",也即"十六字心传"之"中",也可以理解为"人心"与"道心"之"中"。毕竟,人不可能完全离开人心。离开人心,人就不再是人了,而人心也不可能完全成为道心,完全成为道心就为非人之道了。人只能诚于"人心"与"道心"之中,让自己的"心意"诚于"中"道。"诚"其实就是"惟精惟一",精诚纯洁。

朱熹"以道心为一身之主,而人心每听命焉"的说法之所以似是而非,乃因其中有二元论意味。按照朱熹的说法,似乎每个人出生就有个道心,还另外有个人心,如此就分一心为二心,实际上是未能看到:让人心听命的其实是当下的"意",是意念调整到适当的状态。无论人心还是道心,实际上都是意主导的。意偏于人欲,即为人心,意偏于大道,即为道心,故根源还在于"意"为"心"本。意诚于天中,则诚于家国天下,通达寰宇;意诚于地中,则诚于人伦日常生活之中;意诚于人中,则诚于家族社群政治之中。"庸"作为"中(zhòng)"的对象化存在,也包括天、地、人三部分:中于天中,则与天合一,灵魂通神,无声无臭;中于地中,则接续地气,温暖人伦家庭,生活有温度;中于人中,则人事兴旺,政治清明。其实,这也正是通过中(zhòng)于天、地、人之庸常的功夫,才能实现中(zhòng)的对象的非对象化。

我们可以这样解释,朱熹认为,在尧舜相传的意念中,明确要求人们应

导言　诚中之意——从诚本到意本

该使意念时刻偏向道，而非人，所以没有两个"心"，而只有一个"意"。有天下大事，当然也有天下大理，但关键都是其彼此相托的一个"意"。朱子把"心传"变成"道统"，是说圣人们相传的大道都是正统，究其根本而言是心意的秘法，即"诚中之意"。换言之，道统之传承不可能要求把"人心"完全交给"道心"，只不过要求人的意念不要流于人欲（人心），而应偏向天理，即道心的状态。在朱熹看来，心意时刻偏向道心，就是意念当下"诚中"的状态。在本书当中，"诚中"就是心意倾向于祖天之意的意识状态。

理解"诚中之意"要从"中庸"的基本意义出发。陈荣捷指出《中庸》"在全部古代儒家文献中显而易见为一部哲学著作，或许是一部最具哲学性的（the most philosophical）著作"[1]，这种从经典比较意义出发认为《中庸》的哲理性最强的观点，需要对经典的哲理有深刻的理解和体会。正因《中庸》的哲理性太强，所以迄今为止，真正从哲学的角度阐释《中庸》哲学的著作十分有限。本书致力于从"诚中之意"的角度，将《中庸》的哲理用"意本论"的方式建构起来。

诚中之实意为何？诚于中其实是诚于祖（宗）之中，诚于天（地）之中，诚于和之中，真诚而充沛地洋溢在"祖天"之意的状态之中。祖天不仅仅是天，还是天的实化，但不是天的人格化，因为祖天不是天祖，祖天是由祖而天，却不是因天而祖。祖天和天祖之间关键性的区别在于，祖天不是人格神，而天祖则有人格性。张祥龙在对北美著名印第安通灵者、治病巫师黑麋鹿（Black Elk, 1863—约1945）深刻而悲凉的叙述表示深度同情之后，提出了这样深刻的质问：

> 如果我们中国人里面有一位黑麋鹿，他会说什么？他会这样向我们呼叫吧："呼喊'祖国万岁'的人们呵，你们明白'祖国'的'祖'意

---

[1] Wing-tsit Chan, *A Source Book in Chinese Philosophy*, Princeton, N. J.: Princeton University Press, 1963, p. 96. 另参见中译本"很可能是古代儒家文献中，最富有哲学意味的一本"。参陈荣捷编著，杨儒宾等译：《中国哲学文献选编》，北京联合出版公司，2018年，第85页。

吗？你们的'先祖'在哪里？周公、孔子、曾子、子思、孟子为你们编织的生命圈的中心还在吗？那棵神圣的生命树上还有绿叶、繁花和鸟鸣吗？"[1]

可以说，张祥龙就是中国人中的黑糜鹿，他提出的问题可谓"张祥龙之问"。本书试图以"祖天之意"为中心，回应张祥龙提出的问题，推动儒家的再临。诚中之意是诚于祖天之中，是对祖天生生不息的创生力之深刻体会，进而领会祖天延续至当下的实存。此实存在当下的时空中，仍然具有无限活化的力量，足以给予后代的、当世的人们在绝境中拯救自己，加持、成就自己的无限精神力量。一个领会到祖天精神力量的人，可以时刻拥有那种让人情不自禁地手舞足蹈的、无边的喜悦感，好像天地大美的乐音从天边远方的祖先那里绵延至今，从而可以极为幸福愉悦地走在"咏而归"的人生之路上。张祥龙强调要"确立儒家文化的原文化地位"，并赋予"她对于中华民族而言的祖先文化身份"[2]，这就是本书致力于建构"祖天之意"中心思想的意旨所在。

对于这种回到"祖天之意"的努力，夏可君应该是表示怀疑的，他写道：

> 现在的世界或者天下——仅仅是一个"残局"，既无法被已有的天命所收拾，也无法通过新的唯一的天命所整理。或者说，不再有唯一的天命了。因为深渊（子思的《中庸》之中）、混沌（庄子那里）和处势（韩非子那里）已经被打开了，不再可能回到传统唯一的指令上。当然，可以强制性地回到唯一的指令，如同西方唯一神论之间的激烈冲突，但是唯一神论最终还是要么归于无神论，要么归结为虚无主义，最终还是

---

[1] 张祥龙:《复见天地心——儒家再临的蕴意与道路》，东方出版社，2014年，序言，第12页。
[2] 张祥龙:《复见天地心——儒家再临的蕴意与道路》，东方出版社，2014年，序言，第10页。

去除了至高的指令和唯一的命令。①

夏可君认为"天命"已经彻底退场了，不再有圣人、圣王来体现天命。但哲学的思考仍然可以发现新的实际性的生命经验场域，让"天命"成为"余地的敞开。天命的退场打开了空间，或者天命已经空出了自身"②。这与伍晓明的努力可谓恰好相反，伍晓明认为：

> "天命：之谓性"就可以被进一步解释为：人之为人从根本上即在于其必有和能有这样一个可以在某种意义上被称之为"天命"的至高无上之命。只有这样的命才能使人之性或人之何以为人得到确切的规定。③

从伍晓明的意义上说，作为"天命"的祖天之意不可能退场，只要有"天"的意识，只要有人对天的思考，"天命"就只是不曾澄明，不曾得到阐发而已。那种祖先世世代代对天的思考和追索，凝缩在经典的文字中间，传承下来，怎么可能退场？只是今天是否进入我们的意识，是否还能够从边缘域进入焦点，重新被感通和思考而已。

中庸书意

作为耳熟能详的词语，"中庸"传统上多被理解为"不偏不倚"或"中道"之意，这是从朱熹《中庸章句序》引程颐"不偏之谓中，不易之谓庸。中者，天下之正道；庸者，天下之定理"中转化出来的。这种"正"而"不

---

① 夏可君：《〈中庸〉的时间解释学》，黄山书社，2009年，《导论：书写与时间》，第2页。
② 夏可君：《〈中庸〉的时间解释学》，黄山书社，2009年，《导论：书写与时间》，第3页。
③ 伍晓明：《"天命：之谓性！"——片读〈中庸〉》，北京大学出版社，2009年，第77页。

偏"、"定"而"不易"的静观角度，通常认为符合《中庸》的基本含义。不过，东汉郑玄注"中庸"为"中和之为用也"，强调"庸"有"用"的过程和动态意味。① 魏晋何晏在《论语集解》中注释"中庸之为德"时，把"庸"注为"常"，即法度、常道，何晏认为"中庸"是"中和可常行之德"，可谓中于中间的常道，而常道实即恒久不易之大道。可以说，有用才是"中"，因为中（zhòng）于世情，切于人伦，而有大用。这种并未将正道和定理当作不可易的解法，避免了对一般原则和大经大法的拘泥，而更切于中庸就是合于人伦日用的有用之真理。②

儒家极为重视人伦关系。人生活在家庭和社会关系之中，若不能在此关系中找到合适的中道，人与人就无法平静、安宁地相处下去。在日常生活的常道之间寻找到"中"，其实是非常有用的真理，而找到之后，就要诚于其"中"，尽量守之不离，此即"诚中之意"的境界。这种境界从日常生活当中生发出来，但保持下去却难之又难。此持中之意就是儒家所谓人伦实践当中的理性，但这种理性不是一种固定不变的原则，而是体认一种人伦日用变化过程之中的中道状态。③

《中庸》原为《小戴礼记》四十九篇中的第三十一篇。《小戴礼记》是

---

① 郑熊认为，"'庸'作为'用'在《诗经》中并不多见，而在《尚书》中则非常普遍，其意义尚未演变为'常'，也更谈不上对其进行抽象而发展为'常道'"。参郑熊：《〈中庸〉学与儒家形而上学关系研究》，人民出版社，2021年，绪论，第31页。
② 这样解释有詹姆士实用主义哲学的味道，如安乐哲的译文 Focusing the Familiar 带有切于熟悉的日常人伦的味道，这是"中庸"的大用所在。陈赟指出："'庸'意味着'用'，但又不是那种工具性、策略性和实用和效用之用。"参陈赟：《中庸的思想》，浙江大学出版社，2017年，导言，第1页。
③ 儒家的人伦日用之境不排斥以庄子的眼光和方法去解悟和通达。陈赟和萧天石都引用《庄子·齐物论》："唯达者知通为一，为是不用而寓诸庸。庸也者，用也；用也者，通也；通也者，得也。"陈赟引用东方桥之言"庸者，用而通之，通而得之也"。见东方桥：《读中庸的方法学》，玄同文化事业有限公司，2000年，第7页。转引自陈赟：《中庸的思想》，浙江大学出版社，2017年，导言，第1页。另参萧天石：《大学中庸贯义：人生内圣修养心法》，华夏出版社，2007年，第22页。

汉宣帝时戴圣据历史上遗留下的一批匿名儒家著作合编而成的。宋代和宋以前著名学者如司马迁、郑玄、李翱、朱熹、欧阳修等都认为《中庸》是子思（前492—前431）[1]所作，今天学界通常认为是子思及其弟子的作品，是集体智慧的结晶。杜维明认为，虽然《中庸》文本可以分成三个不同的部分，但"它还是可以分析成一个有关个人、社会和形而上学的连成一体的一系列反思"[2]。梁涛经过研究郭店竹简的新材料认为，《中庸》原来可能是两个独立的部分，经过后人整理而成一体。[3] 也有学者如劳思光认为《中庸》是两汉的作品。[4]

唐代韩愈与其弟子李翱意识到，必须重视和发挥《中庸》的哲理深度，才能对抗佛老对"率性之谓道"的挑战，因而将其确立为创立儒家心性之学的经典基础的一部分。宋代二程兄弟评点《中庸》，朱熹进而将其拔高成为《四书》之一，后成科举用书。朱熹去世以后，南宋嘉定五年，其《四书章句集注》被官方确认成为儒家经典。据顾宏义《宋代〈四书〉文献论考》一书考证和统计，宋代《中庸》类著述多达108种，另有《学庸》类30种和《四书》类81种[5]，王晓薇的统计标准稍宽，说宋代有关《中庸》的著述共有136种之多。[6] 元文宗时，《四书章句集注》被钦定为科举用书。此后，科举考试内容就必须有《中庸》。明成祖时，《四书五经大全》成为明代科举取士唯一用书。延续至清，四书五经仍是钦定必考书目。可以说，从1313年到1905年接近六百年的时间里，《中庸》都是科举考试的必考书目之一。[7]

清代之后的近现代时期，由于中国在西方冲击下整体性溃败，《中庸》

---

[1] 目前普遍认为是前483—前402年。
[2] 参杜维明著，段德智译，林同奇校：《〈中庸〉洞见》，人民出版社，2008年，第19页。
[3] 梁涛：《中庸的艺术》（见陈来、王志民主编：《中庸解读》，齐鲁书社，2019年，第104—105页）。
[4] 参高柏园：《中庸形上思想》，东大图书股份有限公司，2016年，王邦雄序，第1页。
[5] 顾宏义：《宋代〈四书〉文献论考》，上海古籍出版社，2014年，第15页。
[6] 王晓薇：《宋代〈中庸〉学研究》，河北大学历史学博士学位论文，2005年，第42—47页。
[7] 参杜维明著，段德智译，林同奇校：《〈中庸〉洞见》，人民出版社，2008年，第15页。

思想普遍被误读,"中庸"被批判为保守、庸常之意,甚至成为愚昧、落后的代名词。虽然多有儒者为《中庸》一书的本义辩护,但总让人觉得有曲意维护传统道学之意味。一部小书,被普罗大众如此深深误解,又总是被文人学士提到高不可攀的经典地位,其思想之张力可谓巨大。

《中庸》这部经典著作一直是学界研讨较多的文本。从1912年到1997年,海峡两岸暨澳门对《中庸》的研究有518篇,足见《中庸》文本在哲理的重要性、义理的丰富性、章句解释的困难性、成书的争议性等问题上之纷繁复杂。① 新近出土的文献推进了当代《中庸》研究,丁四新和姜广辉点出了《性自命出》与《中庸》思想脉络的一致性,认为《中庸》思想丰富凝练,成书或在《性自命出》之后。② 黄忠天认为,借着《郭店楚简》《上海博物馆藏楚竹书》等出土文献,更加证明《史记》所说"子思作《中庸》"的说法有相当的可靠性。③

虽然南宋的王柏、日本武内义雄(1886—1966)、当代冯友兰(1895—1990)、徐复观(1903—1982)等认为,《中庸》有一部分内容可能是子思门人或后人增补而成④,但孔德立认为《中庸》是子思作品,内容不可分割。他认为子思最晚在公元前491年出生,孔子于公元前479年去世,所以子思12岁前当受孔子亲传⑤,不但继承孔门家学,而且有发扬道统之志,所以才能创作出后来成为儒家哲学纲领性文件的《中庸》。孔德立进一步认为,郭店简《五行》是子思的重要著作,早于《中庸》,都是子思自著。他认为子

---

① 黄忠天引林庆彰编《经学研究论著目录》。参黄忠天:《中庸释疑》,万卷楼,2015年,第2页。
② 参丁四新:《郭店楚墓竹简思想研究》,东方出版社,2000年;姜广辉:《郭店儒简研究的参考坐标》,收于《郭店楚简与早期儒学》,台湾古籍出版有限公司,2000年。并参黄忠天:《中庸释疑》,万卷楼,2015年,第6—7页。
③ 参黄忠天:《中庸释疑》,万卷楼,2015年,第27页。
④ 参黄忠天:《中庸释疑》,万卷楼,2015年,第11页。
⑤ 钱穆《先秦诸子系年》认为子思约生于前483—前402年,按这种说法,孔子去世的时候,子思才4岁,尚未记事。参黄忠天:《中庸释疑》,万卷楼,2015年,第6页。

思努力构建的宗教关怀到了孟子那里，迅速被瓦解，"中庸"变得可望而不可即，难以实现。①孔德立写道：

> 儒家修身教化思想中的"外铄"力量，正是在子思到孟子思想的过渡时期消失的。"外铄"的消失，很容易导致经典与权威力量的消解。"外铄"力量退出主流的思想世界之后，进一步强化了中国传统思想中的道德优先意识。虽然荀子努力恢复礼治，但由于荀子突出了礼治的强化作用，忽视了礼的引导教化功能，所以荀子思想中的礼不再是照耀人内心深处的精神光源，而是侧重于政治制度的建设。"外铄"力量消失以后，中国文化客观的神圣性进一步消解。这样，秦汉以后，儒家思想中最有创造力的部分，愈来愈转向内省之学。②

在这个意义上，本书试图超越孟子对宗教关怀的消解，接续子思之意，使得子思本意（祖天之意）不仅可望，而且可即。诚如翟灏《四书考异》云："子思惧其失传，勉为推扬，垂之旷世，而世儒莫之知；必待千年之后，得闻道大儒，方能重阐其义。"③可见，《中庸》本子思"闻道"之学，难度远在一般学者的学术研究之上，非因缘际会，不能发扬其真意。

祖天之意正是儒家修身教化思想当中的"外铄"力量，本来就是经典权威性的根源，也是内心深处的精神光源，更是整个中国文化客观神圣性的根基所在，且本来就是儒家思想中最有创造力的部分，可是长期以来却不为《中庸》解读者理解和重视。如今在西方哲学和西方宗教的冲击和刺激之下，本书试图重建祖天之意作为中国文化客观神圣性的来源。无疑，海外对《中庸》的翻译和解释推动和促进了《中庸》祖天之意的生成和系统化。本书注释多引用有代表性的翻译，如理雅各、辜鸿铭、陈荣捷、杜维明和安乐哲

---

① 参孔德立：《早期儒家人道思想的形成与演变：以子思为中心》，巴蜀书社，2010年，第241—242页。
② 孔德立：《早期儒家人道思想的形成与演变：以子思为中心》，巴蜀书社，2010年，第243页。
③ 转引自黄忠天：《中庸释疑》，万卷楼，2015年，第11页。

（Roger T. Ames）的译文来展开讨论，在跨文化的语境当中体悟和思考《中庸》祖天之意哲理的张力，重振如今精神性的"外铄"力量。

陈来认为，历史上，人们对《中庸》的认识经历了四个阶段：首先是德行论，其次是为政论，再次是唐宋之后重视性情功夫论，最后是道统论，如朱熹《中庸章句序》认为《中庸》是因为"子思子忧道学之失其传而作也"。[①]从古至今，关于《中庸》的研究虽然很多，但真正讨论其哲学思想，尤其是能够就其哲学加以推演并进行系统论述的著作少之又少。杨少涵认为《中庸》发展的是孔子的"情学"，"承担着为儒家建立道德本体和寻找道德终极根源的形上课题。……《中庸》初步建立起来的儒家形上学可以说是一种情感形上学"[②]。杨国荣认为《中庸》与《易传》不同的地方"在于空前突出了日用常行在价值创造中的意义"[③]。他们认为《中庸》代表思孟学派的方向，即儒学的内化转向，并通过深化解读从而建构起"情学"脉络。

其实，按照孔德立的说法，儒学的内化转向是孟子后来完成的，虽然可以说子思的《中庸》也包含着这样的倾向性，但其实《中庸》文本的"外铄"力量反而是常常被忽略的，甚至被误读的，而如何理解《中庸》的"外铄"力量，梳理展开祖天之意的解读脉络，也是本书所要努力建构的。本书认为，虽然《中庸》哲学的研究已经取得了很多成果，但在这个时代仍然需要对其进行全新的哲理思考和研究。换言之，唯有对《中庸》古老常新的哲理进行当代哲学的思考和比较哲学的建构，才能开启全新的哲学解读阶段。

[①] 陈来：《〈中庸〉的地位、影响与历史诠释》（见陈来、王志民主编：《中庸解读》，齐鲁书社，2019年，第20—21页）。
[②] 杨少涵：《中庸原论：儒家情感形上学之创发与潜变》，社会科学文献出版社，2015年，《内容提要》。
[③] 杨少涵：《中庸原论：儒家情感形上学之创发与潜变》，社会科学文献出版社，2015年，杨国荣序。

中庸境界

心法是心灵意识存续和发动的法度与规矩。二程和朱熹都认为,《中庸》是"孔门传授心法",强调《中庸》的心意法度与规矩,是儒者应当代代相传的心意状态。朱熹认为《中庸》为经典之最:"历选前圣之书,所以提挈纲维,开示蕴奥,未有若是之明且尽者也。"可见,朱熹终其一生试图明白且彻底地揭示《中庸》本身"明且尽"的深奥蕴意。宋明理学家一方面讨论"心传圣义,无不以《中庸》为神髓",可是程朱陆王等讨论的重心却集中于《大学》,[①]可见在古代的时候,《中庸》就因为其无言境界之高妙,不容易成为学术研讨的公共话语。即使在今天的学界,也同样因为《中庸》境界近乎无法言传,关于《中庸》思想境界的思考和讨论,相比其他主题来说,就寡少淡泊得多。从这个意义上说,《中庸》的境界是需要感通、领悟的,是无法依赖分析去理解的。

本书试图从"祖天之意"的角度解释《中庸》境界的深意。即使祖先的肉身不在人间,儒者对祖先的意识,亦即对家族生命延续的意识,仍然保留在每个人的心意之中,而且人们可以在追思实践中不断体悟先人持续存在的心灵意识状态,这种"祖天之意"可以在世代的更替过程中代代相传,永续不变。可见,《中庸》文本中"心法"的本质,不是心体本身,而是儒家关于祖先通天的意识状态,即祖天之意。本书认为,这就是代代儒者薪火相传的"诚中之意"。当然,《中庸》"诚中之意"发挥到极致的理想境界可以类似于《大学》"止于至善"之境。因此,《中庸》祖天之意的意识修行之最高境界是"致中和,天地位焉,万物育焉",即人通过体悟与祖先合一而与天地并列为三,共同参与天地的化育过程。

《中庸》的基本意识状态是诚于祖天的那种天人合一境界。天人合一的意识境界是人的意识合于天意之境,需要人从意识上突破自己本来的意识边

[①] 萧天石:《大学中庸贯义:人生内圣修养心法》,华夏出版社,2007年,前言,第10页。

界，感悟到自己的身心意识都可以与天齐同，犹如把自己身体和意识的边界都消融在天地之间。例如，艺术家在创作时达到心意通天、如痴如醉、超越平常意识的天人融贯状态，或是佛、道教徒修行时的入定状态。在《中庸》当中，这种与天合一的状态是通过对祖天的体认过程来实现的，也就是通过体认祖先的在场，从而让人的意识接通天地，进入大人状态。

与祖天合一即通过对祖先实存的感通，而产生通天之感。这种天人合一的境界需要亲身体验，并在实践当中验证。诚如安乐哲、郝大维所言："天人合一并不是先天给予的（given），而是需要人去实现的（accomplishment）。"[1]《中庸》诚于祖天之境的达成，最难之处就在于这种超言绝象的境界仅靠言语逻辑无法论证说明清楚。感通祖天，需要有诚于祖天的宗教性体验，此即体悟"诚于祖天"的境界。

虽然《中庸》从喜怒哀乐之情出发，但全书的哲理发挥并没有停留在情绪和情感的状态，所以若以李泽厚和黄玉顺等的"情本论"来解读《中庸》的祖天之意就会显得单薄。杨少涵试图建立"《中庸》之情感形上学"，认为李泽厚的情本体讲的是感性情感，只是一种真实的本真状态，不是以严肃的态度而是为了主观需要而提出，带有很大的主观性和随意性，是为了以"实用理性""吃饭哲学"对抗新儒家的心体、性体的神圣性的需要，甚至只是期待起到"语词的刺激作用"而已。[2] 当然，在《中庸》看来，情感和欲望发动出来就成为妄念，所以"情"本身很难成为儒家经典的本体。虽然有承认人之情感欲望现实合理性的经典，如《荀子》和《鬼谷子》等，但它们承认人情还是为了驾驭人情。而《中庸》作为心性儒学的经典，其字里行间的哲思之深厚，早就已经超越了对人情加以驾驭的技巧和智慧，更超越了任何带有功利心和目的性的常俗理解，可谓超凡情而入圣诚。

---

[1] 安乐哲、郝大维著，彭国翔译：《切中伦常：〈中庸〉的新诠与新译》，中国社会科学出版社，2011年，第12页。
[2] 参杨少涵：《中庸原论：儒家情感形上学之创发与潜变》，社会科学文献出版社，2015年，第176—177页。

导言 诚中之意——从诚本到意本

关于《中庸》的哲学解释和建构不必局限在心性儒学的立场，而当予以适当突破，这包括反对非此即彼的儒学立场观，即认为如果不站在心性儒学的立场，就必须站在政治儒学的立场，二者必须选择其一。这种非此即彼的儒学观，对于儒家哲学的当代化和学术推进并无益处。类似这样的方法论思考，在杜维明、杨祖汉、高柏园、伍晓明、陈赟、杨少涵、夏可君等关于《中庸》的著述开头部分都可以找到，可见学者们研究《中庸》的方法论自觉由来有自。我们认为，无论固守心性儒学还是固守政治儒学的立场，都是狭隘和偏颇的，是不开放的。儒家哲学在当代是需要放在世界哲学话语的情境当中来思考和建构，祖天之意的哲学理解，其实是一种建立在比较哲学、比较宗教学意义上的思考。[1]

《中庸》固然提到了"仁"，但并没有把"仁"实体化，所以从"仁体"的角度虽可对天人合一的境界略窥门径，却未必能深入主客合一、心物不二的极致境界。[2] 对《中庸》哲学作"心本论"解读也略显不足，"心本论"虽然可以帮助理解体验"未发之中"，进而从未发的意识状态出发，突破一般理学家以喜怒哀乐为心的看法，但仍然需要检讨。因为发动喜怒哀乐的才是心，喜怒哀乐本身并不是心，所以"心本论"解读还是容易滞于心物二元论的认识框架。这就是本书基于"诚中之意"的中心思想来建构《中庸》意本论哲学的原因。通过"诚中之意"，既可以确定心意通天的天人合一境界，又可以确定心物不二、主客不分的"诚"意之境为"中"的根本。

我们可以把"朝向事情本身（Zu den Sachen Selbst）"理解为"中（zhòng）"于"当下事情"之"中（zhōng）"，如此，"面对事情本身"就是去面对事物

---

[1] 陈来认为，儒家的仁体论是被佛、道二氏逼出来的。类似的，祖天之意的哲学建构，其实也是中西比较哲学和中西比较宗教学视域当中，被西方哲学意识和西方宗教意识逼出来的"中国哲学意识（Chinese philosophical sensibility）"。参陈来：《仁学本体论》，生活·读书·新知三联书店，2014年，第169页。

[2] 陈来的"仁学本体论"或"仁体论哲学"致力于"仁体"之肯定与发扬，把"儒家的仁论演变为一仁学的本体论，或仁学的宇宙论"。参陈来：《仁学本体论》，生活·读书·新知三联书店，2014年，绪言，第1页。

之"中",也就是用心意之"中"去合于事物之"中",这需要心灵意识真诚无妄才行。因此"诚中之意"可谓现象学"中（zhòng）"于事物方法的中国化版本。事物之"中"的状态不是抽象的,而是事情之中、物之中,而且切"中（zhòng）"也不是抽象的,而是具体的,这也合乎杨国荣"具体形上学""具体"而不"抽象"的旨趣。① 但是,"中（zhòng）"于日常（庸）之"中（zhōng）"那种达到"中"的境界,恰类似于现象学的"悬搁""无前提""无预设"的状态。而且,正是要在无判断、无反思,至于"非反思"的视域当中,才能"中（zhòng）"于庸常。

祖天之意本来就是《中庸》传统宗教性的庸常状态,是每时每刻都与我们的生命、意识变化过程相连的。对于祖天信仰,大部分海外华人尤甚,他们的祖天信仰其实就是日常信仰状态,成为他们生存经验无意识记忆的深层部分。"庸（用）"就是现象本身,是原初性、给予性的,是现象本身向人们显示自身,人们的意念顺着现象本身而显其效用。这接近于詹姆士强调"生活流""纯粹经验"的说法。"中（zhòng）于庸（用）常"就是要人们去面对意识的纯粹性和构成性,去理解意识的生成结构,而不是一种静态结构。张祥龙写道:

> "心之本体"是晶莹、光明、无滞的,相比于"已发",它是"未发",但此未发已经"中（zhòng）"了,它的潜伏中已有"被动综合"的冥构暗熏和蓄势待发,所以从根本上看是发生着的、动态的,不停留在任何东西上。不论是胡塞尔讲的内时间意识,或海德格尔说的时间性或存在本身,还是舍勒揭示的人格,都是明莹无滞的。不过现象学还强调这发生源头的藏的一面、暗的一面,不只是明。王阳明去世前也讲"此心光明,亦复何言？"开悟的人,往往能感到或看到某种大光明,这时候暗与藏就退为背景了。②

---

① 参杨国荣:《道论》,北京大学出版社,2011年。
② 张祥龙:《儒家哲学史讲演录：第四卷：儒家心学及其意识依据》,商务印书馆,2019年,第434页。

导言　诚中之意——从诚本到意本

王阳明无疑把此心的光明坚持了一生，并确实以光明照亮周围的人，后人继续受他的照亮，认为他已进入圣域。阳明"龙场大悟"之后，他的诚中之意保持了一生，到最后一刻仍然"此心光明"，丝毫不离。他的诚中之意不是在发用出来后才中（zhòng）于庸常，而是在未发的本体状态之中就中（zhòng）于光明。到底阳明是以他的意识本身之光明，去点亮周围人的意识之域，还是他的意识被超越性的光明力量点亮，进而让他薪火相传，不断去点亮周围的人？这种光明缘起内在超越还是外在超越状态，其实都已经不再重要，最重要的是，阳明开悟之后持续地保持着他的光明，这不仅是后天意识的光明，更是通达先天意识光明至极的状态。

换言之，那种灵光乍现的开悟光明，被阳明以"人生第一等事"的信念坚持了一生。阳明之"诚"是使其一生之"用"呈现为立功立德立言之"用"的意识缘构过程。这个意识构造性的过程，唯"诚"者能够略窥门径，因为唯至诚之人才能够与天地共创，而能显出现象，切入其庸常之境。在此意义上，《中庸》诚中之意的哲学韵味之所以切近叔本华、尼采的意志主义，詹姆士的意识流，杜威的自然主义，柏格森的生命哲学，怀特海的过程哲学等，乃是因为这些哲学思想都是即现象而有用的意识之"诚"。"诚"是成"言"，即使现象之用能成其哲学的言说。诚意于经典之象而成象，即前意向性的赋意过程，是合内外为一的过程。祖天是有用的，因为祖天的力量如天地一般有用。祖天是随着肉身在世间的行走而适时显现并在适当的时候上手的。祖天既内在于当下的生活之中，又可以构成天地之诚，因为"诚"于祖先而通达天地是《中庸》宗教感的核心内容。

中天之诚

学界有一种观点，认为《中庸》作为典籍的特色在于性命论。北宋时的佛教学者如自称"中庸子"的智圆（976—1022）和契嵩（1007—1072）等注释《中庸》，刺激理学家深入思考和研究《中庸》，也激发他们思考何谓儒家的根本。当时王安石重道德性命，欧阳修接汉代郑玄之论而偏王道礼义，北宋理学的发展基本顺着李翱和王安石前进。周敦颐、邵雍对性命非常重视，当然，他们在诠释《中庸》的时候，也重视《易传》。张载在批评汉儒性命论的基础上，深思了性命的天命根据，对理学发展影响巨大。可以说，北宋儒者的性命论不同于汉儒之后的命定论。二程对《中庸》的理解主要是不偏不倚、正道、定理这三点；朱子强调孔门传授心法，借用二程理一分殊，建构其理气关系，延伸到天道性命。后来阳明在《传习录》中对天命性道教、未发已发、道统论等相关问题亦皆有回应。这个性命论的脉络可以说是基于"天命之谓性，率性之谓道"，进一步思考人的本性与命运的关系。不过，应该说性命论不过是《中庸》开篇的内容，而且，性命只是《中庸》"祖天之意"主旨的基石而已。

理解《中庸》首先要解悟意识诚于祖天之"中（zhōng）"的天人合一境界，只有这样才能理解为何《中庸》在四书（《大学》《中庸》《论语》《孟子》）里被认为是境界最高也最难读懂的书。朱熹之所以把《中庸》放在四书最后，应因《中庸》文字虽短，但诚于祖天之意的境界太高，故理解"诚"于祖天的意识作为《中庸》宗教感的核心并不容易。

而且，心意诚于中道的天人合一境界仍是理解《中庸》的基本出发点，这就使得《中庸》比《大学》《论语》《孟子》更为难读。《大学》有一个次第和进度让人逐步去理解；《论语》不离日用伦常；《孟子》多引用事例，在真实的当下情境中回溯自身。其他经典最难莫如《周易》，但其也有八卦六十四卦象数系统，似乎可以摸得着门径。但《中庸》的门道，却不那么容易触摸得到。该书开篇的境界就高，俗世常人突然读到此书，犹如莫名误入玄门，被抛进宇宙玄冥深处一般。此刻要体会和观想人与天地精神相往来的境界，如若不是感通体验且有点悟性的话，甚至可能根本看不到"门"在哪里，更感觉不到"道"在何方。

《中庸》这种开篇就开门见道的崇高境界，后世阳明《传习录》庶几近之。《传习录》记载王阳明悟道以后与学生的对话，其境界近于《中庸》后半

导言　诚中之意——从诚本到意本

部分的"诚"境，境界越来越高，高到与天地相参，入于无法言传之境，只能通过引用《诗经》让读者自己感悟。《中庸》结尾那种表达意境的《诗》即在于说明人道可与天道合而为一，人性可与天性合一，人的情感可以与天合一，圣人可以与变幻莫测的鬼神合一，人心人意之内可以与天地宇宙之外相通为一。《中庸》认为，意通祖天，心意与祖天合一，便是通天化境。可见，我们通常用来理解中国哲学境界的词汇，到最高层次当可以融会贯通。

对于《中庸》而言，最难之处其实在于，这种极致境界如何落实到人间。据此，《中庸》将其内容具体到"五达道"（即君臣、父子、夫妇、兄弟、朋友）、"三达德"（即治人之三达德）、"九经"（即用来治理天下国家、达到太平的九项具体工作）来展开。人对于祖先的意识，当然都是从我们对人伦日用的理解推衍出去的，对祖先的意识不能离开我们意识到的生活经验、政治场域、人伦关系。儒学的慎独自修、忠恕宽容、至诚尽性等基本功夫，都离不开祖先的关注和关切。因此，对祖先的意识其实是活生生的，又是在场的。这些具体的政治和修身内容，无疑是《中庸》之为儒家经典和儒家内涵的关键所在，且这些政治和修身功夫，都是因为意识到祖先临在当场，才变得有异常强大的生命力。可见，如果只是像之前学术传统上那样，把这些内容看得具体而真实，就可能会被《中庸》文本后面部分的形上学遮蔽，这是对《中庸》文本缺乏生命体验的理解。虽然《中庸》的文本既具体又抽象，为后人提供了从不同视角加以诠释的可能性，但是读者想要读活《中庸》，就应该灌注自己的意识和生命力在其中，而文本提示我们，贯通全文那种一以贯之的生命力量，既来自我们的祖先，也来自我们与祖先共享、共存于其中的天与地。

如果要建构《中庸》的哲学，就要发挥文本后半部分对"诚"的强调。[1]

---

[1] 高柏园认为："《中庸》形上思想之主要性格，乃为一道德形上学，而其中的二个主要面向是：一、道德实践的超越根据问题，亦即是性与天道之关系，以及其所涉及之形上学；二、道德实践的工夫论问题，亦即至诚尽性，率性修道之义理规模。"高柏园：《中庸形上思想》，东大图书股份有限公司，2016年，第116页。

《中庸》文本要求把真诚至极的状态渗透于人伦日用当中。一般人进入宗教场所，到了祭祀礼拜等特殊时刻，可能会显得很真诚，但一离开寺庙或教堂，心意就迅速回归日常状态，可能很难继续体会和保持那种祖天在场的崇高感和神圣感。可见，认真理解、体会并保持"诚"于祖天那种神圣而亲切的宗教体验状态，尤其理解其中的宗教意味和意涵，可以说是《中庸》哲学的难点和重点所在。具体而论，《中庸》之"诚"首先是一种经验，是一个人真诚至极之后才可能得到的经验，这种经验是必须经过如游泳、骑车一般的体验才能得到的实践智慧，是主客合一、心物不分的。

当然，本书所要建构的，是在这种身心一体的"诚"的体验和经验基础之上的哲学论说。在英文的语境当中，建构《中庸》身心一体哲学需要时刻与实体取向（substance-oriented）的语言对话，要反抗那个由非连续性（discreteness）、客观性（objectivity）和恒久不变性（permanence）所界定的世界，而偏向连续性（continuity）、过程性（process）和生成性（becoming）为特征的语言世界。简而言之，是采用过程性的（processual）、"焦点与场域（focus-field）"的哲学语言，反对实体性的哲学语言。[①]

《中庸》的"诚"不是简单的真诚，而是真诚到极点、与天地贯通的状态。此种状态近似于《论语·乡党》所记录的孔子日常之"诚"的状态，也类似于《周易》观卦"盥而不荐，有孚颙若"之状态。在祭祀时，主祭人要先当着文武百官、天下百姓的面在盥洗的盆里洗手，因此洗得极其真诚，好像洗手的每个动作都跟天地阴阳相感。主祭人洗手之竭尽精微、小心翼翼与否，百姓都看在眼中，所以洗手务必真诚到极点。主祭人每个细微的动作，都是内在的爱心、细心、小心的流露，百姓在注目之下，都能够立刻感受到。正是主祭人这种真诚到极点的状态，感动了人民，此即谓"诚中"，即诚于天地之中。《中庸》要求把这种"诚于祖天之中"的意识状态日常化，

[①] 参安乐哲、郝大维著，彭国翔译：《切中伦常：〈中庸〉的新诠与新译》，中国社会科学出版社，2011年，第26、31页。

在当下的意识流动的每时每刻都体现出来，好像时刻意识到祖先临场的意味。可以说，《中庸》要求人们先开悟理解"诚中"的极致境界，之后在日常的生活当中，活得看起来像平常人一样，其实骨子里是绝地天通的圣人境界。

《中庸》要表达的是通于天地大道的状态，要求人们郑重其事地去理解它，还要想尽一切办法把它表达出来，让他人也能够体会得到。《中庸》的境界需要体会，如果体会不到，就开悟不了。因此，《中庸》文本对读者来说像一堵静穆的黑墙，文字似乎都看得懂，但却无法理解个中三昧。其实，要领悟《中庸》的奥妙或真谛，就需要进入洁净精微、小心翼翼地诚于天地祖先之中道的意识状态，进而在日常生活当中每时每刻都像身处圣地，极其真诚地面对自己的内心，达到慎独至极的状态。

"诚于中"指心念时刻与天地相通，"致中和"指意念与天地贯通的境界和谐到了极致，真诚到了极点，好像心意接通了天地的神力，这时候，一个人的语默动静，都可以显露出通达天地的境界。这个境界，就是要先通"诚"之后才能在生活当中显露出来，这种显露，是一种日常化的精神境界，有着神圣和崇高的力量。祖先的意识，不仅有神性，而且有圣性。对中国人来说，祖先的实存和对祖先的神圣情感可谓不言自明，所以常有"祖先保佑""祖先显灵"的说法，祖先的力量是崇高的。与祖先独处，就是与天地独处，如此，就不存在绝对性的个体孤独，也就消解了存在主义意义上的、个人荒诞不经地存在那种个体孤独感了。当一个人的存在意识时刻不离父母、家庭、家族和祖先，个体存在意识之锚就牢牢地扎根在天地宇宙之间了，个体虽然"单独"，但已经不会"孤独"了。

中（zhòng）时之中（zhōng）

"中"字的甲骨文看起来像方形台子上立着测影和候风的标杆及其倒影，可能早期杆子上面有风幡，其实就是随风飘动的旗杆，而旗杆必有倒影，如果观察旗杆日影的变化，就会发现其与计时的日表、日晷原理相通。如此一来，"中"可以具备测天的意味，带有天道显现于世的意味，其存在就是时间，既是抽象的时间本身，也是现实时间的当下进行状态。[1]时间向来具有天道的标杆意味，一切都在时间当中。所谓"大本"无疑是天道，但也可以是时间。人的生存和一切物的存在，首先在时间之中。生存在时间之中，基本上都是无意识的，如果化成有意识的状态，就可能会得时。也就是说，人当下可以抓住时间，珍惜时间，人的一生从生到死时间有限：如果能够抓住时间，那么，对所有人来说的公共时间，就可以因为意识转化而成为你个人的时间；如果抓不住，公共时间就流走了，也并不能成为你个人意识当中的时间。

可以说，时间之"在"，是因为"意"之在，只有"意"在，才有"时"在，如果无意，其实就无时。在这个意义上，个人的、个体化的时间感转化并留住了公共时间，把时间感意识化了。不能因为他人难以理解我意识当中的时间，或者他人几乎无法感知我对时间的真正意识状态，就否定意识可以留住时间。所以可以说，虽然时间意识或者时间感是私人化的，但是，正是私人意识影响着个人对时间的意识状态，也是私人的时间意识创造并转化着公共的时间。

君子"中庸"其实就是君子要紧抓时间而不舍。如果君子都切中平常，即不肯放过自己生活的日常，那么在当下的日常当中积极赋意，该做什么就去做什么，能做什么就尽量去做些什么，就是一种抓紧时间、珍惜时间的积极意识状态。这就是意识到的时间与生活之意义之间的关系，君子是有意识地、自觉地去"中（zhòng）"于日常的，从而把时间的"意义"凸显出来。[2]否则，就会觉得自己不在生活"中（zhōng）"间，时间因为不"中

---

[1] 郑熊认为："作为时间的'中'，是指一天的正午或某段时期的中叶。"参郑熊：《〈中庸〉学与儒家形而上学关系研究》，人民出版社，2021年，第27页。
[2] 陈赟写道："一旦'中'得以成为作为实体的中心，而其他的都被视为由中心派生的边缘的话，我们获得的就是一个现成的位置或端点以及一个静止凝滞的世界，而不是一个贯通流动的过程。'中庸'之'中'的到来，一方面是'中心-边缘'模式的消解，另一方面是变化、交互作用以及时机预留闭关开启空间的开始。"参陈赟：《中庸的思想》，浙江大学出版社，2017年，第33页。

（zhòng）"，也就不在人们的生命之"中（zhōng）"。没有时间意识的人生，其实就没有让时间成为生命"中（zhōng）"最主要的部分。

紧抓时间，让生命活化的时间性意识，其实是"中（zhòng）"于祖天之意，即祖天通过我们而继续生存，让我们的意识存续着祖天的意识，从而使得当下的人意即祖意、即天意的意识状态"中（zhòng）"于祖先，且要变成人们的日常生活经验。换言之，"中（zhòng）"于祖天是儒者一切宗教性意识与言行的基础。

人都生活在从天地和祖先延续到我们当下的时间之"中"，也生活在我们与天地、与祖先之间的时空之"间"，没有人可以离开，也不可能逃离从祖先延续下来到我们的时间场域。可以说，谁都无法超越天之历数，而"中庸"就只能存在于日常的时间之中。但这种日常存在的"中庸"状态，其实有一种无法言传的崇高感和神圣感，因为这是觉悟的、自觉的、开悟性的赋意状态，而这种状态，只有通过每时每刻都能够诚于"中"之意的修行和实践，才可能实现。

《中庸》讲"戒慎乎其所不睹，恐惧乎其所不闻"，这是一种理解祖先临在当场的心意状态，祖先和天地似乎都是看不见、听不到的存在，但我们都需要对其保持敬畏，因此也就要对当下的一切言行都非常谨慎，甚至要对于意识的发动难以自我控制感到恐惧。当人的心意通于天地时，就会对感通之境有一种特殊的感受，不仅在大家都看得着的时候要小心，即使周围没人意识到你在做什么，没人听你在说什么，个人的起心动念也要非常小心。"慎独"不仅是自己审视和反省、关注着自己当下的意识和行为，而且是要在祖先临场的意识感知境遇当中，时刻谨慎守护着自己的思想和意识，即自己起心动念的状态，在念头升起的时候，就意识到自己需要非常注意和小心，好像祖先没有离开过自己，在时刻注视着自己一般，担心自身的起心动念时刻都可能发生层层叠叠的影响。祖先令人敬畏，虽然看不见祖先，但祖先时刻与我们同在，审视我们当下的起心动念，这就让自我意识多了一层带有他者意味的自我意识审查或反省。

戒慎恐惧

《中庸》的核心是"诚"于祖天之"中（zhōng）"，并以戒慎恐惧的态度来理解和把握这种"诚中"状态，让这种状态成为一个人在世间修行或者展开教化的基本守则。换言之，我们在人间的一切意识，都离不开对祖天的意识。本体上，我们每个人时刻与天道和祖先相贯通，天道性命从我们与祖天一体的本体状态开启和发动，并时刻不停地绵延至今。相比于《大学》强调人当下应该如何确定自己意念的方向，《中庸》则意在揭示人面对人与祖天融通的本体性根本存在状态时，当下的心意应该如何操控才是最合适的。这种与祖天融通的本体性根本存在状态，是人时刻在本体上通于天地和祖先的状态。人当下的意识是可以呈现给祖先的，由于祖先的临场，当下的意识与言行皆要非常谨慎小心，要守祖训，即遵守祖先的诫命。祖训说不要做的事情，后代就要时刻警醒自己不要去做。祖先和家长认为不应该干的事情，就要非常小心地避免，对于明确不允许的事情，要心怀畏惧、知进知退，而且有能力自制。

《周易》有天、地、人三才之道，人居天地之间，人的意识时刻通于天地，这是从所有人的存在意义上去理解的。其实，人的意识也时刻通于祖先，这是从个人的实存意义上去理解的。《中庸》强调，人在一生的时间当中，时刻都是通于天地的。也就是说，人在本体上是与天地相通和感应的，即使意识终结、肉体湮灭之后，人的存在也不可能离开天地，所以不存在与世界无关的人，我们都"在世之中"，世界就是时空，没有人可以脱离时空条件而独立存在。

可见，戒慎有天道基础，而这其实是对孔子政治教化模式的回归，由孔子不言天，到明确为教化设定天命作为根本依据。孔子在《论语》里很少谈论天，他说过"四时行焉，百物生焉"（《论语·阳货》），天虽然不说话，但天下一切都生生不息。到子思《中庸》这里，可以说把天作为贯通天人的根

导言 诚中之意——从诚本到意本

据和背景，天成为儒家政治教化架构的基石。[①]相比之下，我们或许可以说，《论语》里面孔子"罕言天道"，所以儒家教化的根基仍然不稳，显得不够扎实，而相传孔子孙子子思主笔的《中庸》则为儒家教化设定了安稳不变的根基，奠定了儒家政治哲学教化的基石，即儒家政治教化要以天命为本，要从天命这个根本点出发。天即祖的化身，祖天意识是先祖后天，而不是先天后祖。

《中庸》之道与《大学》之道都是儒家之道，二者可以说殊途同归。不过，《大学》之道强调人间成事之道，学了《大学》就要了解人在世间如何成就事情。只有理解事情的终始、本末，才能把事情做好。要努力达到"止于至善"的境界。《大学》讲的是定意之道，指出人作为宇宙间的孤独个体，其灵魂总得有个方向，要为灵魂确定一个意念的方向，这样人在生活过程中才能成事。对自己的意识状态有所积累，人生能够成就一点事情，也就没有白活。只有意念自始至终有明确的方向，人生才能过得比较充实。如果人不知道意念的方向，不知道心意要定向何方，那么人就好像没有思考过自己到底应该怎样存在。

相比之下，《中庸》的道是人生之道，是人顺着本性延伸出去的道。每个人都有本性，带着这个本性在世界上走一遭就是我们的人生之道。如果说《大学》是儒家政治哲学的成事之学，那么《中庸》就是儒家政治哲学的人生本体学。儒家智慧是内缘性的、自足的，让一个人从体悟心意的内源状态，理解和把握自己心意的方向和本末，尽可能地把握事情的发展变化。在祖天之意还没有发出来的状态之中理解人生是意识实化的状态，人当下的人生之道实际上就是祖天之道的延伸和实化，这是把人间成事的状态，从开头

[①] 于述胜写道："《中庸》以此继承并极大地深化了原始儒学修身为本之教化哲学。所以如此，乃因《中庸》深信：唯有精诚之心此岸恢复人之本来面目，使君子进入世界的原发机制之中，让天性之灵自如挥洒，合天人，通人我，贯始终，致中和，而生生不息。故'诚'之一字，乃《中庸》之不二枢纽。"于述胜：《〈中庸〉通解》，社会科学文献出版社，2020年，自序，第5页。

到结尾,都把握在心意的发动过程之中,而不交给外人或者任何外在的力量。这和犹太-基督教当中,人要把自己交给上帝,让上帝来掌控自己人生的方向不同,因为祖天不是人格神,不是人格化的上帝。[1]可见,《大学》定心意发动的方向,《中庸》定心意发动的状态,都强调在自己的起心动念的动态过程中,自己给出自己选择的方向,人可以通过"诚中之意",来修行和操控人生状态和生存结构。

诚中之意

《中庸》之"诚"是对流变世界真诚的意识证成。之所以强调诚,是因为只有达到诚于极致才能领会人与世界共同创造的状态,才能达到与世界共同创造。从祖天之意到有意识的人就是光源,圣贤就是明德之光,祖天给出了全部的光亮和创造性的可能,所以不需要人格神来给出光亮,人本身就是意本世界的光源,也是世界全体的光源。人性不是有神论所给予的神圣本性,而是天然自成的天命之性、天命性向和修行之性,性的三方面不是犹太-基督教三位一体(trinity)的关系。

"诚"在英文中一般译成 sincerity(真诚),但不可理解为单纯的真诚之情感[2],至少是刘殿爵基于孟子"万物皆备于我"而译成 true(真实、忠实)的那种理解,是我与万物全然一体的真实至极的真诚,所以它有 integrity

---

[1] 李泽厚认为"中国没有像基督教或伊斯兰教那样的宗教,……中国从来没有真正的宗教战争",参李泽厚:《论语今读》,中华书局,2015年,前言,第2—3页。

[2] 杜维明认为,用 sincerity 翻译"诚"是不恰当的,因为"诚"除了通常所用的"诚意"概念外,还有"真正(genuineness)""真诚(truthfulness)""实在(reality)"的意义。参杜维明著,段德智校,林同奇校:《〈中庸〉洞见》,人民出版社,2008年,第16—17页。杜维明指出,"诚"超出了英文单词 sincere(真诚)对应的意涵,如果要用 sincerity 则必须经过种种变异才行。参上书第89页。正如陈荣捷指出的,"诚"不只是一种精神状态,而且还是一种能动的力量,它始终在转化事物和完成事物,使天(自然)和人在流行过程中一致起来。参上书,第91页。

（整体性、整全性、完整的）的意味，即有意念及于经验全境的意味。① 安乐哲把"诚"译成creativity（创造性），强调人与天地共生共创的本体论意味②，这就不再是人与人之间带着真诚情感的诚实那种基本意思。可见，《中庸》的"诚"其实是真诚至极到了与天地相通的状态，如观卦"有孚颙若"那种极度真诚的虔诚状态。

"诚中之意"是意念处于"诚中（focusing）"或者"诚"于"中（equilibrium）"的平衡和谐状态。这接近于现象学意义上的构成论，是生命本身即其现象而能构成其自身的现象，没有居间之物，没有分离性，因为经验本身就是"中"，也是"用"，经验不是单纯的存在物，其既不是先于理性的存在物，也不是理性的对待物。③ 经验即现象，即"用"，即我们当下所经历的一切，也是意念所缘构之境域。"诚"即"诚者，天之道也；诚之者，人之道也"之"诚"，其不是一般意义上的真诚，而是人真诚至极的状态。人的意识诚于祖天，祖天当然是意识当下的生成和构成，但不能因为祖天是基于意识的构成，就对祖天采取否定态度。人未曾谋面的祖先只能存续在意识之中，但不能因为其只能存续在意识之中，就否定祖先曾经实存于世间的事实。

长久以来，由于受到犹太－基督教传统的影响，西方哲学中的"创造性（creativity）"概念与上帝从无当中生出有来的"无中生有（*creatio ex nihilo*）"

---

① 杜维明著，段德智译，林同奇校：《〈中庸〉洞见》，人民出版社，2008年，第91—93页。
② 参安乐哲、郝大维著，彭国翔译：《切中伦常：〈中庸〉的新诠与新译》，中国社会科学出版社，2011年，第37页。
③ 倪梁康写道："现象学认为，我们无法回答意识如何超出自己之外去切中和把握外部世界的问题，也就是无法回答托马斯·阿奎那（Thomas Aquinas）所说的智性与实在如何相应的问题。但我们可以将这个形而上学的问题搁置起来，放弃超越的设定，仅仅面对我们的意识本身，停留在意识的内在之中。这样，我们便可以从一个全新的角度来考察所有的问题，例如我们可以考察，意识如何构造起外部的实在，然后又把外部的实在看作是意识自在存在的；也就是说，我们如何把本来是我们的东西、内部的东西看作异己的、外在的。"参倪梁康：《八识规矩颂注译》，崇文书局，2021年，导读，第6页。

的表述无法进行明确的区隔。安乐哲和郝大维显然不是在"无中生有"的意义上讨论"诚"的，而是立于反对上帝决定（determine）论、上帝作为制造者（Maker）论，反对上帝作为全能的他者（Omnipotent Other）那种意义上的创造者（Creator）的立场上来谈"诚"的。他们强调，在一个过程性的世界中，创造性始终是反身性的（reflexive），是交互性和多向度的（multi-dimensional），是自我创造性（self-creativity），也是共同创造性（co-creativity）。[1]

《中庸》之难读在于其通于祖天的意识维度，如果不能感悟弥散性的祖天，不能理解祖天其实是一种整体性的存在，洋溢在生者的周围，通于天地的全体之"中"，那么，对"中庸"的理解就容易浮于表面。这种通神维度的"祖天"不同于犹太－基督教意义上外在超越的人格神。正如法国汉学家、比较哲学家于连（Francois Jullien）所指出的，人"不要等待神启的揭示，也不需要神的救助：只需把自身的能力保持活跃"[2]，人内在就有通神的力量，只是这种力量需要被激发出来，这种激发源于人生的机缘和经历，不是等待人格神开示和神启，更不是人格神示现和求助，而是从内心深处激发自己的深层能量，而且这种能量其实具有神性。人性深处都有"保持可演变性"的能力，即生命能量可以保持在"中"道状态当中，这种"中"当然不是某种固定的定位或者状态，而是有意识的、觉知性的"诚中"，即对"中"的当下自觉，于连称其为有"兴发性的"（incitatif）"可感应性"（inductif），可以具有通向"变化""转化"能力的情境。[3] 我们的意识当下与祖天共生共成，因为祖天给我们力量，祖先的血液流淌在我们中间，祖天的意识仍然

---

[1] 参安乐哲、郝大维著，彭国翔译：《切中伦常：〈中庸〉的新诠与新译》，中国社会科学出版社，2011年，第33—34页。

[2] François Jullien, *Fonder la morale, Dialogue de Mencius avec un philosophe des Lumières*, in *La Pensée chinoise dans le miroir de la philosophie*, 见前引书，p.1461. 另请参见该书中译本，宋刚译：《道德奠基：孟子与启蒙哲人的对话》，北京大学出版社，2002年。

[3] François Jullien, *La propension des choses*, in *La Pensée chinoise dans le miroir de la philosophie*, 见前引书，p.1104. 另请参见该书中译本，卓立译：《势：中国的效力观》，北京大学出版社，2009年。

在场，我们当下的意识可以与之重叠、叠加，从而让祖先之意得到实化与投射。我们当下关于祖先的灵感和感知，来自我们当下的灵感，而灵感的意识能量，来自祖先的感召和天地的运化。

每个人由天而来的性与天本来就是一体的，"天"与"性"本来不分，但因天命发动，让人有"命"而有分。人因为有天命才有天意，因为有天意而有人意。可以说，天意是先天之意，也就是祖天之意；人意是后天之意，也就是人在当下时空之中的意识。我们在后天时空的意识状态，是可以时刻通于先天的祖天之意的。如果从发生的根源上说，有了后天的意识，人才能意识到自己有生命，意识到自己有一个从生到死的命运，这是从"命"的反思性存在状态角度而言的。

可见，意在命中，意为命本。人与道、性与道本来不分，因意而分。人是天、命、性、道、教的先天祖天潜意识的显化，祖先不决定我们当下的意识状态，我们也不能制造祖先，因为我们与祖先是共生共成的。虽然《中庸》第一章不讲"人"，但人的性和命都已经隐含在其中，没有人的性和命，那就没有意识，也就不能意识到一切存在。可见，人的"意"才是世代之中真正沉淀下来的潜意识叠加，没有人之意的潜意识，人类长久进化而成的记忆与修为，文明的演进和文化的发展，都是不可能的。所谓关于祖天的先天意识，其实就是儒家文化的潜意识。儒者后天之意的先天意识部分，就是儒家之为儒家，也是儒家教化（儒教）能够成立的根基。

修道其实是修身、修意，如罗汝芳所说"大道只在此身"[1]，修道其实就是修身，是修身上之道、身上之意。修身的身，不是先验的、客体的、物理的身体，不是实体意义上的、具体的身体，而是身意一体之身，而且这个身，是张祥龙意义上的"家身"[2]。我们世代延伸的身体意识，是我们需要时刻反省和修正的。因此修行不仅是修此生之行，而且是修世代之行；所行之

---

[1] 罗汝芳语，见〔清〕黄宗羲著，沈芝盈点校：《明儒学案》二版修订本，中华书局，2008年，第764页。
[2] 参张祥龙：《"家"与中华文明》，济南出版社，2022年，第21—22页。

道，不仅是此生之道，而且是世代延伸之道。同理，教化也不仅是此生的教化，而是世代延伸的教化。既然身体是家庭基础的"家身"，那么"教"化就是家庭基础的教化——家教。

儒教：家教高于宗教

张祥龙认为："西方哲学史是一部没有家的历史，而追随西方哲学的现代中国哲学也就罕见家的踪影。"[①] 西方人与神定约的宗教希望成为普世模式，可是无法彻底替代中国的家本宗教性，这是因为中国有家本宗教性高于人神宗教的文化传统。中国人生活在家国关系中，而且国是以家庭为基础的国，家是以国家为基础的家，人与"家－国"是同构关系，而不是约定关系。

从历史上看，人类先有家，后有家庭、家族、国家，所以当有了家教之后，才有社教，即社群性的教育，之后才有文教、名教，而宗教则是在有了集体性的共同信仰之后才发展起来的。家教以家为基础，但宗教不以家为基础。儒教的宗教性基于家庭，所以不是西方意义上的宗教。儒教作为儒家教化，在《中庸》和儒家传统当中，可谓以家为本的家教，但不是没有家的宗教，所以《中庸》的宗教性，是基于家教的宗教性，而不是与上帝定约（Testament, Covenant）的宗教性。儒家的宗教性其实就是"如家"的宗教性，也就是犹如家庭一般的宗教性，所以是家教，也是人文教，不是犹太－基督教意识的系统宗教。家教和人文教是义理教，关于祖天的理解是义理，而不是信仰，不是信他的信仰，而是自信的，因为祖先首先是自己家里的，是家人的祖先。因此从家人的祖先延伸出去的信仰，不是犹太－基督教意味的人格神。

《圣经》里，上帝为了考验亚伯拉罕的忠心，让他杀掉自己的儿子，这

[①] 张祥龙：《"家"与中华文明》，济南出版社，2022年，第16页。

导言　诚中之意——从诚本到意本

是犹太-基督教高于家教的开始，为了宗教的延续，可以毁灭家庭和家教。这点与儒家文化是背离的，儒家文化以保存、护持家庭延伸下来的身体为第一位。"亲亲相隐""窃负而逃"都说明，"诚"于家庭人伦之外的人神关系并不是传统儒家要护持的。正是在这个意义上，杜维明认为儒学超出了西方宗教的定义范畴，而且儒学隐含着宗教性的向度。这点跟张祥龙的看法接近：

> 儒家不信仰人格实体化的神，也没有一个管鬼神的教会，但儒家也不是我们半个多世纪以来意识形态中的西方式的无神论，因为它信原发的神——天、地、祖先神——意，所以他超出了西方有神论和无神论的框架。儒家是宗教或不是宗教，按照西方的口径来讲，没法定。①

张祥龙强调儒家虽然没有人格神，但有神意，而这种神意，就是本书要申发的"诚中之意"，即"诚中"至于"通神"的意识状态。所以，儒家的宗教性是通过神意来克服并超越所谓系统宗教或者非宗教的二元对立判断，儒学没有外在的超越，不讲天堂，没有人格神，但其神意仍然有着浓厚的宗教性。

犹太-基督教人神二分的传统对西方哲学与文化传统影响深远，而且对西方人的思维方式也可谓有文化无意识的作用。明末利玛窦（M. Ricci）来到中国之后，就意识到中国的思维方式与西方很不一样，中国人似乎缺乏逻辑，也就是缺乏西方人区分现象与本质、属性与实体、主体与客体这样二元化的观念逻辑，就会很难理解西方人为何区分精神与物质、灵魂与身体、创造者与创造物等，所以也就很难理解基督宗教的教理。② 张祥龙认为，西方犹太-基督教的神性观是唯一位格神，与中华文化的非位格神形成鲜明对比。犹太-基督教的神有意志，有智性，有人格（being Person），因为其从无中创造了世界，所以是全能的、高高在上的，可以生杀予夺的，但为了不

---

① 张祥龙：《从〈春秋〉到荀子》，商务印书馆，2019年，第255页。
② 参张祥龙：《从现象学到孔夫子》，商务印书馆，2022年，第410页。

跟人疏远，所以要跟人"定约"，确定人格实体神与人相关的外在形式——"旧约"。这些契约和证据表现为律法、礼制，并借助教会的形式落实相关的戒律、礼仪和制度对人的约束。而"新约"的福音书则以信仰十字架上复活的基督为中心，强调神对人的普遍之爱。[1]

相比之下，张祥龙认为，不能像郭沫若那样，把商代甲骨文里的"帝"理解为"至上神""有意志的一种人格神"，因为这样的说法不过是按照西方理论框架进行的不准确的"对号入座"；也不能像许倬云那样理解为殷人的祖先神，因为无法证明它的位格，且周代祭祀的"慎终追远"祖先神也不能理解为位格神。所以，虽然天有神性，但起码从西周开始，就没有位格可言。"天命靡常""配天""尊天"都不能理解为位格神。不过，张祥龙也不同意因为天没有人格实体性，就像冯友兰那样，把天理解为主宰、自然、义理、物质、命运这五个层次，因为这样区分的理解，就丧失了在区分之前原本有一个"混然"的"天意"或"天义"，即介于有形与无形、远与近、有与无之间的状态的"天"。在"天意""天良""天命""天下""天子"等说法里面，可以看到天的混沌融贯意味，天是中，是极，但就不是一个有意志的人格神，所以不是通过约定，而是通过"与天地参""天时"的"时机化"方式显现。[2]

"如家"的家教就是如此这般的家，让家庭如其本然之教。家庭就是如此这般的，而且家庭是人生如此、当下这般状态的来源，有佛家"真如""如是"的意味。虽然祖天并没有在"如家"的家教上面增加任何东西，但祖天无疑是对家教的一种理论性强调，只是祖天不是家之外的存在，不是在家教之外另有一个祖天之教，因祖天之教不过是家教的一种方便说法。换言之，有祖天安住的、感通祖天的家，是有感通之感、能够感动的家，也是开放的家，不是封闭的家。在"如家"的儒教看来，家是真的存在，既不需

---

[1] 参张祥龙：《从现象学到孔夫子》，商务印书馆，2022年，第411—414页。
[2] 参张祥龙：《从现象学到孔夫子》，商务印书馆，2022年，第415—418页。

导言 诚中之意——从诚本到意本

要执着，也不容许否定，因为家从根源上和现实中都不是空的，所以不可堕入家庭虚无主义。

学者对于祖天意识和孝意识的现象学研究，表明现象学方法有其意义。与佛学引进中国出现了类似禅宗等中国化佛教一样，中国的现象学应该也可以转化西方哲学，从而成就中国哲学的新发展。儒家思想、儒教意识的现象学化，可谓儒家哲学化的必经之路。过去儒家研究的文史倾向需要向哲学倾向转化，而转化的方向之一就是现象学的思考和研究。中国哲人的言说场域一直没有离开家，一直具有充沛的家意识，这与缺乏家意识的希伯来和希腊传统形成鲜明对照。儒、释、道的家意识是从祖天意识贯彻下来的，是天然而自然的，儒、释、道的思想运思和建构，亦从来都是"如家"，即把"家"作为一切哲学思考的运思的先行性去意识，也可以说是意识设定的。

正如孝意识是非反思的文化意识一般，后天的意识都有接续先天的内在力量，可以激发出意识的先行性，意识到先天祖天为大，后天亲亲为大。这不仅是如家的儒教之文化设定，更是天道自然的内在状态，所以可以把家意识和孝意识放到近似于生物本能的角度来理解。祖天意识充满对天地神圣性的意识和敬畏感，所以文化无意识当中就会排斥违背自然秩序的乱伦现象。因此，乱伦看起来对应的是家，是反孝，但真正违背的是天地自然和宇宙本来的秩序，即天人合一的阴阳相感之秩序。这种秩序不是人思考出来的，不是规定下来的秩序，也不是人与人、人与神之间订立的契约秩序，其更不依赖于超越世俗的上帝智慧。如果对人格神上帝的敬畏高于对天地宇宙自然的敬畏，那就为人与人的关系之乱伦留下了可能，因为人与人格神的关系，不能涵盖人与世界关系的全部，何况西方留下的"三位一体"的神性之乱伦以及诸神之间的乱伦关系，实际上是把人的世界与上帝的视角分开，为人间乱伦的合理性留下了天神默许的依据。反观中国的儒家道家，其哲学思想中都有万物一体的传统观念，人既通于万物，又对天地秩序充满敬畏，既然天地不乱，那么人间也就不可以乱。可见，太极阴阳五行的秩序其实是祖天带有神圣意味的设定，也是永恒的开端，世界如此这般，不需要依靠外在人格神的意志来创造世界,也就不给神话中诸神的乱伦留下空间,从宇宙到人家,都与乾坤生六子、五行和天干地支之间的精确运行相吻合,从天伦到人伦都完美无缺,天衣无缝。

为了复活和复兴儒家,张祥龙主张重建儒教,但认为不能简单地把儒家判为西方意义上的宗教:

> 将儒家判为西式意义上的宗教,在相当西方化的现代中文世界的分类结构中,会大大简化我们的话语,就如同拼音简化了汉字,让关于儒家的讨论进入一个被人工网化了的地域。这就出现了两层赞成与反对的格局。在第一层上,大家同意儒家是宗教,这样,赞成儒教和反对儒教的都有了一个可落实的着力对象。在第二层上,大家不认为儒家是宗教,于是赞成和反对儒家的就都相信儒家只有世俗文化的价值,没有神圣的价值。①

张祥龙显然是不同意这两种格局的。他反省了蒋庆"重建儒教"对儒家可能造成的某种危险,并检讨了龙华民、康有为的儒教论,认为他们没有充分考虑儒教的独特之处,也没有把儒教原理做时机化的处理,从而以各自的方式伤害了儒家事业。②张祥龙强调儒教的特点是"儒教的人间生活化"或"儒教的亲子源头性",认为亲子关系既是身体的、血缘的,又是精神的、道德的;家庭既是横向的结合,又是纵向的过去与将来的交织。③张祥龙还指出,儒教不同于其他宗教的一大特点在于,儒教没有广义的修道士或离开人间生活的严格修道团体与机构。因为只有儒教有《孝经》,所以可以把"孝"视为"重建儒教的命脉所在、艰难所在和希望所在"④。这几乎就是把"孝"看作儒教重生的命根子了。

---

① 张祥龙:《复见天地心——儒家再临的蕴意与道路》,东方出版社,2014年,第15页。
② 参张祥龙:《复见天地心——儒家再临的蕴意与道路》,东方出版社,2014年,第16—17页。
③ 参张祥龙:《复见天地心——儒家再临的蕴意与道路》,东方出版社,2014年,第18页。
④ 参张祥龙:《复见天地心——儒家再临的蕴意与道路》,东方出版社,2014年,第19页。

导言　诚中之意——从诚本到意本

张祥龙认为，应该走与上行路线、下行路线不同的"中行路线"[1]，也就是建立"儒家特区"[2]，他期待儒家文化特区能够比美国的阿米什人（Amish people, 阿门宗派之人）的文化聚居区更有生存的坚韧性，成为"国家和主流社会承认的一个独立的文化空间"，他认为"文化的方舟与桃源"是人类的未来[3]。张祥龙认为儒家是一种非普遍主义（non-universalism），这会影响儒教与全球其他文明对话的立场与方式[4]，但也要有意识地避开普遍主义和特殊主义二元化的陷阱。他写道：

儒家文化或中国传统的主流文化一直是天道主义，没有普遍主义宗教文化中的那种曾广泛存在的不宽容和扩张主义，比如长时间、大规模地排斥异端，发动宗教战争和建立大帝国的侵略战争，屠灭其他文化、崇拜征服和领土攫夺，进行有组织的境外传教，等等。[5]

利玛窦感叹中国人保持长达数千年之久的"老祖宗传给他们的东西"[6]，不到五百年之后，被中国人自己抛弃甚至毁灭殆尽。张祥龙如此总结儒家：

儒家不是普遍主义，也不是特殊主义，而是以家庭关系为源头、以农耕为根本、不崇拜高科技、以礼乐教化为治国原则、以仁政王道为政治追求的天道主义，或可说成是一种本土化而又天下化、伦理化而又艺术化和时机化了的天道主义。[7]

---

[1] 张祥龙：《复见天地心——儒家再临的蕴意与道路》，东方出版社，2014年，第25页。
[2] 张祥龙：《复见天地心——儒家再临的蕴意与道路》，东方出版社，2014年，第26页。
[3] 张祥龙：《复见天地心——儒家再临的蕴意与道路》，东方出版社，2014年，第29页。
[4] 张祥龙：《复见天地心——儒家再临的蕴意与道路》，东方出版社，2014年，第30—31页。
[5] 张祥龙：《复见天地心——儒家再临的蕴意与道路》，东方出版社，2014年，第30—35页。
[6] 张祥龙：《复见天地心——儒家再临的蕴意与道路》，东方出版社，2014年，第30—35页。
[7] 张祥龙：《复见天地心——儒家再临的蕴意与道路》，东方出版社，2014年，第43页。

借鉴张祥龙关于儒家是天道主义的看法，本书希望通过论证儒家的祖天之意，说明念念持守祖天之意就是儒家后人对祖先的大孝。本书认为，依托《中庸》文本可以从理论上重建儒家思想的命脉，点燃重建儒家教化的希望。

作为未来之意的祖天意识

祖先在意识层面首先是指对过去存在过的先人的意会，但祖天意识作为一种关于祖先和天地的意识状态，又是时刻朝向未来的。祖天之意本身是大道之显化而进入意识，所以有时刻向着未来之意，因此可以通于公羊学升平世和儒家大同之理想。诚于祖天之意看起来是诚于过去，但其实是诚于未来之中，因为祖天可以作为当前意识的导向，总是向着意识的未来开显。可见，祖天之意的意识境界本身高妙玄远，有着"为万世开太平"的意识力度。

"诚于祖天之中"从根本上说就是"诚之"的学问，同时也是儒家教化的核心内容。在今天中西哲学会通的历史情境下，建构诚于祖天的哲学思想有重要意义。诚于祖天就是诚于天地或宇宙，是意识到自己的本性就是祖先本性的延伸，自己的生命就是祖先生命的延续。这是与祖先性命贯通的意识，以这种意识作为生发点，可以时刻进入参赞化育的境界。这种意识境界的展开和实化，足以成己成物，即成就自己和他人，所以有开拓未来的思想力度。

如何理解"诚"是《中庸》哲理的核心内容，进而如何理解"诚中"成为"诚中之意"的根本，也就是《中庸明意》哲学的根基？今天，如果只是继续对"诚"进行传统的道德和政治哲学解释[1]，那么已经明显不足以应对西方哲学和宗教全面而深入的理论性挑战，所以需要拓展"诚"哲学的深层内涵，本书采用的应对策略就是，"诚"就是诚于祖天之意，既是人道，也是天道，是自身"诚"意识之参赞天地、化育万物的极致境界。

---

[1] 如王邦雄等著的《中国哲学史》认为《中庸》"其思想性格乃是属于道德形上学"。王邦雄等著：《中国哲学史》（上），里仁书局，2015年，第94页。转引自郑熊：《〈中庸〉学与儒家形而上学关系研究》，人民出版社，2021年，绪论，第15页。

导言　诚中之意——从诚本到意本

在诚于祖天之中的意识看来，"诚"本身就是"意生"，儒者之意生，都是诚于祖天的意识生生。因为"诚"于祖天，所以与"人之生"有关的"物之生"与"事之生"也就随之而起，每当有"人物"，就有"人事"，都是因为物和事需要以人的意识为基础，甚至祖天的存续都不能离开"意生"，所以"意"是物和事之本。祖先和天地，其实是祖天意识生成实化之后的区分，可以理解为类似阴阳的一体两面。而理解和展开祖天意识，也要迂回地用西方哲学与宗教意识，来体悟和发掘祖天意识。

祖天意识是源远流长的中国哲学意识，但其哲学与宗教意味可谓"不识庐山真面目"，需要迂回地用西方哲学与宗教意识才能建构起来。祖天意识和诚哲学需要克服西方实体化的哲学理解，诚于祖天意识的生成和创造，可谓接近怀特海的"创造性（creativity）"，这是需要直觉去把握的宇宙大生命。这种生命力量，我们的祖先体悟过，我们承续这种体验，所以祖天意识就成为宗教感的终极存在。祖天不是人格神，而是随顺意识流变的过程而生成的存在，祖天的天道本体就是传统天道观。

祖天之意的本体在先天意义上就是天地意识，无所谓阴阳之分，祖先和天地是意会天地意识之后的阴阳之分，但相对于后天意识来说，关于祖先和天地的意识都是先天意识，是先天意识分出的阴阳。之所以说诚于祖天，乃因意识对于祖先和天地并不容易分辨，所以"祖天"连用，这是祖先和天地意识为人领悟之后的意识流变。后天反省的意识把祖天从当下变易的过程之中领悟、揭示出来。可以说，后天反省的意识比天地意识更为根本，人间所有事物的存在和变化，都需要"意"的参与才能成为"人-物"或者"人-事"，自在的、没有意识参与的物和事是没有生命力的。而在"人-物"或者"人-事"的人伦日用当中，唤醒感通祖天的原初意识，这既是《中庸》哲学的巨大贡献，也是《中庸》宗教性的核心所在。

祖天的实存不仅是与当下的主体相连续的，而且是不断流变的。人与祖天的连接，其实就是进入了天人关系的"诚中"状态。虽然人只能够以意测天，但加入祖先的意识，大大拓展了我们此生狭隘的经验和意识境遇，使得人可以无限地接近天，这就是天人一体的宗教意识，也是人生于天，又可以生回到天之中去的那种意识状态。通过祖天意识，人的意识即可切近于道德，即人的意识决定和评判自己的行为和意识是否符合道德与社会规范。

人通过实化祖天的意念拓展了今生成己成物的边界和力度，才可能在意识当中赋予天地以道德。祖先作为曾经的存在，既是过去的存在，也是今天向着未来的存在。祖天不是固定化的、实体化的，也不是存在者化的、具象的、形而下的，而是生成变化的、非实体化的、非存在者化的、抽象的、形而上的。"诚"于祖天并非诚于某个实体，而是一种泛化的、非对象化的、与意识本身共存的祖先通于天地的意识状态。祖天不是外在的、不动的、前置的观念，而是诚动不息的、生命化的意识存续过程。不能抽离祖天的生命气息，把祖天理解为僵死的、无生命的、形而上学观念。[1]祖天与自我在当下的时空之中相互纠缠、阴阳变化、刚柔相推，在意识到祖天的实存之后，祖天意识就成为自发的、可能导致意识能量发生变化的力量，可以转化时空能量。祖天意识要从人世间变化的现象和意识生存延续的处境中去感悟，去体悟祖先留给世界的信息，体悟自己与祖先好像阴与阳如量子般纠结、缠绵的意识状态，此亦可以理解为对祖先的直观。每个人对祖先的直观都是个体化的、孤独的经验，但《中庸》把这种独特的祖先意识普遍化、经典化了，让个体穿过祖先的实存去体悟万物的起源、天地的生化、事物的变化、生命的奇妙等等。

我们和祖先不是此岸与彼岸的关系，不是相互独立而隔绝的。我们可以感知、体知、认知到祖先的实存，人关于祖先的意识可以收藏万有，因为我

---

[1] 郑熊认为："儒家形而上学就是指儒家围绕抽象的'道'进行研究而产生的学问。……儒家本体论则是儒家形而上学的核心，它是儒家形而上学进一步发展的结果。如果说儒家形而上学实现了从现实到抽象，把视角从有形有象的世界转向无形无象、看不见、摸不着的世界，那么儒家本体论则是在无形无象、看不见、摸不着的世界的基础上更进一步，为天地万物的产生、发展追寻根据、根源。"参郑熊：《〈中庸〉学与儒家形而上学关系研究》，人民出版社，2021年，绪论，第12页。

们意识到的世间，就是祖先与我之间世代连续的世间。祖先是生命存在的根源，我们当下的意识是祖天意识的开显，《中庸》是对祖天意识的认可和劝导。祖天意识可以"绽出"（Ekstase）我们生存当下的生机，而不是面对当下无法理喻的实体性存在。所以我们要诚于祖天，去理解祖先和我们曾经共同面对的世界。祖天意识"绽出"这个世界，近似"无极而太极"。祖天意识的生机趋于极致的状态，可以体会到祖天"寂然不动，感而遂通"，好像祖天犹如太极一般"冲漠无朕，万象森然已具"，这不仅有本体论、宇宙论的意味，关键更有入世的儒者意味。

祖天意识与人间的事物联通一体，共同存在，一起绽放。关于祖天的意识发动好像生命源初破茧而出，有震天动地的意味。可见，儒者对祖天意识的感悟有若电闪雷鸣般惊奇。祖天之意与天地合体而生生，这种意识是有普遍性的，可以成为世界哲学或者世界宗教的底色。祖天意识囊括了全部的人类生活，祖天既是我们生命的来源，也是我们意识推动宇宙的动力所在。换言之，与祖天的感通可以推动事物的运动，可以建构世界运动变化的动力。我们对祖天的感知似乎带有神秘意味，但其实更多的是一种意识的回溯和感通。祖天是祖先从"天地氤氲，万物化醇"的宇宙生化状态中实化而成的，祖天意识发动的时候，人意识到祖先在阴阳激荡的边缘域不断感通不息。

儒家心通祖先，其实是心通天地之大仁。宇宙万物因为祖天之仁而贯通一体。通于祖天的人道之爱与天道之生融为一体。祖天之意本于天理，但祖天不是有意志的主宰，祖天的存在如果没有人的意识活动参与，就总在寂静之中，无所谓祖先，所以祖天之意就是要意会祖天在意识当中开显、存在的过程。祖天之意是对儒家"亲亲"血缘连续性的延伸，是对自己当下经历过程的反思和回溯，正如儒家亲情无法离开家庭、夫妇、父子，祖天意识更是从家庭角色意识延伸出去的。因此，祖天之意是基于血缘和家庭亲情的儒家意识状态的实化和展开，是"亲亲"意识的延展，是儒家意识存续接天的境界体现。

中庸明意

诚中之意与比较宗教的时代境遇

相对西方,"中庸"代表中国人特有的生活和思维方式,陈赟引用法国于连、马尔塞斯的话说:

> "中庸"与"中国"这两个词语之间有一种深远的关联,被称为"中国人"的这一族群,在其历史过程中形成的特有的生活方式,不是由"存在"(being、Sein)、由"上帝"、由"自由",而是由"中庸"来"规定"的,这是历史过程中形成的"天命"。①

陈赟借鉴了这种比较的视域,继续写道:

> 《中庸》是在形而上学－本体论－神学之外、是在科学性－法权性的人文之外,为思想奠基的,因而,对于从西方这个"焦点区域"而打开的现代世界而言,在古代中国孕育的"中庸",还意味着一种尚未被经验到的新的可能性,无论是在思想的层面,还是在生活的层面。当人们在理念－理论的形而上学形态与启示－信仰的神学样式的紧张中,困惑地为"文—化"定向时,"中庸"究竟能够给作为中国人的我们带来什么呢?又能给当今的人类与世界提供什么呢?②

相对西方思想来说,《中庸》确实有为中国文化、中国思想定向的意味。陈赟在思考于连对于《中庸》的评论之后认为:"与其说《中庸》以一种令人惊讶的方式抵达了中国思想的核心,毋宁说,在中庸中,中国思想确立了自身。"③他试图通过于连所谓"深度诠释",即既不求助于神学,也不求助于本体建构的经典书写方式,既不是文字学家的训诂,也不同于文本的技术

---

① 于连(一译朱利安)、马尔塞斯著,张放译:《(经由中国)从外部反思欧洲——远西对话》,大象出版社,2006年,导言,第1页。转引自陈赟:《中庸的思想》,浙江大学出版社,2017年,导言,第1页。
② 陈赟:《中庸的思想》,浙江大学出版社,2017年,导言,第1页。
③ 陈赟:《中庸的思想》,浙江大学出版社,2017年,初版自序,第2页。

性分析，也不同于那种回到原意、本义的客观主义幻象支配下的经典书写，还有别于形而上学的、本体论的理论构造活动，"增加理解中庸的维度，这种别样思考的可能性本身就是思想的可能性，但正如海德格尔所说，思想需要思想，它的时间和它的时间……"[1]。可见，陈赟希望用新的解读《中庸》的方法，开启新的思想。

高柏园认为《中庸》对宗教对话与普世伦理的建立有高度的价值："中之不偏不倚，正是宗教对话与普世伦理建立的理论核心，而庸者则说明宗教对话与普世伦理的建立乃是在生活与活动中展开，而且它们必须是能真正为人们所实践的价值与规范。"[2] 张祥龙也深入思考过儒家如何展开宗教对话，他在《精神的婚恋》译者序中写道：

> 我从事此项译事，还有一个考虑或目的，即为中华宗教、哲理——特别是儒家——与基督教的深层对话提供一个有活力的文本空间。中华的宗教和哲理传统中，当然有自己的精神的或灵性的维度，但其表现方式与这基督教的爱的神秘体验论还是很不同。儒家也主张爱——孝爱、仁爱、男女夫妇之爱、对祖先和家乡（乃至祖国）之爱——是人性的根本乃至天道的根本，但她有没有可与此书描述的"精神的婚恋"参比的精神世界呢？在做深入的对比和探讨之前，很难回答这种问题。但它有可能关系到儒家进入未来的能力，以及基督教在中国的前途。无论如何，两边在神秘体验维度中的对话和沟通，是相互的机会而不是相互的伤害。[3]

祖天之意不是一种宗教意义上的神秘体验，但又需要借助这种体验来理解和表达，否则就会因为其虚无和空旷的特性而无法加以描述。在某些方面，诚中之意显然不是一种经验，与神秘体验的经验不能被感官和知性当作

---

[1] 陈赟：《中庸的思想》，浙江大学出版社，2017年，初版自序，第2页。
[2] 参高柏园：《中庸形上思想》，东大图书股份有限公司，2016年，新版序，第1页。
[3] 吕斯布鲁克著，张祥龙译：《精神的婚恋》，商务印书馆，2018年，译者序，第18—19页。

某种明确的对象来加以把握有很多相似之处，好像一幅说不出美在哪里的美景，一曲无法说清哪里好听的乐曲一般，这是一种超越感性和理性的、非对象化的存在状态，有时候需要借助情绪来表达，但这种情绪表达又往往容易陷入具象化、具体化状态，给解读者造成更深沉的误解。正如海德格尔对解蔽的思索一般，解蔽也是一种遮蔽，因为解蔽出来的个别、具体的存在者，却遮蔽了存在者之全体。

祖天之意是超语言、非中介的境界，更是达到了无言而可以分享的极致境界。但正如詹姆士在其名著《宗教经验之种种——人性之研究》（1902年）中提到的，神秘体验论有四种特征：不可直接言说、明察、暂现和被动。[1]其中被动性是典型的西方宗教经验特征，也恰恰不是诚中之意的特征，因为诚中之意可以说是主动的，没有被动的特性，祖天之意不受外在人格神的启示而发动，而是从人性深沉的天机当中汩汩涌动而流淌出来的。在这个意义上，这种反观、自觉的状态，同样是不可直接言说的，只能借助《诗经》来表达，但是这种境界确实又是可以明察的，否则《中庸》文字背后的境界就无法成立。当然，祖天之意的状态对大多数解读《中庸》的读者来说是昙花一现、无法长久的。所以，经典之所以永恒，恰恰就是为了留住那种永恒的、带有神秘意味的，但其实又是理性通达天地之后的极致境界。

张祥龙指出："基督教的神秘体验有一个特别突出的特点，即强调爱，所以它是一种爱的神秘体验论。"[2]祖天之意没有专门强调爱，即使是仁爱他人之爱，也不是对象化的、爱上帝之爱，二者有着根本性的区别。宗教的颂歌有明确的对象，所以比较接近人间爱情的诗篇，也容易为人们所共情。相比之下，《中庸》让人们共情的难度就大了很多，而且不是同一个量级的问题，因为《中庸》没有对于对象化的天或者天地的歌颂，所以找不到

---

[1] 参张祥龙导言，见吕斯布鲁克著，张祥龙译：《精神的婚恋》，商务印书馆，2018年，译者导言，第4页。

[2] 张祥龙导言，见吕斯布鲁克著，张祥龙译：《精神的婚恋》，商务印书馆，2018年，译者导言，第5页。

导言 诚中之意——从诚本到意本

"诚"的对象,而"中"显然不是对象,最多是一种状态。那么,作为状态的"中"如何可能被对象化?因为这种状态没有人格化的特质,所以难以被描绘和歌颂,这与宗教当中人神对话留下丰富的诗篇不可同日而语。

同样,信徒的人神之爱一定会让信徒"出神"[1],可以理解为人的精神离开身体,并归向人格神的状态。相比之下,诚中之意却不让人出神,最多只会让人找不到诚中之意的状态,即找不到祖天与天地(如神一般)的具体对象。但是,诚中之意其实是回神的,是聚神的,是内观、体察、觉悟本性与天元之创生力沟通的生生不息、如神一般涌动的内在力量。

只是这种内向体察的难度,丝毫不亚于向外投射寻找人格神之爱,所以大部分人对于祖天之意也就"注定遭遇到不可测的深渊、黑暗和挫折"[2]。这其实就是《中庸》阅读史上的绝望境遇,好像心与天之间的鸿沟,几乎无法跨越过去。生命内观、自觉、自证的难度,远远超出一般向外求道、所谓读书明理之路的难度。《中庸》的字句并不难懂,但很少人能够读懂其中超越言语、超越感官、超越尘俗的诚中之意。

那种女性化的精神意识状态,持续向男性化的人格神求爱,谋求神之光照亮自己,驱除丑恶本性的精神意识[3],更是与诚中之意无缘。诚中之意本身就是阳刚的,是大自然神圣的生生之力,是天地自然之意的实化和呈现状态,也因为其阳刚,所以并不阴柔,并不具象,并不实体化,这种非对象化的生存状态比追求神之爱的努力要更加难以索解,难以表达。

诚中之意不是"诚"与"中"二者融合为一体,好像阴阳两性从肉体到精神的结合,"诚"与"中"本身都是无对的、非对待的、非对象化的状态,所以也拒绝阴阳对待的解读。《周易》的阴阳感应,并不具有阴与阳之

---

[1] 参张祥龙导言,见吕斯布鲁克著,张祥龙译:《精神的婚恋》,商务印书馆,2018年,译者导言,第7页。

[2] 张祥龙导言,见吕斯布鲁克著,张祥龙译:《精神的婚恋》,商务印书馆,2018年,译者导言,第8页。

[3] 参张祥龙注,见吕斯布鲁克著,张祥龙译:《精神的婚恋》,商务印书馆,2018年,译者导言,第9页。

间的肉欲追求，或者阴阳相吸那种精神同一化的努力倾向，这与谋取同人格神相爱并完全合一的极致意味[1]不同。诚中之意既不是一种神秘体验的灵感叙述，也不是追求神秘体验的情绪记录；既不是一种纯粹的自然，也不是孤零零的诗情画意，而是切入人伦日用的、不离当下世间一切变幻的精神极致追问。《中庸》不是一部追求神秘体验的灵修手册，没有具体的功理和功法，却天上地下无所不包，好像人的意识所能推及的无限边界，从而成为这种边缘化哲思记录的文字。这些文字背后是古代圣人通天的生机，可以跨越时空，光照后世，但这种光并不是人格神的外来光源，而是内在的自我澄明，心意在意念发动的场域当中，找到符合神圣的生生之力的自然之意之中道状态。伍晓明写道：

> 思想——汉语思想——之天命（如果汉语思想真有其自身之天命的话），就包括去理解天命，这一产生于汉语思想中的重要观念。这当然是冒险，但却可能是思想所应冒之险，必冒之险，或人作为人即应冒之险，必冒之险……
>
> 人就"是"自己的天命，而诚则最终即是让人去面对自己。[2]

伍晓明的问题意识在本书当中得到接续："在一个没有唯一至上人格神的文化中，此处是否即蕴含着此一文化的最深刻的宗教性？"[3]这种意识状态不是单纯意识的空转，而是当下意念的即发即行、知行合一。所以当下的沉思就是实际地思考万物，内向观察其实就是对天地的观察，内心有天地之乾坤，内在的意识当中有朗朗乾坤，就不需要去天地之外再找一个造物主。《中庸》的文本充满祖天之意，祖天之意本来就是天地自然之意，只是需要专门的体悟，领悟祖天不是人格化的上帝，而是祖先与天地贯通的存在境域

---

[1] 参张祥龙导言，见吕斯布鲁克著，张祥龙译：《精神的婚恋》，商务印书馆，2018年，译者导言，第10页。
[2] 伍晓明：《"天命：之谓性！"——片读〈中庸〉》，北京大学出版社，2009年，《写在前面》，第2页。
[3] 同[2]。

导言　诚中之意——从诚本到意本

的体现。

从祖天之意的角度，对《中庸》这样经典至极的短小文本进行哲学诠释，需要抛弃安乐哲、郝大维所谓"完美辞典谬误（the Fallacy of Perfect Dictionary）"。不应该试图用清晰的、单义的单词串来表达语词的含义，因为中国传统哲学术语拒绝被单义化地理解。[①] 这种解读方式，无论在中文语境当中，还是在西方语境当中，都是不合适的。所以，本书试图把英译的哲思贡献融汇进来，在中西比较哲学的视域下进行一番解读，目的即在于让古典的祖天意识在中西比较互通的境遇当中生成和发展。

祖天的含义本身无法定义，但在注释和解说的过程当中，可以在脉络中凸显其意义，而超越普通的说明。本书的注释部分在参考历代古注和近现代研究的基础上，参考理雅各、辜鸿铭、陈荣捷、杜维明、安乐哲的英译，来扩展和激发《中庸》传统注释的深层意涵。西方译文本身各具特色，译文本身的义理空间本来就都是在中国传统注释的理解和消化基础之上，进一步拓展延伸出来的。本书在写作过程中做了一种反向的释读，试图进一步打开古典义理的全新哲理空间。作者认为相关的英译文注释和学术讨论，有助于延展中文义理的深度和广度，所以本书的注释本身，和明意系列的其他注释类似，都是中西哲学深入比较进而产生跨文化对话的努力。

理雅各（1815—1897）是近代英国著名汉学家，曾任香港英华书院校长，伦敦布道会传教士。他是第一个系统研究、翻译中国古代经典的人。从1843年到1873年的30年，他在香港度过，对香港的教育、报业乃至戒烟戒赌、赈灾救难等公益事业均有贡献。作为传教士，理氏在"天""中庸""诚"等核心概念的翻译上坚持本质主义立场，其译文可谓基于基督教信仰对儒家经书与文化的审判。

辜鸿铭（1857—1928）祖籍福建惠安，生于马来西亚槟榔屿。他学贯中西，号称"清末怪杰"，精通英、法、德、拉丁、希腊、马来西亚等9种

[①] 参安乐哲、郝大维著，彭国翔译：《切中伦常：〈中庸〉的新诠与新译》，中国社会科学出版社，2011年，第36页。

语言，获 13 个博士学位，是清代精通西洋科学、语言兼及东方华学的中国第一人。辜鸿铭一生的意义及其重要性在于沟通中西文化并诉诸翻译事业。为了让西方人了解中国孔孟哲学的精神道义，他勤于写作。辜氏一生著述颇丰，且多用流利的英文写成，其目的即在于使西方人了解进而尊重中国文化。

陈荣捷（1901—1994）是广东人，美籍华人学者，哲学史家、朱子学专家。他毕业于岭南大学，1929 年获哈佛大学博士学位，同年回国教书，1930 年任岭南大学教务长。他曾任教于夏威夷大学哲学系，并参与创办了延续至今的"东西方哲学家大会"。他认为孔子"从总的方面铸造了中国文化"，在"特殊方面铸造了中国哲学"，为中国哲学的发展规定了方向并建立了模式。孔子所规定的中国哲学的显著特征就是人文主义，孔子把人文主义变成中国哲学中最强大的动力，不仅确立了"正名""中庸""道""天"的基本概念，更特别发展了"仁"的学说，使"仁"的概念成为中国哲学的中心问题。他认为孔子主张"德治"，最关心的是如何建立以良好政府与和谐人伦关系为基础的社会。

杜维明祖籍广东南海，1940 年生于中国昆明，是现代新儒家学派代表人物，当代研究和传播儒家文化的重要思想家。他曾任哈佛大学亚洲中心资深研究员、北京大学高等人文研究院院长、国际儒学联合会副会长、国际哲学学会名誉院士（代表中国）等。在不同时期，杜维明的思想和著述重点有所不同。1966 至 1978 年着重诠释儒家传统，确立了长期探索儒家精神价值的为学方向；1978 年至 20 世纪 80 年代末关心阐发儒家传统的内在体验和显扬儒学的现代生命力；20 世纪 90 年代迄今关注并拓展"文化中国""文明对话""启蒙反思""世界伦理"等论域。

安乐哲 1947 年生于加拿大多伦多，曾任美国夏威夷大学教授，现任北京大学人文讲席教授、刘殿爵中国古籍研究中心学术顾问、尼山圣源书院顾问、世界儒学文化研究联合会会长、国际儒联副会长。学术贡献主要包括中国哲学经典的翻译和中西比较哲学研究两大部分。其翻译的中国哲学经典

导言　诚中之意——从诚本到意本

《论语》《孙子兵法》《孙膑兵法》《淮南子》《道德经》《中庸》等纠正了西方人对中国哲学思想几百年的误会，清除了西方学界对"中国没有哲学"的成见，开辟了中西哲学和文化深层对话的新路。

本书的注释主要围绕他们的英译，结合传统的注疏，试图进行较为详细的考察和比较，尤其对主要哲学术语的翻译多加考察。本书认为，在比较和分析的过程当中，读者可以深深体会到中国传统哲学术语翻译的多义性和意义的丰富性，尤其是哲理阐发的空间十分巨大。当然，中文语境当中关于《中庸》的具体理解，自古以来就有其丰富性和多元性，这也构成与西方汉学与哲学诠解沟通对话的最佳义理基础。

本书致力于说明，西方汉学家和哲学家们对《中庸》的翻译和解读，本身就是助力文化交流和沟通的重要内容。对关键词的翻译和辨析，可以帮助我们更好地理解中国哲学术语的义理分寸。历史上，儒家经典的翻译和研究成果，可以极大丰富和拓展经典理解的视域。本书解读《中庸》文义，希望在确保"祖天之意"源头活水的前提下，活用借鉴经典翻译和解释的贡献，开拓出论述祖天之意哲学体系的新意，也试图在比较宗教的视域当中，真正建立和拓展中国儒教的宗教性基石，进而在中西交流当中建立中国人文学术的主体性。[1]

本书也希望推进大陆和港台地区新儒家对于《中庸》形上学的思考和建构，试图继续使"《中庸》所代表的儒家思想，不但能在超越意识方面对西方宗教有一恰当的回应，而且更能百尺竿进，转化此拟人之情识，而达至真是而究竟之圆教义也"[2]。牟宗三曾试图建立"圆教论"，本书希望读者能够在比较宗教的语境当中，悟诚中于"祖天之意"的理论努力所具有的"圆教"意味。

---

[1] 参安乐哲、郝大维著，彭国翔译：《切中伦常：〈中庸〉的新诠与新译》，中国社会科学出版社，2011年，总序。

[2] 高柏园：《中庸形上思想》，东大图书股份有限公司，2016年，第190—191页。

第一章　天命道教

天命之谓性，率性之谓道，修道之谓教。

【明译】

祖天之意所命的自然禀赋称为天然善"性"，统帅祖天赋予的本性去立身行事是顺应天命之"道"，顺天命大"道"而行并有意加以调节修饰、修明推广叫作"教"。

【明注】

对于"中庸"，理雅各、陈荣捷译为 The doctrine of the mean（中道的教义），辜鸿铭译为 The universal order or conduct of life（普遍秩序或生命方式），杜维明译为 Centrality and Commonality（中心性与共同性）。理雅各以 mean 指"中庸"是关于 mean 的学说。mean 的本义是"平均"，近亚里士多德"中道"之意。安乐哲借用汉代郑玄释"庸"为 the practical application of centrality（中心性的实践应用），及朱熹把"庸"解为 that which is ordinary and common（普通和平常之事），把"中"解为 focusing（关注、聚焦），关注的对象即朱熹所谓的人伦日用（the familiar affairs of the day）。因此，安乐哲将"中庸"译为 focusing the familiar（聚焦熟悉之事，切中伦常），意即重视百姓日用之间的伦常关系。

天所赋予的，在儒家宇宙论的脉络（context）中，就是天生天成的，也

第一章 天命道教

就是自然而然的。天广袤无垠，人从其中得一部分元气，集合而为人。但此"天"不是有意志的天，不能有意志地赋予。祖天不是有意志的人格神，不是本质主义意义上的实体和本质。①祖天既是太极，又是无极，无极乃太极的别名。祖天是即本体即现象、即体即用的意，既是意的现象本身，又是无意的现象本身。所以，意本祖天之意，而祖天以意显，祖天就是天意贯通人意时所显化者。在中文当中，天不需要翻译，但在跨文化语境中解释起来颇为繁难，理雅各和杜维明虽然都译为 Heaven，但传教士出身的理雅各对于《中庸》把圣人抬高到超过上帝的地位，教导众人丝毫不假外求，并与基督教处于敌对状态大有意见。②而杜维明强调"'天'在儒家传统中不是一个人格的上帝或全能的创世主，但它也并非没有超越的指涉"③。杨祖汉认为"天命"不能解作上帝命令④，这与辜鸿铭译成带有人格神意味的 God 还是有明显区别的。陈荣捷也译为 Heaven，但以 Nature（大自然）的意思为主。安乐哲反对宗教意味的译法，强调当如希腊文般译为拼音 *tian*，再加以哲学的解释。他认为"'Heaven' 只是变幻出了犹太-基督教传统的令人误解的联想而已。那些神学的联想多半与中国的经验无关，却常常给中国文化的各种实践附加书写了一些与其自身相异的预设（presuppositions）"⑤。安乐哲反对大写的 Heaven 带有的基督教"天堂"意味，希望用汉语拼音以传达自然之天的意味。自然之天不是人格神，没有天神般的意志，所以近于荀子"天行有常"之"天"。本书认为，《中庸》之天是自然而然的存在，无人格意味，

---

① 杨祖汉认为："《中庸》所说的天，是指一切存在成为存在的天道而言。天道生生不已，使一切存在能发育生成，使宇宙的生化能持续而不断灭。故《中庸》所说的天，是指形而上的实体、创造原理及生化原理，而不是指自然之天，亦不是意谓人格神的上帝。"杨祖汉：《中庸义理疏解》，鹅湖月刊社，1984 年，第 98 页。
② 参安乐哲、郝大维著，彭国翔译：《切中伦常：〈中庸〉的新诠与新译》，中国社会科学出版社，2011 年，第 18—19 页。
③ 杜维明著，段德智译，林同奇校：《〈中庸〉洞见》，人民出版社，2008 年，第 87 页。
④ 参杨祖汉：《中庸义理疏解》，鹅湖月刊社，1984 年，第 99 页。
⑤ 参安乐哲、郝大维著，彭国翔译：《切中伦常：〈中庸〉的新诠与新译》，中国社会科学出版社，2011 年，第 97—98 页。

也不具有神秘性。陈荣捷注为 Nature 是要强调"天"的自然性，担心西方人看到译文 God 马上就会联想到犹太－基督教的人格神，而这在汉语语境当中并不存在。当然，即使在汉语语境当中，对于天的人格神意味的理解也一直有分歧，如辜鸿铭就认可这种宗教倾向，其序多次使用"儒教"一词，所以他有将儒学加以宗教化解释之倾向。

命是赋意，天命是祖天的赋意，即祖天之意生、意识、意味、意蕴、意缘等，都是祖天的赋予，而不是从上帝或者有意志的人格神发出命令的角度来说的。人或者物并没有得到命令而来，而是在一定的时空条件当中突然出现的，所以天命不是无中生有，不是上帝创世那种从无当中创造出世界，而是祖天之命的"依境而生（contextual creativity）"，每一个天命都是因缘而在的"缘在"，生命存续于世首先是因为祖天之缘生。祖天所命即"天命"，天命是人生之命运的基石。这有别于朱熹"理亦赋焉，犹命令也"的解释。这里的天命（天赋）实际上就是指人的自然禀赋，并无神秘色彩。如果译成 confer（授予，理雅各）或 command（命令，安乐哲），暗含着命令有发出的主体，即"天"有意志地发出"命"或令，这就与把天理解为纯粹的"自然之天"有距离。但理雅各强调天有人格神意味，而安乐哲反对，并在解释《孟子·万章上》"莫之为而为者，天也；莫之致而至者，命也"时说"'命'既意味各种创造性的可能，又意味着一系列的限制"[1]。辜鸿铭所译之 ordinance（约定、条例）跟犹太－基督教的 God 相应，把"天命"解为神人所缔结之条约，具有宗教意味。陈荣捷、杜维明译为 impart（赋予、给予），相对来说不带太多宗教色彩，更加契合自然之天之意，体现天对万物之影响本来自然而然，甚至可以说，天就在万物之中，万物与天不分。八卦之巽为风，可以理解为天命，风从天命而落于世间，无孔不入，风化万物。

性通常理解为本性，但含义复杂。人的本性是天自然赋予的，在人之身

---

[1] 安乐哲、郝大维著，彭国翔译：《切中伦常：〈中庸〉的新诠与新译》，中国社会科学出版社，2011年，第53页。

第一章 天命道教

即为本性,所以人的本性就是天性,人性通天的部分是天地自然之善。[1] 天不创造,也就不规定本质意义上的本性,本性依境而生,本性并不是本质规定性,不是从空无、虚无当中突然冒出来的,不是上帝有意识地给予。朱熹认为"性"包括人性和物性:"人物之生……人物各循其性之自然",如理雅各译为 nature,带有人和物的自然本性的意思[2];而陈荣捷、杜维明译为 human nature,强调人的本性,或因后面涉及"教",所以当偏于人类社会和人伦共同体的事情。辜鸿铭译为 the law of our nature,把"性"看作由意志之天制定的"法则",宗教意味较为明显。安乐哲译为 natural tendencies,强调性的生成性、流动性、运动性,说明"性"是变化的过程,时刻包含变化趋向之"势"。性是事物的内在构成性或构成结构,不等于情况、情实意义上的"情",不是事物实际的情形与状态,而是事物运动所表现出来的、依从本性而生成的性状倾向。[3] 乾元性体自带仁义礼智信五德,可配五行。人性即人心意之存存,也来自对祖先之性的理解与体认。所谓"认祖归宗"其实带有后天世间对先天的祖先之本性的认可,这种确认其实也是对自身本性的确认。人性即通于祖天的人天之意的凝结,所以性天生就是善的,这种善来自天道自然之善。天地善性自然流出就是正道、正路。[4]

---

[1] "性"是天人之际,心物一元,人的生命本有的自性。参南怀瑾:《话说中庸》,东方出版社,2015年,第144页。类似的说法还有"天人之际的自性,本来就是上下古今亘古不变、圆明寂照的直道"。同上书,第234页。

[2] 安乐哲和郝大维认为,译成 human nature 会把一种本质主义的理解附加到"人性"之上,因此他们强调对古典儒学宇宙论作过程哲学的解读。参安乐哲、郝大维著,彭国翔译:《切中伦常:〈中庸〉的新诠与新译》,中国社会科学出版社,2011年,第101页。

[3] 在这个意义上,性包括人性和物性,后面谈成己、成物,是"诚"到极致而能够发挥人的本性和物的本性。只是作为儒家修养心意的经典,《中庸》通常强调人性而少谈物性。参陈满铭:《学庸义理别裁》,万卷楼,2002年,第331页。

[4] 伍晓明写道:"天命之能否到来或能否达到人即取决于人能否'欢迎'自己的天命。人能欢迎自己之天命到什么程度,天命就能达到人到什么程度。……本书希望探究的是中国传统'命'这一复杂观念所蕴含的中国文化的宗教性。在中国传统中,天只在人对其命的回应和接受中被实现为人的命令者。"伍晓明:《"天命:之谓性!"——片读〈中庸〉》,北京大学出版社,2009年,第138—140页。

率是统帅，是把自己的本性发挥出来，这是祖天所乐见的。自己统帅出自己的本性，就是祖天仍然活着的见证。理解为"统帅"比理解为"遵循、按照"更能体现出主观能动性，说明人是一个有主动选择和行动能力的主体（acting agent）。如果把率性理解为遵循本性，那么人生就无往不在被动和限定当中，不足以成为后面提出"诚"的铺垫。就此而论，"率"应强调人的意志和行动有主动性基础，在于性本身有内在倾向性，所以才能"率"出来，因为"性"有内在的潜能，因此人可以把"性""率"出来，即实化出来而成为"道"，成为通达的人生之道。理雅各译"率"为 accordance with，相对静态，不太能体现"率"之主动性；辜鸿铭译为 fulfill，强调"性"作为圆满的、目的性的、主动实化出来的状态；陈荣捷和杜维明译的 follow 突出了自然、随和、遵循，被动的意味强烈；安乐哲译为 drawing out，有一种由暗至明的主动揭示意味，似乎"性"从不为人所知，被有意地统帅出来而进入人的意识，这是一个显化（manifesting）过程。率性就是统帅（leading）本性，实化意念，从而实现合理的修行大道。

道是祖天的通道，曾是祖先在天地之间走过的道路。如今我们作为祖先的后人又要沿着祖先走过的道路继续往前走，我们在世间的人生之道，就是祖先人生之道的延伸。我们和祖先都是一气流通的，而"道"的本义也可以理解为因气流动而成的通道，我们的人生之道需要接续祖先的人生通道。作为通道的人生之道本应通达、贯通，这是建立在人与祖先能够感通的基础上的。正是在人可以感通祖先这个意义上，儒家宗教性的涵摄力在于道具有通达万物的力量，道是通道，能够通达，而有通感，这是以感通之意为根基的。"道"通常有道路、方法、言说三层含义[1]，理雅各译成 path of duty（责任之路），强调社会道德；辜鸿铭译为 moral law（道德法则）；安乐哲认为，陈荣捷和杜维明的译文 The way 仍然具有犹太－基督教意味，所以他译为 proper way（合适的道路），强调道是没有宗教和超越意味的在世

---

[1] 郑熊：《〈中庸〉学与儒家形而上学关系研究》，人民出版社，2021年，第32页。

第一章　天命道教

"真理"①。

　　修是修行、修理、修整，是对气息之运行状态和气象的修养调节。所谓修性修命，其实就是改心改意，从而改性并改命。如何修身养心调意，可以说是本书之谓"明意"的核心。正如高柏园认为："中庸思想真正的问题或有发展之处，乃是在修养论，尤其是有关心、意、念的自我察觉、净化、实践的功夫修养方法与历程之引导。"② 理雅各译 "修" 为 regulation（控制、监管），有被动意味，似乎受某种强制力量干预；而译文 cultivation（陈荣捷、杜维明）和 improving upon（安乐哲）都传达出主动性，更符合教人修身的本义；辜鸿铭译为 reduced to a system（缩减至一个系统），认为"修"是"修减"的过程，带有老子"损之又损"的色彩，只是他认为最终要"修"成儒教框架下的道德思维模式，也就是修减至带有"存天理，灭人欲"味道的修道系统。天性的展露需要修剪才能有结果，所以"教"之化就是意之修。

　　天与性本然一体，但天命分开了天性与本性。没有天之命，就无法分开天与性；有了天之命，才有分开的天性和人性。伍晓明认为"命人之天乃人自身之内的他者"：

　　　　本书试图论证的是，人之天命其实归根结蒂只能来自人自己。因此，这一以"天"为名而命人者，这一命人去完成纯粹命令、去努力尽性之"天"在某种意义上其实归根结蒂只能"是"人自己。……只要有命令，就意味着有他者。所以，这样一个"自己"既是人自己，又不是人自己；此"自己"既与人自身同一，而又与人自身有别。……人作为人自始即已被构成为一"（自）己中有他（者）"者，或一"人中有天"者。是实即为人之性，或人之所以为人。是实即为"天命：之谓性"所谓之"性"，或其所言之人之何以为人。③

---

① 参安乐哲、郝大维著，彭国翔译：《切中伦常：〈中庸〉的新诠与新译》，中国社会科学出版社，2011年，第82—83页。
② 高柏园：《中庸形上思想》，东大图书股份有限公司，2016年，《新版序》，第1页。
③ 伍晓明：《"天命：之谓性！"——片读〈中庸〉》，北京大学出版社，2009年，第104页。

中庸明意

伍晓明的解读多少受到了列维纳斯"他者"思路的影响①，天是自己设定的他者，而命也是一种他者意味，要求自己接受。

不过，与"他者"意味不同，先后天、阴阳、见分和相分等同一性的理解，或许更有切近"天命"哲理的"中国哲学意味"。天命是一种后天意识，是人意识到来到世间有天命的力量之推动，所以意识把性的存在一部分归给先天，一部分归给后天，以天命为本性，犹如本性是天命所映照。如果说天为阳，则性为阴；或性为天命之所见，则类似于见分相分。如果天或者祖天可以理解为见分，则性是相分，率性就是自证分，而修道就是修行自证分，是对天—命—性的修行和证成，可以理解为证自证分。证自证分的核心是"诚"，即自证澄明之境，从而实现对自证分的反省和修剪。天是天光，是光明之源，因为没有光明就一片混沌，没有分别。见分能够看见相分，要有光，要有能够看的意识，要有乐意去看的主动性，要有能够看的器官。"诚"光是合天人之光，是充满主动性的诚心诚意，是天良之知。"教"不是被外在的光照亮，也不是得到外在的启示之后再去照亮他人，如果自身不是光源，就无力照亮他人。所以"教"不仅是本性被光源照亮，而且要被光源点亮，本性点亮之后就会发光，才可以"明明德"，才可以自诚诚人、自觉觉他、自明明物。

儒家的大道之教是修道之教，其运化大道的通达气象实化于人世之间，此人间大道与道家视"道"为万物之源、存在之根有所区别。儒家致力于体认天命（自然）的本性而率性而生、而动、而行，在"诚于祖天之中之意"的状态当中成就自己，成就他人，建立有秩序的人伦家国。这与西方宗教致力于通过恩典或信心去体认上帝存在，进而依从上帝信仰去生活形成鲜明对比，也与西方哲学实体论致力于界定万物的本质及其属性，从而获得真理性

---

① 伍晓明讨论中国的"无神论"与宗教的可能连接时引用列维纳斯《总体与无限》(Emmanual Levinas, *Totality and Infinity*, trans. Alphonso Lingis, Pittsburgh: Duquesne University Press, 1969, p. 77.)。参伍晓明：《"天命：之谓性！"——片读〈中庸〉》，北京大学出版社，2009年，第139页。

知识的努力大不相同。儒学与中国哲学都不是本质主义意义上的本体论思维，而是构成性、境遇性、生成论、过程论意义上的本体论思维，是即现象即功用的大教化。在本体即教化的意义上，儒学的哲学思维可以说是接近于实用主义哲学（pragmatism）的意义，即在人生的实践过程当中立身，努力和谐地成就天人教化（立人）的大学问。

教化有自我修养教育之义。诚中之意在反思并观照意念与行为的互动之中，自我调整称为"教化"。理雅各译"教"为 instruction（指令、教授），有外在强制的意味；辜鸿铭译成 religion（宗教），强调儒教的宗教意味，并且认为"修"成的是宗教系统（system）；陈荣捷和安乐哲译为 education，以及杜维明译为 teaching，都更加接近儒家强调教育和教学的教化意味。"教"包括外在的教化和自我教化，与西方宗教的外在教化相比，《中庸》偏向于自我教化，自我诚中而意识到心性的变化，再加以改变。[1] 可以说，"教"就是诚于内在的天命本性，使得基于本性的内在意识倾向自然而然地"明"起来，这就是"明意"的过程，既不自欺，也不欺人，无妄而行，进入自主的、"诚"而"明"的生存状态。天性的自然生发表现为自由意志从内在本心出发而实化成教，这是自立主体、自本自为的教化。虽然道家和道教也都可以说是修道之教，甚至都可以说是修性之教，但儒家的道之教更多是文教，斯文之教、礼乐之教，而道家的道教更多是先天本性和性命之教。

【明解】

开篇的天、命、性、道、教是统一而且贯通的。人和物都因天命而有其本性，顺着本性在世上行走（道），延伸出来的路就是道。道是人从生到死走的路，也是物从生到死的运行轨迹。因为后面有"修道之谓教"，所以强

---

[1] 安乐哲和郝大维认为，《中庸》的"教"偏向于拉丁文 educere，即顾及新生事物自发产生的过程，而不是 educare，也就是不是逻辑的、理性的领会。参安乐哲、郝大维著，彭国翔译：《切中伦常：〈中庸〉的新诠与新译》，中国社会科学出版社，2011 年，第 78 页。

调的是人的道，以及对人的教化，而不是物性的演变，或物的成住坏空等轨迹之道。毕竟，只有人对道有反思的能力，可以努力走在中道之上；物不具备反省的意识，不能够明白从生到死的轨迹之中道。"物"包括动物、植物和一般的物，甚至人造之物，因为没有自我反省的意识，所以不能"修"其"道"，只能顺道而成或毁。如此看来，"修道之谓教"其实是《中庸》开篇的题眼，因为只有人才能修道，只有人才有教化。

修道是修剪、修正所走的道路，也就是要不断调整、修正前进的方向。教师教书育人有如园丁修剪花草，如果心意的发动偏邪了，就要立即修正，剪去不合适的意念，回复到合适的中道上来。所以"修"既可以因为受到外在的教育而被动修正，也可因为自己经过反思和反省而自我主动挑战修剪，兼具被动和主动两方面的意味。通常来说，人们难以看清自己走的道路，所以需要有人来教导。通过接受教育而调整自己前进的方向，这就是教化之教；而教化之教也可以内化为自己的修养，这就是自修。

《中庸》开篇概括儒家从天到人，到人生之道，到修行教化之教。天所赋予的禀赋就称为天性，因性来自祖天，是每个人从祖天那里继承发展而来的。每个人都禀有天性，比如男女性别，生下来就如此分别开来。在自然的、传统的状态当中，人通常没有办法改变自己的本性，性格往往也难以改变。人们常说"江山易改，本性难移"，指的就是人往往活了大半辈子，才发现自己不断重犯某些错误。即使环境变了，周围的人也变了，可是不该犯的错，却总是复犯，好像人的本性在缺乏自我意识的状态时，似乎天然会犯错一样，即使意识到了，也难以把自己的言行克制住并调整回来[1]。可见，人需要自我调教天性和天生的倾向，不论其难度有多大。

每个人都有天生本性，这个天生本性在世间自然而然走一遭，就是天命之道。天命有祖天之命的意味，人的天命首先是从祖先的意识之命延伸下来的。若能统帅天生的本性去立身行事，则叫作顺应天命之道。人的本性既

---

[1] 类似于佛教的"无明"和基督教的"原罪"。

第一章　天命道教

可以被动遵循，也可以主动统帅；既可以被动修剪，也可以主动修正。这说明，人有主动引导统帅自己的本性的可能性，这是圣人立教的基石。人有意志力和思考力，对自己的天命之道要调节修饰，这就需要教育和教化，才能对顺着天命的道加以人为的调节修饰，从而把教化修明推广。整个开篇落实到"教"有双重意思，既有被外在的力量"教"，如老师教或者文化"化"，即接受他人指导、教育和教化的意思，也有自己"教"，自己意识的反省和调整，即自我教育、自我改变、自己"教"自己的意思。

【明意】

《中庸》的天、命、性、道、教这五个概念贯穿成为一部宏伟著作的开篇，其中每个概念都有丰富的含义，对于整个中国哲学思想史的发展，可以说影响巨大。从某种意义上说，中国哲学思想的演变和发展，主要是围绕着这几个概念的理解展开的。

"性"在《中庸》里有三层哲学含义。第一层是天命本性，是人从天所禀赋的性，是人从天地带来的、先于自己人生开始之前的、先天的、本质性的存在。人性有一部分是天生的，它使每个人成为个体本身，其中的一部分在人生变动的过程当中，几乎从来不会改变，比如人的性别，还有相当大部分的性格，基本是不改变的。这部分的"性"译成英文，一般的翻译是nature（自然），来自天地大自然，即大写的Nature。在这个意义上，每个人内在的本性（nature）是自然本性之意。关于人性，有性善论、性恶论等不同看法。善恶是对本性的论断，是外在于性的。儒者认为善是性的本质属性，但仍要区分，这种本质属性究竟是来自独断论或者信仰意味，还是来自对这种本质属性的天道体认，也就是对"天命"的理解。《中庸》其实开启了"天命"之善的维度，继承了《易传》"生生之谓易""继之者善，成之者性"的天命之善、天生之善的体认性理解。

第二层是天命性向，指其中还有一部分是自己可能有所改变的性，即本性的倾向性。安乐哲不认可那种认为中国哲学家会把性当作永恒不变的内在本质的看法，而认为中国哲学中，尤其是孔孟儒家的人性，不是完全不改变的，所以应该理解为天性，即倾向，也就是自然倾向（natural tendency）。[1] 每个人的本性当中都有自然倾向，但如何理解人之为人的普遍自然的倾向？有些哲学家认为人性是向好的、向善的，比如人天生就知道对别人好，关心、爱护他人，这是儒家强调的人性论主流观点。法家则认为人性根本上是恶的，人从一生下来就会自私自利、为自己考虑，甚至不惜伤害他人的利益。有些学者认为性善恶相混合，人性当中既有善又有恶；也有说性无善无恶的，可见人的本性是个复杂的课题。向好和向善也存在独断论的信仰和体认性的理解，如果只是从言语的论断来判断，就是一种独断论，带有信仰意味；如果从水之就下的象征意味来理解人性之善的倾向，就是要强调人性有一种自然倾向，并把这种自然倾向体认为好的、善的。

综合来看，关于人性的不同说法，以及对人性善恶的不同判断，其实都各有道理。我们每个人生来都有一部分很难改变，所以才说"江山易改，本性难移"，这说明人的本性或者人天生的自然倾向，其实都难以改变。至少经验证明，人性的一部分是比较固定的，甚至终生都不会改变；还有一部分是人与生俱来的天然倾向，也不容易改变。所以，《中庸》关于人性的看法其实比较复杂，可以说，既认可人性当中有难以改变的部分，又强调人性有随着情境改变的天然倾向。正是因为自然倾向可以顺着情境而改变，所以看起来人的本性也是顺道之性，由自然倾向的不断改变而延伸成道，这就是人生之路。

《中庸》人性论的第三层含义是教化之性，也就是要强调我们每个人都有可能通过修道来体会自性的修养和转化，这就是天命教化模式的落实与施行过程。前面两层天命本性和天命性向可以统合起来，缘于《中庸》是教化之书，其主旨和落脚点其实在教化，其最核心的人性论其实在于"教化成性"。教化之性就是人自觉修道之后，可以对与生俱来的天命性向加以教

---

[1] 参安乐哲、郝大维著，彭国翔译：《切中伦常：〈中庸〉的新诠与新译》，中国社会科学出版社，2011年，第101页。

第一章　天命道教

化,而这个教化过程是每个个体通过对自身性及其存在状态的根源性领悟达到的。人的意识有反思能力,有能力反观自己的本来性向,关注和反省意识延伸到天地宇宙之间的存在和变化状态。《中庸》涉及教化之性需要解决人如何与天地共同创造转化的关系问题,不仅可以帮助一个人明白自己从哪里来,又要去哪里,而且试图在这个过程当中自觉觉他,帮助他人也理解自己的本性和性向,甚至引领大众共同走向对本性的觉醒——这就是对大众的教化。祖天之意虽然有宗教感,但本质是一种开放的教化,而不是一种封闭的、信仰型的宗教。

可见,《中庸》教化的宗教感是内源性、内在性、自足性的,跟西方宗教那种外源性、心意对外、行动外向的宗教感很不一样。在《中庸》看来,整个宇宙天地不在人的意识之外,所以天地之间的一切,人生所有相关的一切,都靠自我修为、自我领悟、自我调整。因为人的意念很有力量,即使在人生当中非常无助的时刻,人也要相信自己有意识能量通于祖天,认定祖天可以辅助自己,给予自己力量来掌控自己的意念,这就是"诚中"到极致的状态,即始终相信自己内心的力量可以接通祖天,也就可以开创尽可能完满的人生。

西方宗教感的结构是二元论,人处于跟天地分别、对立、主客两分的状态,需要通过征服、理解外在对象来实现和谐。《中庸》的宗教感则是主体与自己实现和谐,天地都不在人心之外,只需要自己的心意修行,就能与天地中存在的一切相和谐。西方宗教当中要去和谐的上帝是对象化的,是实实在在心外的对象,人必须信仰外在的他者,而无论如何信仰他者,其实都难以跟自己融为一体。

相比之下,《中庸》的天人合一可能最后落实到自得其乐上,但只管自己修成的境界,会导致一个似乎修成的君子,可能什么都难以改变,很多批判都是从这个角度生发出来的。如果"诚"只是自我之"诚",那儒者在世道没落、人心不古的时候,似乎就只能自修、自求心安,虽然"诚"却别无他法,但这已经不是儒者之道。如果把"诚意"只具体落实到诚实和自欺的层面，那就不可能开拓出"诚"的创生性维度。"诚"容易被理解为自己对自己"诚"，其实不仅如此，要理解为对天地、对家国的"诚"。因此，自我主观状态的"诚"，其实不是真正的"诚"，而达到与天地融贯的、实实在在的"诚"才是，这时的"诚"就有"实"的意味，而"实意"就是实化意念的功夫。

如此说来，个人应该"实意"，也就是要"诚"到实实在在于家国之中，而不能只是"诚"于自身之中。① 这样一来，《中庸》的"诚中之意"，其实是"实中之意"，也就是如此之"诚"，以至于"实"化了意念。正是因为儒家思想有实实在在的和谐力量可以实化出来，才能转化西方心物二分、主客对待的认知和信仰模式。儒家可以消化西方主客对立的世界观，克服其主体征服客体的那种二元论对立的巅峰境界，转化为中国传统儒家修行的突破点。②

每个个体意念落实与道德延展，成为个人修身必须明确的过程，可以落实于我们每时每刻的状态当中。率性为道，可以视为自然率性而成道，但是

---

① 从西方的二元模式来看，世界因为与主体割裂，就容易存在很多问题，人要去理解、把握问题所在，并想方设法把对象化的世界改造得更加和谐美好，因此西方人改造自然，很多精美建筑背后的理念都有通人格神的意味，人造的和谐让人感觉到一种实实在在的天人合一之美。相比之下，中国的天人合一更多的是我自己进入天人合一的状态就可以，而不去合乎个人与外在的、具体的个体性他者之间的和谐，以至于个人是否实现与周围环境和他人的天人合一，可能反而放下了。中国的天人合一因为强调内在性，强调修身为己，容易陷入中（zhòng）于我之中（zhōng），慎于独中，而没有意识到"独"也是与他人共在的"独"，不存在孤立的、与人分离的"独"，因为那只是"孤"，而不是"独"。可见，东西方关于天人合一的现实表现其实有一些区别。中国哲学在这个意义上需要向西方哲学学习，即西方宗教和哲学有内在合理性，两分法有其两分的合理性，因为两分的目的是要想办法理解、包容、把握对象，也是一种合一，到最后也是合一。如果把宇宙都理解了，虽然对象一直在我对面，但是我把它理解消化了，也是合一。可见，虽然西方哲学当中主客分离，但最后也可能建构出西方文明系统的和谐之美。

② 这方面，哲学与艺术是相通的。像徐悲鸿、郎朗这样的艺术家对西方的绘画、音乐的技法有出神入化的理解，回过头来又把中国画和音乐技法提升到新的高度，这种化西为中的精神是我们需要认真理解和体会的。

第一章 天命道教

也蕴含着人对性的领悟和对道的调节，即自己修道。

群体修为的政治教化之道，可以说含有与天下国家治道并行不悖的文化韵味，在根本上都不能离开大家共同的修为，就像很多人在海上冲浪，需要一起去等待、体会风浪起来，共同弄潮的那种预定的和谐状态，这种未发的、齐心地等待与天地共同创造的状态，实即《中庸》的一种预定和谐境界，也可以说是预定中和的境界，是众人一起所能够达到的最高境界。居于家国天下之人，如果都能够把握与天地贯通的大道，都展现自己的本性当中与天地之性相通的意识，这就是共同的诚中之意所要通达的意境。如果每个人的意念发出来都诚于天地之中，那么置于这种共同的诚中之意的境界当中，天地之道就不再远于人，这就是从个体到全体的"道不远人"的化境。祖天的意识其实是自然之意的显化。人统帅天命的本性，就是统率自然之性，让自然之性展开，如天情之行，而修道是反思天性的实化过程，反思心意之行的状态。

儒家政治哲学在个体上的落实就是对个体的教化。对个体来说，个人可通过对性的领悟，而对道做一些调节。至于群体性地自觉接受教化，并调节性的发展路向，即成为教化的基本现象和实质内容，这就是儒家政治哲学的教化内容。我们每一个个体都要体会和觉知到人存在的状态，经反思而意识到自己的本性，因为本性的延伸而在宇宙时空中间形成人生之路。本性在宇宙当中来了又去，虽然能够为自己所操控的时空条件非常有限，但圣人的教化其实还是认为，每个人都有可能把握好只走一遭的人生之道。既然过去是不可能改变的，那么未来的每个时刻，人都要尽量觉知，努力把握。

祖天所赋予的禀赋称为天性，天性经过反思才成为本性。本性是对天性的认知，是对天性的反省和体知。统领天生的本性去立身行事，这就叫作承接祖先的天命，立身成道。所谓诚于祖天之中，就是诚于自己的人生之中道。祖天所命的大道，在当下需要自己修行、自己反省，可以向祖天请教而反省修正，但根本仍需要自我意识。祖天之意为人生的意识之本，是人生意识的基石和底色。可见，祖天意识沉淀下来，就成为人之本性当中天生的部分。这部分是需要人与之好好相处的，因为它是由先天的祖天之意而来的，后天之意很难改动。人的后天意识当中都有后来因环境而习染的部分，这由环境所塑造的部分叫依境之性。天命之道是顺从天性的那种可能之道展开的可能世界，即所谓人之生命可能的属天部分；而依境之性所展开的是人的生命属地的部分，即人的意识与世界交流互动而境遇性生成的部分。

道也者，不可须臾离也，可离非道也。是故君子戒慎乎其所不睹，恐惧乎其所不闻。莫见（xiàn）乎隐，莫显乎微。故君子慎其独也。

【明译】

"道"是不可以片刻离开的，如果可以离开，那就不是"道"了。所以，君子立身行事，对于当下看不到的（眼力无法看见，经验当中没有见过，在当时环境中没人看见）一切都戒惕谨慎，对于当下听不到的（听力无法听见，经验当中没有听过，在当时环境中没人能听到）一切都畏惧警醒。没有什么比幽隐的东西更容易显现出来，没有什么比细微的东西更容易彰显出来。所以，君子无论在人群当中还是一人独处的时候，都保持清醒的"独知"，即知道自己应该随时随地都戒慎恐惧。

【明注】

祖天是隐秘的，一般人体会不到。"隐"是无法为眼睛所看见的（what cannot be seen by the eyes，辜鸿铭），是隐藏的（hidden，陈荣捷、杜维明），带有即将发生的意味（imminent，安乐哲），但未必到有 secret（秘密）的程度。"显"是主动显化，一般译成 manifest（明显的），但带有 palpable（可意识到的，易于觉察，可感知的）的意味。"微"首先是无法为感官所感知的（what cannot be perceived by senses，辜鸿铭），当然也是微小的（minute，理雅各），微妙的（subtle，陈荣捷、杜维明），表示君子有一般人所不具备的

第一章 天命道教

觉知力,能够察觉一般人所不易察觉、感知到的内容。从这个意义上说,君子是"觉"者,是通过学习而开悟的"觉"者,能够把握到极致的开悟境界。当然,"微"也带有安乐哲强调的刚开始(inchoate)的意味,表示君子能够在事情还没有发动,意识还没有升起的时候有所觉察,从而实现未雨绸缪。

人意识到祖天之意,意识到自己可以随时与祖天同在,其实就没有真正意义上的孤独。"独"是单独和孤独(alone),人都有独特性(uniqueness),并因此而有所思考,所谓 secret thoughts(私密的想法,辜鸿铭)较有道理,因为"独"不是简单的、状态性的,而是独立和独处的。在这种状态下,人自然会有相应的想法,这些想法都是孤独的、私密的、个人的,但正是因为这些想法看起来私密,反而要加以重视,因为任何意念都可能会有重大的影响,所以需要特别谨慎小心地对待。这种小心缘于君子修炼出很强的觉知力,能够觉察到一般人难以察觉的,极其微小、微妙的变化,能够在起心动念的状态下,去预知和判定事情发展的可能后果。所以对于起心动念,每时每刻都非常小心。慎独是把人必然要显化的隐秘之意,非常小心地显化出来,千方百计地反思和关注,这就是注"意",对"意"给予特殊的关心和留意。诚至深处即独境,这不是对象化的独境,独之中含有可以显化的潜能,以对象化的方式显现自身。独知(independent self-awareness)是不依赖于外在的环境而能保持清醒的自我认知,不能因为他人不知就不够谨慎。这是一种对于事物尚处于无形无兆状态时就有先行领悟的知觉和意识状态。

别人看不见有强调他律的意思,或许应该更多地从自律的角度去理解。因为担心有不好的后果,所以对于起心动念特别小心。君子独立立身成事,无论在人群中还是在独处时,都保持一种独知,也就是时刻戒慎恐惧的状态。君子的诚中之意时时警醒,关注自己的意念是否诚乎天道之中,既随时随地依境而生(creatio in situ),也对于情境创生(contextual creativity)的情境保持清醒的、独立的反思状态(独知)。"发"指的是情感发动。而喜怒哀乐之情的"发",通常来说都是被动出现的,一般理解都是因为外部事物而被激发，所以英译也都是被动语态，即被激发（be stirred/are aroused），从而由睡转醒 awaken（醒着），而出现（have arisen）并兴发起来。

"君子"译成 superior man 带有优越的、高高在上的意味，译成 moral man 强调道德意味，安乐哲译成 exemplary person，强调君子是人民的模范[1]；杜维明译成 profound person（深刻的人），是为了凸显"把理想人格的政治的、社会的、道德的和宗教的层面都包容进来"[2]，这种包容深刻地体现于日常生活当中。

"其所不睹"指当下看不到的，但不是没见过或者别人看不到的，好像当下的诚中之意没有明显的领会对象，其实还是有的，比如祖天的实存就是一种看不见摸不到的存在。"戒慎乎"强调在还没有看到的时候就要特别小心（do not wait till he sees things, to be cautious），这是一种勤勉的看管（watches diligently over），其实可以理解为心意的自我反思和反省，是随时随地带着担心（so concerned about）的小心状态（cautious over），不可以放松和随意。"恐惧乎"是因为害怕或敬畏（in fear and awe of），是因为担心（so anxious about）而引起的不安感（apprehensive）。

"见"是因为明显（evident）而显现（manifest）出来，而可见（visible），使之变成现在的、现存的（present）。"莫见乎隐"强调的是即使在极其隐微的状态当中，也有明显、可见的内涵，这是一种觉知力、洞察力。因此，"中"于"庸"其实就是要对平常和日常有特殊的觉知力，觉知有特殊意味的力量和状态，通过反省、内观而能够感知之前无法察觉的、非常隐微的内容。

觉悟是对祖天的领悟，对我与祖天之联通感的认可。一般人由于对于"我"的消弭及对隐微的无所觉察，即使一个人独处，也不具备领悟祖天、自我觉悟的能力，所以不能体会到人的意识其实是"独"的，而且每时每刻

---

[1] 参安乐哲、郝大维著，彭国翔译：《切中伦常：〈中庸〉的新诠与新译》，中国社会科学出版社，2011年，第86页。
[2] 杜维明著，段德智译，林同奇校：《〈中庸〉洞见》，人民出版社，2008年，第17页。

第一章 天命道教

都处于"独知"的状态。独不仅仅是身体的独处,而且是精神的孤独、独立,这是因为解悟了对象化、二元论的缺憾,而尽量达致非对象化的一元论的整全。换言之,主体意识能够克服主客二元的对象化意识的所谓自然、日常状态,而进入主客一体、心物一元的开悟状态,在这种"独知""独见"当中,领悟祖天的实存。①

廖名春把学界探索"慎独"本义的过程归纳为四步:一是王栋、刘宗周以"意"解"独",破除郑玄"闲居"之误,把汉宋修养功夫论上升为心学本体论;二是王念孙、凌廷堪认为《大学》《中庸》"慎独"不当有二义的说法破解了"慎独"之谜;三是梁涛论证了简、帛《五行》与《大学》《中庸》"慎独"义同,逼近了"慎独"本义;四是廖名春解释出了"慎"的本义,认为"慎"的本义是"心里珍重",是"慎然后一",使得仁义礼智圣各自的"德之行""和"而"为一"。"慎其独"是珍重出于内心者也。②

【明解】

对顺着天命的道加以人为的调节、修饰,修明推广,叫作教。"道也者,不可须臾离也",道是不可以片刻离开的。"可离,非道也",如果可以离开那就不是道了。不论是对于冲浪的人还是对于起风浪的大海而言,道都在那个地方。道离不开人,就是说,你有道,你是不能离开道的。祖天是人生之意所不知不觉、不睹不闻的,如果一个人没有特殊的人生机缘,就不能明白祖天的临在。祖天从来没有离场,仍然在当下意识的场域当中,会顺着代际生命的延伸而一直延续下去。

人间教化包含着祖天教化的延伸意味,而祖天教化其实是通过觉知来实

---

① 类似《庄子·大宗师》之"见独":"吾犹守而告之,参日而后能外天下;已外天下矣,吾又守之,七日而后能外物;已外物矣,吾又守之,九日而后能外生;已外生矣,而后能朝彻;朝彻,而后能见独;见独,而后能无古今;无古今,而后能入于不死不生。"
② 参黄忠天:《中庸释疑》,万卷楼,2015年,第49—53页。全文附录廖名春:《"慎独"本义新证》,收入黄忠天:《中庸释疑》,万卷楼,2015年,第35—54页。

化的。戒慎与中和都是从个体层面上落实教化的，教化的本质其实就是对祖天心意方向的调节，是在关于祖天的心意伸展的过程中边调节边展开的。在教化与自修之教之间，《中庸》其实更强调自修——即使有外在的文化教化，也要通过内在的意念修为才能真正显化、实化出来而有所改变。所以，《中庸》格外强调"戒慎恐惧"的持意功夫。

"戒慎"是一种觉知性的心意状态，通常理解为人与世界合一的状态。"戒慎"其实也是对祖天的觉知，人需要安心感知祖天的根本存在状态，让这种关于祖天的意识状态由隐而显，当下明察，谨慎小心。人的心意能够感受到表面上不可见闻的事物，其实那些事和物都像祖天一样实实在在地存在，就算感官不能看到听到。物理世界还有很多人的感官无法感知的内容，何况各种事物的微妙变化，其实也都是以隐性的、我们的意识感知不到的状态而存在的。这就好比大道存在的状态，大道实实在在，其变化微妙难测，语言无法把握，所以需要觉知。虽然人没有办法把大道完全表达出来，但可以感知大道的运行，所以要小心地应对一切变化，因为一切变化的后面都有大道的存在。尤其人在独处之时，看起来世界上的一切都静止下来了，其实，世界上跟自己相关的事物，仍然时刻处在发展变化的过程中，需要如察知感通祖天那样意识到心意细微的变化，那种细小而微妙的变化都可能引发心物感通境遇当中很大的变动，所以起心动念要小心谨慎。

在戒慎的基础上，《中庸》要求情感所发要达到中和，即情感的实然状态，其实是要求在情感发动的当下，保持内观和反省，使之"中"于"和"，而不是简单地任意发动而已。就"中"而言，通常把"中"理解为喜怒哀乐都没有发出来的状态。这样理解当然问题不大，但"中"作为动词，其实是一种"中（zhòng）"于中道的状态，如程颢所言"动亦定，静亦定；无将迎，无内外"的动态平衡的平和状态。这种状态是反省的、反思的、非静态的。一个人应该在情感尚未发动的时候，就内观到情感发动的端点，并加以主动引导和控制，不让情感随意地去展开，不被流动的情绪所牵引，更不能为情绪所控制。

第一章　天命道教

中于祖天，人就进入自然反省的状态，就能够掌控自己当下的情感。为了理解和掌控情绪，需要在情感发动之前做好内观。人对于如雾如电的情感，要保持戒慎恐惧的态度，因为要在情感变化之前去反省、内观情感可能发生的变化，从而把握事物的发展变化。喜怒哀乐作为情感，看起来是对发生的事情的自然反应，喜其所当喜，对价值中立的事件的价值加以判断和裁断。但"诚中之意"是要"诚"于日常的情感去理解和掌控情感发动的状态，内观情感就可以控制喜怒哀乐发动的节奏而不随便表达，不让其随意显现出来，从而使得表达出来的情感合理适度。这种"中"不是静态的中间、中道、平衡状态，而是主动地"中（zhòng）"于合理的节度，合于天时地利人和的情境条件，在心物合一、主客不分的状态下才可能实现。情感经过主动反思而流露出来的时候，通过先行的反省机制而"中（zhòng）"于情境，好像能够先行控制才去展开一般，在反思和反省当中，在内观当中，把握情感发动的那种合理、合适状态。

人的情感发动，是对价值中立的事物的价值判断的显化，所以发出来的情感天然就有所偏，所以情感状态当中的认知是难以把握事物的本相的。因此《中庸》认为，人要在意识当中，在事情还没有做，在情感还没有发之时，心意就能够提前"中（zhòng）"于一种合理的状态，即人应该在情感还没有发之时就去把握事物。毕竟，带着价值判断的情感可能偏离事物的本相，如果心意能够在情感没有发出之时就去把握、领会事物的本相，那么"诚中之意"的状态就是值得追求的。习惯性地"中"于祖天之后，祖天就成为一种非反思的存在，成为意识发动的背景。

人要意识到祖天有着无穷的价值和力量，通过"诚中之意"把握祖天之"中"，就可使得发动的情感遵循中道。情感还是那些情感，喜怒哀乐看起来似乎没有变化，还是自然的，但确实是经过反思的，经过思考和调节的，不是随意的，不是那么纯天然的，而是加进了人的自觉自明，好像意识能够把情感都"诚"于祖天"中"，使之"中（zhòng）"于合适的节奏和节律。这样的"中"不是一种标准和尺度，不是外在的，不是客观的，而是主客合一的，是心物相通的；不是心对物的判断，而是要"中（zhòng）"于心物一体的"中"道。这样的"中（zhòng）"，其实就是在反思当中把握住"中（zhōng）"道状态，如此，经过反思的情感所发就与事物相和谐，因而可以"发而皆中节"，让情感顺应自然，合于事物的变化而"和"谐。在反思性的自然当中，"情"与"实"合宜合适，与事情的变化合拍和谐，好像人的心意顺应事物的变化自然而然，这就是"诚"的状态。

"莫见乎隐"其实是对心意之隐微的显见和主动觉知，帮助我们以"诚中之意"来"诚"于日常之"中"。人们通常不会天然地反省和感知祖天的实存，不能领会自己本性的本来面貌，更无法想象自己的本性其实来自祖天之天命。我们领悟日常生活，却不易觉知人的本性时刻与天地祖先可以相通的本体性状态，无法理解天命之道在生命当下的延伸，以及人需要不断调节才能"上道"，才能保持在道中的主动修道状态。

君子立身行事，对于当下看不到的，眼里无法看见、经验当中没有见过、当时环境没能看见的，都要谨慎。人的眼力看不见，并不等于其他人感知不到，这是非常微妙的，所以一切起心动念都要戒慎。所谓看见与看不见，都不是当下唯一时空的状态，而是长期共存的多维度状态。无论是否与他人共在，人都要谨慎小心。"莫见乎隐，莫显乎微。故君子慎其独也"，这里的"慎其独"跟《大学》里的"慎其独"有相同之处。没有什么比幽隐的东西更容易显现出来，没有什么比细微的东西更容易彰显出来。[①] 没有什么比"幽隐"更厉害的了，因为"隐"发动出来就会"显"出，所以没有什么比细微的东西更容易彰显出来。君子无论在人群当中还是一个人独处的时候，都要保持清醒的独知，即知道自己应该时刻保持戒慎恐惧的状态。把握自己当下的意念其实很不容易，但如果感知到了祖天的临场，那么对自己心意的慎重就显得顺理成章了。

---

① 近年来新出土文献研究带出一些新观点，比如黄忠天认可廖名春解释"慎独"为"重一"。参黄忠天：《中庸释疑》，万卷楼，2015年，《再序》，第1页。

第一章　天命道教

我们看不到祖天，因为祖天是非人格的，所以无法以自己的形象去构想祖天。即使人想象出太上老君这样的神仙，也算不上是西方那种作为信仰对象的人格神。所以祖天虽然没有神格，没有人格，没有主动发出的意识，但其无时无刻不主动显化出来。意识到祖天之实存的人，在每一个意念发动处，为了彰显祖天的实存，会不断修行当下的心思意念。

【明意】

对祖天的哲学思考和解释其实是一种对隐微的哲理深意的觉知，因为人的存在本来就是日常的，但同时也是隐微的。人的思想和意识虽然看起来本来也是日常的，可是思想可以穿透事物和文字的表面，看透背后隐微不显的，需要内观才能感知和觉察到的深意，并"诚"于这些深"意"而使之澄"明"起来，这就是"明意"。祖天似乎无知无觉，其实无所不知，无所不觉，所以虽然看不见听不到，但对于祖先的诫命，要时刻牢记。祖先的诫命，既见于所显，亦见于所不显，都是意的潜伏与隐没状态。人的存在与祖天须臾不可分割，祖天之隐是当下生命之显的底色。

《中庸》是提升觉知力的经典，要求每个人都有内在的、自明的反思和领会。当然，自己灵魂反思的力量也需要觉知，才会有自信，这种自信力不来自一个外在的、有意志的天，不需要外在的人格神来指导，更不要求人们去服从于上帝的诫命。因为人有内在的觉知力，所以需要靠自己去内观、领悟、觉知、意识、领会和把握，从而化被动之"命"为主动之"道（导）"。康德认为人不能有"智的直觉"，是因为在西方基督教的背景下对"原罪"的认同，但中国"不偏""不倚"（或可以理解为"不倚"之中庸），其实是说明人应当自立自强，自明其心，自立吾理。

祖天的生机虽然是"寂"的，但随时可以激发，即所谓"寂然不动，感而遂通"。正如王阳明"岩中花树"的说法，祖天如花和树在山后面自开自落，一般人都不知道祖天跟自己有什么关系。其实，祖天正如花和树一样，不在自己的心外，正所谓心外无物。祖天和花都是人似乎没看到、没听到的东西，但并不等于就跟自己没关系。从心物一体、心外无物的角度来看，世界上的一切都跟祖天一样，与自己有关，这是戒慎恐惧的本体论基础。祖天犹如心物一体的本体性，其存在是寂静的，《中庸》强调心物感通，所以祖天比花树的寂静共通要前进一个层次。这种心意通物的本体性关系，其实是通过意念感通来发生关系的。所以意念"诚"于日常，就提升了日常的心意状态，使得日常的心意从被动地与外在事物一同变迁，变成心意自觉地、主动地打开，主动观照和反思意识的发动和实化的过程，从而更好地成己成物，成就人生。

强调这种对祖天觉知的意识，说明《中庸》的根本是对心意自觉的引导和控制，在态度上表现为戒慎："君子戒慎乎其所不睹，恐惧乎其所不闻。"祖天是一个看不见也听不到，而且只能通过一种特殊的觉知力来感知的存在，但只要感知到祖天的存在，祖天就是实意的状态，是实实在在的存在，此时人就会非常谨慎小心。只有在谨慎小心的意识反思和觉知状态当中，心意的发动才能跟外在的情境相互和谐，即"喜怒哀乐之未发，谓之中；发而皆中节，谓之和"，让喜怒哀乐等情绪在没有发动的时候处于反思的"未发"状态当中，这其实是将发而未发，带着发动的趋势，如果不发，就是断灭，就是去除，而儒家是承认情感的现实性的。喜怒哀乐的情绪表达出来的时候都合乎节奏、节度、节律，这是跟情境合拍的状态，情绪表达与情境彼此应和，融洽和谐。

一旦意识到祖天的实存，就可以把祖天带入当场，让祖天由隐而显，祖天因意识的观照而显化。人只要意识不偏离祖天，就不会偏离人伦大道。"诚"是心意当下的内观和反省，是对天人、主客、心物一体关系的揭示，说明人通过对当下意识的明觉和省察，可以参与天地的创生，实现人与世界融合的最高境界。诚的形上意义具有创造性和新颖性，说明万物生生不息，创生不已，每时每刻都是新的。万事万物时刻都像水流变化，而"中（zhòng）"于这种变化，就是"诚"于"中"，就是"如"于其"是"，通于此道。

天道不停地变化就是世界本体之"中"，而"中（zhòng）"于此

第一章 天命道教

"中（zhōng）"就是即现象即天道的明觉和开示。"中（zhòng）"于此"中（zhōng）"就是真诚投入宇宙创化过程，好像宇宙本是大江大河（中 zhōng），人进入宇宙当中就是"中（zhòng）"，好像泳者入河游泳，或者冲浪者进入 ["中（zhòng）"于] 水中（zhōng）分开波浪。冲浪的人之所以是"诚中"之人，乃因其需要"发而皆中节"才能达到与风浪相"和"①。诚于祖天之中，与天地万物融贯合一，这是祖天所乐见的。

熊十力常以华严宗"水波喻"来说明其体用不二之论②。这恰恰可以说明，意识的境域性，好像大海的水一样，如果遇风，水就生成转化为波

---

① 风浪没有来的时候，冲浪者趴在冲浪板上，在看起来风平浪静的地方，等待风推着波浪慢慢过来。这是一种中道的状态，冲浪者看起来还没有动静，好像喜怒哀乐未发，什么情感都没有表达出来，好像他在没有风浪的时候，没有任何表现。当他看着浪远远过来，就开始迎着浪准备冲了。当浪头过来，越来越近的时候，他就站起来，抓住浪头，顺着浪开始冲，这就是"发而皆中节，谓之和"的状态。如果说浪头有一种自然之意，那么冲浪者就要诚于这种自然之意之中，这种状态通于天地之道的变化。人通过运意与天地之间的波浪一起变化，融为一体，展现出一种很美的和谐状态，这就是"发而皆中节"的和谐之美。

② 陈来认为，众沤只涉及表层的大海水，深层的大海水并不是水波的形式，这就无法显示出实体能够"完全"变成功用的理路，其实"冰水喻"更能展示即体即用的思想，也就是冰完全变成水，体用相互转化。但"冰水喻"不能显示"体"的变动不居。（参陈来：《熊十力哲学的体用论》，《哲学研究》，1986年第1期，第38页。）蔡祥元认为，"水波喻"还有更严重的问题，因为水和波之间有一种质料与形式的区别，好像沙丘千姿百态，但不是沙子导致的；用木头可以做桌子或者椅子，但桌子和椅子并不是同一种东西。水波表现为"形状"，但哲学形状的差异及其变化并不能通过水来说明，因为波的形成还需要风、月球引力等原因。（参蔡祥元《仁道发微——感通现象学引论》（手稿）对"体用论的思辨困境"之批判。）蔡祥元的批判有一定道理，但他和陈来的批判一样，都陷入体应该"完全"化为用，或者体应该就自己、就其本身化为用的理解当中，而不去理解"水波喻"说明体用论的合理之处。水波喻的关键是水可能转化为波，而不是水能够全部转化为波。而水与波当然不是同一种形态。如果要说水为质料而波为形式，这听起来似是而非，因为水不是作为一种质料经过人为的加工或者时空的转化而成为一种新的形势——波，而是水当下就是波。水如果是质料的话，那么水就是以波的形式存在的。波不仅是表面的、深沉的、流动的水，也可以是波。表面的水波只是波纹，也就是波的纹路，即波显现出来的现象而已。深沉的、波的纹路，在水面之下，人是看不到的，但并不等于没有。

浪，可见意识的结构不是静态的，而是构成性、生成性的。意识如水一般，遇到各种不同的天地环境的因缘，如峡谷、石块、风、引力等等，就能变幻出各种各样的波浪、波纹、水流，它们因为各种因缘条件不断转化为现实。也就是说，水的本体转化成为各种波浪、波纹，这是水流即波浪的日常、庸常（庸）状态。如果我们能够中（zhòng）于水和风之间的波中（zhōng），其实就是"诚中"，就是即用（波）显体（水）。波在天地之间，诚于波中，即有其道，即诚于祖先乐见的、生活在当下的状态。

祖天之道当下流淌，如意识之流的深层基础，好像意识流的潜流，或者潜意识之流。人在祖天意识当中流动，祖天的潜化，是即用显体、随缘而显的，是由意缘开显的。祖天不可能凭空而显，必示现于意缘之间，显于当下。什么是冲浪之道呢？冲浪者乘水与风之中的波浪，率水性和风性，就能划出冲浪之道。冲浪者率的不仅是自己的本性，而且还有作为天地之性的水性和风性，把天地之性和自己的本性，合内外、相贯通而和谐，这才是主客合一、内外融通的率性境界，也就是在天地之间，在风与水之间，闯出自己的波浪之道来。波浪本身有其道，那是自然之道，也是天道，冲浪者冲波破浪，是在风与水之间，率天风地水之性，而成就自己的道。道就是祖天之意当下开显的状态。

祖天意识的水流是生命之流的美妙底色。我们在生命流动的过程当中，让这种流动的美景显化成色彩斑斓的、祖先喜闻乐见的生活。冲浪者有冲天风地水之间的中道，其道要合本性并与天地之力融会贯通，这样才算尽心知天，而打通心和天的根本在于知性，也就是知道内在本性和天地之性即体即用，内外和谐，体用一致。作家的创作和冲浪类似，作家本身有本性之道，而其创作的时空与情境也有天地之道，作家率其本性，努力尽心，把创作的道和周围的情境之道融会贯通，和谐一体，这样才算知天。而其根本，其实在于知性，即知道自己内在的本性与外在的天地之性能够打通。可见，创作就像冲浪一般，要达到和谐美妙至极、人道与天道协调共振的境界，就要尽其本心，知道天地之性，也就是知道自己合内外之性，这就是道的生成，道

第一章　天命道教

就在人心意实化的当下，所以"道不远人"。

祖天之意是我们冲浪的勇气和技巧的来源。我们因为意识到祖先所命，并承载着祖先的嘱托，所以能够在人间一往无前，开创无所畏惧的人生旅程。我们悟到自己与祖先相连，当下的身体意识与祖天意识融为一体，不可分割。我们的人生与祖先一起创造人生之道，因为与祖先同行，所以可以征服人间一切的风浪。

人领悟道以后，其内在的本性就跟天地之道贯通，融为一体而不分，这就是尽心知性知天那种心性天融通一体的道境。因为道不离开我们当下的"意"，并不是在心性天之外另有一个道，所以道不会也不可能远离我们。因为我们有"意"，天地才显其道，所以意与心性天融贯一体而不可分割。在这个意义上，儒家天道可以具体贯彻到人身的经验之流之中（zhōng）。人有意识地修道以后，其意生就可以参与了解中（zhòng），把握中（zhōng）道，这就是"中庸"的本意。

儒家认为"中庸"最根本、最日常的本意，就是从孝道出发的、基于人伦的家国共同体当中的政治生活。儒家希望人的意识中（zhòng）于世事历练的经验之中（zhōng），不断修养个体的品德，从而在日常政治生活当中（zhōng）能够实现"诚中"的状态，进而在"诚中之意"的意识境界中，把握最根本的、与宇宙相通的天地大道。祖天就是人存在的日常，诚于祖天之意就是不改对祖先的孝顺，正如不可改变对父母的孝顺一般。

喜怒哀乐之未发，谓之中；发而皆中节，谓之和。中也者，天下之大本也；和也者，天下之达道也。致中和，天地位焉，万物育焉。

【明译】

喜怒哀乐这些情感还没有表露出来的状态，叫作"中"；情感表露出来之后都能合乎节度而不过分的状态，叫作"和"。"中"的状态是天下万事万物的本然状态；"和"的状态是天下万事万物顺道而行之后达到的融通圆满状态。人在天地之间，达到最完满的"中和"境界之后，就与天地阴阳和谐了。能够安于天地之中位，就能够助成天地生长化育之功，与万物一起生生不息了。

【明注】

"情感"可以有多重译法，译为 emotion 相对比较强烈，需要适当的中心点；译为 feelings 是情感和感觉，更中庸平和一些。祖天虽然不在世，但其情感仍然可以被感受到，这种情感可以从人自身与所处的境遇和谐与否中去体认出来。

"中"的状态，杜维明理解为 centrality（中心），既在心理上极致平静，又与世界本体相符合。朱熹说："中者，未动时恰好处；时中者，已动时恰好处。"[①] 可见，人心与天道之中是心意发动恰到好处的状态。理雅各、陈荣捷的译文都用到 equilibrium（平衡）表示"未发"的"中"的状态，而安乐哲译成 nascent equilibrium（初期的平衡），即初期的限定，强调它是一种本然状态，即"未发"的本义。辜鸿铭认为，这种未发的"中"就是 true self（真正的自我），强调自我的本然状态。祖天在"中"是因为祖天在天之中，所以诚于祖其实就是诚于天之中。意识到并领悟"中"之后，就要执中守正，赋予《论语·尧曰》那种托付天命之时需要坚持持守意念于中道的意识能量。

"中节"的"中"是动词。中国文化当中的节度和节奏，如四时的节律，都有其特定的时令，中于节是通于天地的节奏。在传统农业社会当中，没有人违背自然节律还能够生产和生存的道理，这就是天道的节律对人的行为和思想的限定，也因此产生了特定的天时观念，即时间都是有度数的，而且有生死交替的特定节奏意味。中于祖天显化的节奏，当下意识流即祖天意识之实化，因为祖先通天，当下的意识也就通天。祖天已经找到与四时相和

[①]《朱子语类》卷六十二，中华书局，1986年，第1510页。

谐的节奏，我们当下的意识也要找到与四时相和谐的节奏。这样看来，所谓"中节"就是找到 due degree（合适的程度），译成 measure 比 degree（量度）更加强调人为的计量，即计算喜怒哀乐这些情绪的发生应达到的状态之量度，此量度不只在程度方面有差异，而且在方式上也有差异。比如怒的分寸就很难把握，一方面，人都不应该过度愤怒，但另一方面，人又需要以合适的方式展现愤怒，甚至可以用合"礼"的方式来表达。安乐哲用 focus 把"中"直接译出，但又显得不如辜鸿铭、陈荣捷和杜维明译成 due measure and degree（合适的方式和程度）那么具体，后者表达情感与世界沟通的合适状态存在不同尺度，可能会超出可以测度的状态。安乐哲译文 proper focus（适当的中心点）更强调情感本身要有适当的聚焦点，有节制、节度、法度的意味，强调"节"的节律、节奏、节拍意义，如节卦讨论天的节律与人心节奏之间是否和谐和顺。天地本来有节，因为阴阳之气的运行需要休整，即天道需要节制阴阳之气，人的心意也需要节奏、节律，好像音乐需要适应于形势，要有节奏地发动。可见，天道有节奏地运行，人心也要有节奏地活动，最好是如音声之发，能够合乎天籁音乐的节拍。因此，中于祖先之意的法度，就是中于天地自然之意的节律。

"和"一般译为 harmony（和谐状态）。"和谐"一词来自古代调和鼎鼐，把不同的食材搭配烹煮，而且要掌握好火候，把食材的气味调和在一起，使之和谐而美好，这样才能煮出美味的汤羹。辜鸿铭把"和"译成合乎 moral order（道德秩序），认为喜怒哀乐未发的状态，作为自己本真的状态合适，可是一旦情感发生，就必须在道德的控制下才合适，这与他强调道德秩序相一致，有与祖天相合，即与天地相合的意味。

祖天是当下意识的大本大源。祖天意识正如理雅各译"大本"之意为 great root from which grow all human actions（所有人类行为由以生长的根本），实际上与陈荣捷译成 great foundation（伟大的基础），安乐哲译成 great root（伟大的根本）相通。辜鸿铭故意译成 great reality（lit. great root）（伟大的现实）并标注"本义是根本"，这样就把根本与现实看成一体。

领悟祖天，即达大道。理雅各把"达道"译成 universal path from which they all should pursue（人们都应该追求的普遍道路），近于陈荣捷所译之 universal path（普遍之路）。虽然辜鸿铭译成 universal law（普遍法则）可通，但有客体化的意味；安乐哲译成 advancing of the proper way（正确之路的推进），强调主动引导和追求合适大道的意味，则更接近"诚"于祖天之"中（zhōng）"的那种行道之意。

祖天之意需要推致出来，达到如理雅各对"致"理解为 let...exist in perfection（让……完美存在）的状态，或者达到陈荣捷译的 realize to the highest degree（实现至最高程度）的状态，这都有"极致"和"完美"的意味。杜维明译成 to cultivate with thoroughness（彻底地培育），强调"致"的纯粹性和彻底性，但并未指向"中和"本身，而是强调追求"中和"的人要始终保持和持续运用这种状态。所以修身的目标不是偶尔达成"中和"，而是要自始至终保持"诚中之意"的中和状态。相比之下，辜鸿铭和安乐哲以"realize（实现）"译"致"，体现的主要是主动性的过程意味，而没有突出推致意识的极致境界。

理雅各把"位"译成 a happy order will prevail（皆大欢喜的秩序将会盛行），辜鸿铭译成 becomes a cosmos（完整和谐的一统体系），陈荣捷译成 attain their proper order（达到它们的正当秩序），安乐哲译成 maintain their proper ways（实现它们正确的道路），杜维明译成 bring to their proper ways（带回到它们正确的道路）。这里杜维明用 bring 表达回归的倾向，认为"位"不是向外探寻的结果，而是回归自我的结果。

成就祖天应许之位，不是人力所能达到的，而是有一定的宗教性的。理雅各把"育"译成 be nourished and flourish（被培育而后繁荣），辜鸿铭译成 attain their full growth and development（达到它们完满的成长和发展），杜维明译成 bring to their proper nourishment（带回到它们合适的培养方式），都展现出了其动态过程，杜维明译文表明这一过程在回归中得到养育，因内观修身而丰富。换言之，先要养育自身，才能培育万物。祖先化育万物，也化育我们当下的一切，我们在万物的发荣滋长中体会祖天的力量，生成并悦见一切。

【明解】

"喜怒哀乐之未发，谓之中；发而皆中节，谓之和"，喜怒哀乐这些情感都还没有表露出来的状态叫作"中"；情感表露出来之后，能够合乎节度而不过分的状态叫作"和"。杨少涵觉得前贤多以未发为性，已发为情，其实多不得情感已发未发的本义。① "中也者，天下之大本也"，"中"的状态是天下万事万物的本然状态。"和也者，天下之达道也"，"和"的状态是天下万事万物顺道而行之后达到的融通圆满的状态。天地本来的状态是"中"的，是人在参与过程当中因喜怒哀乐的情感而有所偏。要达到"和"的状态，就要去体会天地本来的"中"的状态——那种祖天临在当场，世间万物与心意贯通的本来宁静的和谐状态。

未发的状态是心意背后的天机，相当于人们意识背后的潜意识。宋明理学家常说"观未发气象"，其实是对当下意识状态，即当下显意识背后的潜意识的一种自觉。② 换言之，未发气象可以理解为对意念发动的背后的天机之力的领悟，对自然推动意识流动的天然力量的感悟。领悟未发气象也是对人意背后时刻皆有天意、人意本身即天意的证成。这种意识证成过程，是对潜意识当中各种情感还没有表达时候的先行感悟，也是对情感发动都尽量和谐的显意识的当下自觉。这种潜意识与显意识同时领悟的自觉状态，是一种

---

① 杨少涵：《中庸原论：儒家情感形上学之创发与潜变》，社会科学文献出版社，2015年，第176页。杨少涵认为："《中庸》虽然没有出现过一个'情'字，却无处不是在说'情'。"参上书，第180页。
② 《中庸》形上学对宋明理学家构建其思想体系有重要影响。如高柏园写道："《中庸》形上智慧自始即支撑着宋明理学之发展，而使宋明儒学由客观而主观而更归显于密以构成圆形。"高柏园：《中庸形上思想》，东大图书股份有限公司，2016年，第194页。另参谭宇权：《中庸哲学研究》，文津出版社，1995年，第362页，并参郑熊：《〈中庸〉学与儒家形而上学关系研究》，人民出版社，2021年。

意识与天地融贯、通天贯地的状态。如果把"中"的潜意识理解为见分,那么"和"的显意识就是相分,而自觉潜意识与显意识的融贯的状态就是自证分,反思和证成潜意识与显意识融贯一体之自证分的意识状态,就是意识进入证自证分的化境。

人在天地之间可能达到的最高境界叫作"致中和"。通于祖天,就是与天地和谐。达到中和之境,就把握住了宇宙之"中",发出来的"和"就能像一个技艺高超的冲浪者一般,跟天地万物融会贯通,像一个伟大的艺术家。人在天地之间达到最完美的中和境界之后,就与天地阴阳和谐,就能够安于天地之中位,助成天地生育之功,与万物一起生生不息。如果艺术家的创作状态达到了中和境界,天地阴阳的力量就可以流露并展示出来,这种创作状态就与天地能量相通,能够铸成天地变化的力量。可见,真诚至极的创作一定是天作之合,因为作品当中带着天意,可以体会到天地生生的力量,所以,人立身处世、建功立业也是天性、天才与天地力量的融合过程。

修持祖天之意,即诚于天地。修身就是持意的过程,这个过程的强度不亚于对基督受难的体验。修身就是一个后天重返先天的过程——从后天的阴阳之气回复到先天阴阳未分的真一之炁,也是太极返回无极的过程。杜维明认为,这是一个从"所是"转向"能是"的过程。"中(centrality)"是天地本体,君子力图达致与天地和谐的状态,为时刻保持中的本体而不懈努力,这种修身过程所需经历的苦难体验其实"丝毫不弱于背负十字架的全面承担"[1],所以返回先天之"中"需要一生的苦难和饱经磨难的魄力去面对,修成仁人君子从来都不是一件简单的事。

祖天乐见当下生存意识的"和"态。祖天先行展示万物和谐的先天状态,担心我们处于与物作对、与物相斫相杀的苦难当中,告诉我们在意识发动之前,就可以达到与天地和谐的状态。我们从节卦当中可以理解,意念本来皆行于虚无之中,人通过自我觉知天道的节奏,可以发掘自我节度意识流

---

[1] 杜维明著,段德智译,林同奇校:《〈中庸〉洞见》,人民出版社,2008年,第23页。

第一章　天命道教

变的道理，即意量的分寸需要节制。正是在这个意义上，节卦可以理解为意念行于世间的分寸和节奏，说明意向性不可过分拘执于情境，因为如果过分受到情境限制，心意发动就无法保持能量有节奏地持续下去。心意有所节制，是行于险中的必要分寸，毕竟意向发动，其实每时每刻皆在险中，保持节律和节奏有利于主动避免危险。总之，如果人的意识实化失去节奏，就容易陷入坎险的状态。而如果人的意识实化的过程能够保持和控制节奏，那就可以欣悦地面对和处理险境。祖先完成了他们的生命历险记而归天，我们在当下历险的时候，总是希望祖先临场并出手救助。

诚中之意的基础是诚中之道，是"诚"于祖天之道，并且人意会此道之后才能立身行事。意识的发动有反思机制（reflexive mechanism）。人在道中，其诚中之意是对道的领会，不可须臾离开道。诚中之意要时刻保持警醒和反思，观照（如看）当下的情境。诚中之意的意念之境及于世界全体，但当下的意念能够明确关注的对象有限，对于不能关注的部分也要有敬畏之心，保持小心谨慎。一切东西都是无中生有，都是从幽隐不明的状态生发而逐渐显明的；一切事物都是从细小微妙的状态中生发而逐渐彰显出来的。可是，意念可以在没有看到、没有听到之时先行感知，先行领悟。

祖天由隐而显。诚中之意的"中"，是一种心与万物融会贯通，但心念尚未发动的状态，自然也就包含情感发动皆入中道。情感发动出来，应事应物皆能和谐自然，合于天地运行本然的节度称为"和"。所以"诚中"也可以说是诚乎天地自然之意[1]。天地自然之意就其本然存在的状态来说，是自然而然地合乎中道的状态。万物顺天地自然之意而行，本来自然而然地就能够达到和谐圆满的状态。人的诚中之意是要与天地自然之意相感通，顺着天地自然之意而行，心念发动皆诚中，而念念与天地自然之意相诚而中，处于和谐之中道的状态。人顺天，让自己的诚中之意发动并顺应天地自然之意，就能够助成天地生养化育万物的功效。

---

[1] 参温海明：《道德经明意》，中国社会科学出版社，2019年。

【明意】

本书的核心思想是"诚中之意",即如何通过让意念诚于祖天之中道而与天地和谐,进而达到"诚"的境界,并且念念发动皆"诚"于天地自然之"中"。顺此天地之"中"即有"中道"。心意与天地之中构筑而成"中境"。意念实化的每一个缘生情态都是真诚至极地合于天地自然的"中道"和"中境"的,也就是合于天地生生不息的"中态"的。

这种"诚中之意"可以有以下几个方面的理解:

天地之中即祖天之中。人每时每刻的"意"均当"诚"于天地之"中"。天地为宇宙的自然存在状态,人生于天地之"中",本来就在天地的"中"间,又因为人的意识揭示自身存在于宇宙之"中"间,而有特殊的存在意味,比如通过确定"北辰"为天地之中,而建立"中国"的概念[1]。人的意念本来就是顺应自然之意而发的,所以"中"国之人之"意"在本体上就应该承接天贯通到地之间的"中"道和意念之"中","世界"谓"世界"的存在,是世界之存有和运化的根本开端。可以说,诚中之意是通过意念对天地贯通之道的根源境遇的领会体现出来的。

祖天之意即自然之意、日月之意。"意"当诚于天地之间日月运转的中态[2],也就是诚心诚意地合乎日月经天那种平常且庸常的状态,这种状态可谓是一种亘古至今的中态性存在。日月在天地之间循环运动,实在再平常不过,但日月往来又是一切日常经验的开端。人生对意念和本性的修行,都要回到

---

[1] 参葛兆光:《宅兹中国》,中华书局,2011年。以北斗为天地之"中",让天下的一切意念实化之时,都要"诚"于北斗之"中",是中国历代天地人文传统的中心,与犹太教、基督教要人把心思意念集中于"上帝之城",让上帝作为世界秩序之确定性的来源有类似之处,只是中国传统的"中",有其宇宙论和物理世界的基础,并不基于纯粹信仰,而"上帝之城"以信仰立基,因信而在,因信而有。

[2] 这种"中态"通于《周易参同契》开篇所言"坎离匡廓,运毂正轴"那种日月在天地之间,循环中道的"中态",这种"中态"是如此平庸无常,本不为任何人的心意关注,可又是如此根本,为世间万化之总根、性命之开端、教化之模范。参温海明:《新古本周易参同契明意》,上海三联书店,2022年。

第一章 天命道教

这种日月往来的根本、原初境遇上去,才算领略了"诚中之意"的意蕴。①

祖天即祖先与天地融贯一体的状态。人在天地之中,人本平常,但《中庸》对人的领会并不平常,甚至到了"诚"于天、与天地相参的地步,也就是人可以通过自身意识之反思(reflexive thinking)提升和扩大自己的意念状态,以至于贯通天地。可见,人的意念通过诚中的功夫,可以领会天地之间的阴阳和合,并能够转化天地之间的阴阳。

"中庸"是人对生存世间的当下合理状态的领会。人生于世间,从天地而来的部分是其本性,而本性之中自然力的延续天然地成为人生本来应该走的道路,且这条道路在人间的行进是可以通过人的反思而不断调整的,这就是自我教化和他人教化的必然性和合理性的滥觞。

人身与人意皆祖天的延续和实化。人在世间行进,不论自己是否愿意顺着本然之道而行,都不可能完全脱离本然之道,即无法离却内在自然力所自然延续的天然倾向之道。因此,这条本然之道根本无从脱离,因为人无论怎样都一直在自然力的延续过程之中。这说明,无论人的意念如何思考,人都无法离开天地自然之意。可以说,在自然力与天地阴阳的交互感应之中,意念无法离开自然意境,离开了就不再是自然之意的道了。

诚中之意是对自然祖天倾向的意会。此意带着意境、意能和意量,在反思中对意会本身保持高度敬畏,因为人间有顺应天地自然之意的正道,即本然之道。如果自己能够意会,就要非常谨慎小心,不要偏离此原初的道路。这种状态即使人在离群索居、与世隔绝的时候也能意会到。人生世间,作为一个单纯自然的个体,无论是否与他人共在,都自然存在与他人的分界,所以诚中之意要求我们应该在人独立或与人共在的任何一种状态当中,皆保持全然的警醒和反身之思。祖先通过在世的人向世人显现,我们可以从任何一个人身上的意念与言行之中,领会到其祖先的意识状态,这就是祖天之意。

我们如果将《中庸》与佛教、基督教作比较宗教的解读,可以看到,在

---

① 《诗经》之"兴"以寻常物为开端兴起意念的原初情境,引导人回归意念兴发之始的无邪之世界。

中庸明意

佛教当中，体悟本觉自性的明智，即"根本智"应当是超时空的。"时"其实意味着时机已经发动，如果要理解"时中"就要思考如何从已发回溯至未发，在二者之间体会时空的圆融状态，才能从"时"悟入"中"。佛教讲于一时、一字证入真如全体，《中庸》讲"时中"，犹如占卜时用当下的时间来起卦，都是从"一时"获取时空之"中"的全部信息。[1] 这种诚中之意是平静的、基本不带感情的，与基督教的精神修炼那种精神性的沉迷和沸腾状态形成鲜明区别：

> 当自然的火焰凭借它的热力迫使水或者其他液体达到沸腾，也就是达到它的最高工作状态时，这水〔却〕又反转并落回到原来的那个底部，于是就通过火焰而被迫再次进入〔沸腾的〕工作状态，结果这火焰就总是（向上）推进，而水总是沸腾。圣灵的内向之火也以同样的方式工作：它推动、加热和激励心灵和所有的灵魂官能达到沸腾。[2]

诚中之意是平静的，因为缺乏这种沸腾感，所以不容易被领会。但这种看似平静的表面下其实是沸腾的。诚中之意如熔岩一般，看起来不过如水一般流动，却有着钢水一般的热度，这就是诚中之意真诚至极地带出对世界的热情和温度。这种诚中之意的意识能量不来自外在的圣灵，而来自我们每个人的内在本性。换言之，即使有外在的圣灵能够推动人的精神和意识，诚中之意仍然需要借助我们的本性和我们的意识生发的天然状态，也就是要借助生命力的天然发动，才能让意识官能不仅达到沸腾的状态，而且进入沉醉的状态。

---

[1] 张祥龙认为，惠能"一行三昧者，于一切时中，行、住、坐、卧，常行直心"的"直心"，可以理解为"良知"的禅宗替身，这种境界可以理解为"时中（zhòng）良知而持扩之"。参张祥龙：《儒家哲学史讲演录：第四卷：儒家心学及其意识依据》，商务印书馆，2019年，第510页。

[2] 吕斯布鲁克著，张祥龙译：《精神的婚恋》，商务印书馆，2018年，第65页。

第二章　诚于时中

仲尼曰："君子中庸，小人反中庸。君子之中庸也，君子而时中。小人之反中庸也，小人而无忌惮（dàn）也。"

【明译】

孔子说："君子的起心动念诚中于祖天之意，小人的起心动念违背诚中之意。君子达到中庸的状态可以理解为，君子的意念在变动不居的情境当中随时随地都能保持适中合度，无过无不及；小人达不到中庸的状态，是因为小人的意念发动无所顾忌，所以言行肆意大胆。"

【明注】

本章强调君子和小人的区别在于心念控制之境界差别巨大。君子能够保持诚中之意，即诚于祖天之意。理雅各把"中庸"译成 The Doctrine of the Mean，可以说受到亚里士多德中道观的影响，强调"中庸"是一种对"中间"的理想状态的信条，带有犹太-基督教的诫命（task of the highest order）意味。当然，他也强调，这种中庸状态其实是 perfect and highest human attainment（完美的、最高的人类成就）。安乐哲和郝大维在分析理雅各的译法时，认为即使他本人也不满意之前的译法。因此，理雅各在1885年翻译《礼记》的时候把《中庸》标题译成 *the State of Equilibrium and Harmony*

（平衡与和谐的状态）。① 陈荣捷解释 mean 为人与天的中间值、平均值，意思是人与天之间达致的和谐，可以理解为天道与人道之和谐。② E.R. 休斯（Hughes）将"中庸"译成 The Mean-in-Action，强调带有动态的中间状态意味。辜鸿铭将"中庸"译成 Central Harmony（中间的和谐），他译"中"为 central balance of our moral being（我们道德存在的中道平衡状态），译"庸"为 moral ordinary self（道德的日常自我）。埃兹拉·庞德（Ezra Pound）将"中庸"译成 The Unwobbling Pivot（不动摇的枢纽），强调把"君子而时中"理解为"君子围绕某中心轴而不动摇的状态"，也可以理解为"不偏不倚"，带有庄子"天枢"的意味。

祖在天之中，意识聚焦于祖，即集中于天意。杜维明将"中庸"译成 Centrality and Commonality（《中与庸：论〈中庸〉》），他结合郑玄把"庸"释为"用"和程颐把"庸"释为"天下之定理"，希望 Commonality 能够带有"实用性""不可改变性"等意思。而这种普遍性的"庸"，"中庸"之"中"要求意识具有中间性，也就是意识必须把意识对象放在"中"间，使之处于一种合适的中道状态。③ 从这个意义上更容易理解安乐哲、郝大维的译文 focusing the familiar（affairs of the day）（切中伦常），既强调"中（zhòng）"作为集中、聚焦意义的动词状态，又强调日常生活作为"诚"之"中（zhōng）"的当下场域。可以说，这既说明了中道状态的基本性质，又说明了意念时刻聚焦和诚于中道的理想状态、功夫状态等等。"中"作为动词，解为集中、聚焦、切中（focus），具有直接关注某事（direct attention on something）、全神贯注（concentrate）的意义。"庸"就是日常、平常生活中的常见事物（the familiar affairs of the day）。"时中"也就可以理解为时刻保持平衡（constantly abide in equilibrium），在两极或多极之间保持一种均衡状态

---

① 参安乐哲、郝大维著，彭国翔译：《切中伦常：〈中庸〉的新诠与新译》，中国社会科学出版社，2011年，第20—21页。
② 小写的 mean 带有表现出不光彩、不道德、缺乏荣誉感的状态，带有小人意味。
③ 参杜维明著，段德智译，林同奇校：《〈中庸〉洞见》，人民出版社，2008年，第17页。

或尺度（a stable situation in which forces cancel one another）。

意识即用显体，即当下的意识而显现祖天之意的本体。这种反思状态成为一种特殊的意识修行，也是一种边缘意识的修行状态。正是在时刻"诚中"的意义上，读懂《中庸》需要认真体会人的意念时刻可以通于天地的境界。《中庸》"诚中"的核心，在于其以戒慎恐惧为功夫论的中心，揭示出人面对世界根本性之"中"的存在状态时，人的心意应该有的那种理想化的操作方式。加上《中庸》文本当中对儒家政治生活的描述，我们可以说，《中庸》确定了中国政治哲学的教化模式，也就是以天命为本、以"诚中"为用的政治心意本体境界。如果体会到心念时刻能够通于天地的境界，人就要戒慎恐惧，时刻小心，如临深渊，如履薄冰。如杜维明认为："'中'就是一个人绝对不受外在力量骚扰的心灵状态。但是它也不只是一个心理学上的平衡平静概念，因为与其说它是一个后天达到的理想，不如说是一个先天赋予的真实存在。……'中'指的是一种本体论状态，而非一种沉寂的精神状态。"[1] 这种本体论状态不是静止的，而是动态的，是生成和变动的，是充满生气的。

君子时刻通于祖天之意，让祖先时刻通过自己活出来。小人心意之中没有祖先，也没有天地，小人活出来的只有他自己，而没有祖先。"时中（zhòng）"表示一种与时间有关的动态的中（zhòng），而不仅仅是一种平衡的中道状态。喜怒哀乐的情感要中和，但达到中和的境界很难，情感的发动都达到和谐的状态并不容易。而要保持这种状态，即"中（zhòng）"于平常的中（zhōng）道状态，更是难上加难。这种"中（zhòng）"是保持（maintain 理雅各、陈荣捷），是时刻活在"生"之"中"，品味生生不息的天地自然之意，然后才能活出真实的道德自我（constantly lives his true self or moral being，辜鸿铭）。这样，就是要在情感的中道上面，加上一种反思性的状态，即所谓能够中（zhòng）于中道的情之中，而不仅仅是保持情感的

---

[1] 杜维明著，段德智译，林同奇校：《〈中庸〉洞见》，人民出版社，2008年，第23页。

中道状态。从另一个角度说,"时中（zhòng）"意味着已发时刻关联着未发,每一个已发的当下时刻都不能离开未发。从已发的、后天的角度来看,形下世界当中的每个人、每件事都有善有恶,但意念诚中,是在形下世界的每个时刻、每件事情上面,都诚于无善无恶的未发的、先天的本体,也就是在主客分离的、二元对立的、对象化的世界中,诚中之意时刻处于一种"根本智"的意识状态,意识与自觉、独知、将发而未发、无时空的本体合一,换言之,是领悟到无"有"之时那种"空"的意识状态。

"小人"是无知无情、意识觉悟力低下者,对意识向内的时间无感。小人感悟不到祖天之意,以为祖先走了,就不存在了,所以其意念像失去了守护神一样游荡,总是偏离祖天的中道,因为他们体会和感悟不到祖天之意的中道状态。理雅各把"小人"译为 the mean man；辜鸿铭译为 the vulgar person（言行举止比较粗俗无礼,缺乏教养、不文雅的人）；陈荣捷译为 the inferior man；安乐哲译为 petty persons（地位低下的人,在社会地位上不重要的下人）。

【明解】

君子每时每刻都能够体会到祖先的气场和意场（意识场域）。小人不能感通祖先的临在与在场,不仅不能体会到祖先的气场,而且也体会不到祖先的意场。《大学》说"小人闲居为不善,无所不至",品德低下的人独处的时候不注意修身,任何不好的事情都有可能去做。《中庸》说"小人而无忌惮也",小人不注意,所以做事无所顾忌、肆意忘形。所以孔子说,君子的言行符合中庸之道,小人的言行违背中庸之道。君子在变动不居的情境当中随时随地都能保持适中合度,无过无不及,"君子而时中"就是君子的言行每时每刻都合于中道,而小人相反,任何时刻都达不到中庸的状态,因为小人做事之前的心意总是偏离了中道。君子的意念每时每刻都跟祖天之道相通,而小人领悟不到祖天之意的实存,心意发动总是达不到祖天之意的境界,既然没有办法领会祖天之意,小人就总用自己的私心去做事情,而无法用通于天地的心意去引领事情的发展。小人比较以自我为中心，他们的思考和言语总是围绕"我喜欢，我爱，我讨厌"展开，这是小人带着情绪、情感去思考和做事，他们认为自己以自我为中心的做事方式无可厚非，认为人与他人无关，自己的情绪、情感也与他人无关，觉得有情绪就应该表达，却不顾及他人感受，这就是小人的小心小意的表现。

君子应该时刻体会和保持天地阴阳和谐的根本状态。[①] 祖先是阴阳平衡调控的完成时，君子知道当下是进行时。《论语·先进》篇中，子贡问："师与商也孰贤？"子曰："师也过，商也不及。"曰："然则师愈与？"子曰："过犹不及。"孔子的学生子贡曾经问孔子："子张和子夏哪一个更贤能一些？"孔子回答说："子张有点过头，子夏略显不足。"子贡问："那么是子张更贤能一些吗？"孔子说："过头了和达不到，都是一样的（不合乎中道）。"孔子的教育是对性情之中道的追求，不希望学生过度或不及，其中的分寸把握难之又难。"贤"指心意合乎中道的分寸。一个人明白与通达，意念发动合乎事理之中就是贤明。贤者能够持意于中道之"中"，既不会过分，也不会不足，知道如何调适到尽量合适的中道上去。

【明意】

君子起心动念皆真诚地顺应天地自然之意而合乎中道，君子诚于祖先在天地之中的中道；小人则在起心动念之中加入了很多个人私念，所以容易偏离天地自然之意的中道。君子的意念虽然随着情境而变迁，但时时合乎中道，因为君子之心念"诚"于天地自然之意，既不过也不会不及于自然之意，其心意与天地自然之意贯通而无二。小人不能领会天地自然之意的存

[①] 如果用在中国心理学的本土化问题上，西方心理学的很多疗法都应该调整。比如说情绪发泄的治疗方法，结合《中庸》的教导，就可以改为自己学会调节情绪，而不要去发泄。在某种意义上，这段话可以这样理解：君子会自我调节情绪，而发泄情绪是小人干的事情，而小人悟性不高、境界低、自控力弱，君子悟性高、境界高、自控力强，所以善于转化、化解负面情绪，容易保持轻松平和的态度，能够放下很多对外物的执着，不被外在的环境干扰。

在，总是把自己的私意强加于天地自然的运行，而且视自己的意念为自然的意念，这种想法本身就是肆意无忌的，其表现在言行上自然就是狂妄胡来了。

"诚中之意"是"诚"于中道的自然之意，这是心意发动的理想状态。但人的心意或因外物引发而出偏，或因身体的修养、天生性情、气血的偏向而出偏。学生们的偏向主要是因为自身修养不足，可以通过教育来调节使意向处于中正的状态。情感发动自然有偏。意向发动中正，则将诚中之意非对象化，使其成为非反思性的意识发动的背景，即把时刻体认未发之中修为成如潜意识一般，如此心意发动皆合道。所谓从容中道，其中时刻可见修持功夫。孔子的仁人之意体现的是一种中道状态，学生们除了颜回都很难领会和践行这种中道状态。大部分学生心意发动的状态或者过分或者不及，而这些都难以实现"诚中之意"的境界。君子的中道体现在对老师所教有天然的领悟能力，并能够积极实化。

与基督教修行相比，"诚中之意"可以理解为一种精神性的婚恋状态，一种"在每个善行中，凭借纯粹的意向"的状态：

> 这单纯意向是内向的、被照亮的，具有精神的爱意倾向。它是所有精神的基础，它包含信仰、希望和在自身中的爱，因为它信任神、对神忠诚不二。它将自然踩在脚下。它使人平和，驱除掉精神的嘀嘀咕咕，让所有德行活力四射。[1]

与这种带着人格神意味的精神凝聚类似的地方是，诚中之意无疑也是意识的聚焦和纯粹化的功夫性状态，只是诚中之意这种意识修炼的功夫，不仅是内心的，而且是合于内外的；不是被照亮的，而是通天合道，让本性的光芒照耀天下。儒家不讲被爱之意，而讲仁爱他人之意，这不是被爱而净化本性，而是本性本就光芒万丈，可以自明明德。所以，诚中之意不是外向于神的诚，而是非对象化的、内外合一的诚。

---

[1] 吕斯布鲁克著，张祥龙译：《精神的婚恋》，商务印书馆，2018年，第122页。

第三章　中庸鲜久

子曰:"中庸其至矣乎!民鲜能久矣!"

【明译】

孔子说:"诚中之意实在是最高的德行啊!可惜很长时期以来,人们已经很少能够长久坚持这种境界了!"①

【明注】

中庸就是诚于祖天之意的境界,"民鲜能久矣"是指这种德行境界太高,很长时间以来,普通人都很难做到。一般百姓的境界是,他人对自己不好,自己就对他人不好,这种正常的做法,其实不过是一般境界。按照《中庸》的境界,人要随时随地把私人情感放下来,不执着于喜怒哀乐等一般情感,可这种境界太高,以致常人非常难达到,所以孔子感叹"其至矣乎"。

一般民众在父母去世之后,短期之内能够体悟到祖天之意,但很少能够长久保持。"民鲜能久矣"一般译成"很少有人能够达到这种境界"。陈荣捷译成"很少人能够去追寻中庸之德(few people have been able to follow it)"(民,鲜能久矣),虽然有理,但因为提到不同人坚持的时间不同,所以应该

---

① "民鲜能久矣"一说断成"民鲜能,久矣",如郑玄、孔颖达断句认为"民鲜能",即"人莫不能行中庸",不过,这应是有问题的,前面刚说小人不能够行中庸。

是很少人能够长久保持这种境界了。因为这种境界可以一时开悟，却难以坚持。正如辜鸿铭的译文所言：People are seldom capable of it for long（人们很少能长时间这样做）。

【明解】

《中庸》表达的是人都要学习和体会的、诚于祖天的最高境界，这是一般人通过修行可能提升到的最高境界和最理想状态，当然也是普通人（民）难以达到的。《论语·尧曰》载："尧曰：'咨！尔舜！天之历数在尔躬，允执其中。四海困穷，天禄永终。'舜亦以命禹。"这是说，唐尧让位给舜的时候，谆谆告诫说："啊！你虞舜呀！上天的运数已经落在你的身上了。你可要胸怀诚信地维持诚中之意，把握中正公平之道啊！如果天下百姓因你的治理而陷入困苦和贫穷，上天赐给你的禄位也就会永远终止了。"舜把帝位让给禹的时候，也用这番话告诫过禹。

"允执其中"是心意之发都合乎天地自然之意的中道，而且和谐合拍得接近一种日常庸行的境界，这实际上是非常难的。所以孔子感慨，几乎没有人能够达到这样的境界，更少有人能够维持在这个境界之中。可见，起心动念皆"诚"于天地之"中"，实在是最高境界。

《论语》的《学而》和《里仁》都有"三年无改'于父之道'，可谓孝矣"，意思是，如果一个人在父亲过世后的多年里，起心动念都能够挂念父亲，且能够长期保持这种心意状态，就可以说是孝顺了。这里强调的就是，先人不在之后，后代应该时刻保持祖天之意。《论语·雍也》载："子曰：'回也其心三月不违仁，其余则日月至焉而已矣。'"孔子说："颜回这个人，他的起心动念可以在长时间内不偏离仁义正道，其余的学生则只能在短时间内保持在仁义正道上而已。""三月"指较长时间，"日月"指较短时间或指某些时刻。颜回在三个月甚至更长时间内心中念念都有仁爱之意，能保持着、居住于仁爱的意境，这表明了颜回心地和心境纯粹到了极致。相比之

第三章　中庸鲜久

下，一般人对于仁爱意境的感悟转瞬即逝。颜回保持仁人之意境的时间稳定且持久，老师和弟子们都能感受得到。

【明意】

诚中之意是心意任何时刻都不偏离祖天仁爱世人的正道。这种境界没有神秘性，可能接近马斯洛的高峰体验，这确实不容易保持。对一般人来说，诚中之意可能会有瞬间的领悟，但稍纵即逝，难以长久保持。孔子号召学生们要像颜回那样，努力"尊德性"而保持诚中之意持久不失。这种对祖天之意的理解，很少有人能够领会。

从现象学的角度来看，诚中之意是在时空当中的意识，但又有超越时空的意味，成为一种内时间意识的状态。从佛教根本智的角度来理解，"中"可以说是一种超时空状态，是空掉了时空的状态；"时"是生成与发动，是未发即将成为已发的状态。"时中"是时刻保持诚中之意，是时刻处于一种未发之意与已发之意"之间"的状态，是未发与已发的融通和交流，是"动亦定，静亦定"的状态。可见，诚中之意打开了时间，使得时间意识从外在的客观时间意识内化为内时间意识。这种借助时间意识把世界的空间打开的状态，其实就是"时"之"中"的场域。如此说来，"中"不过是"时"之"间"（场域）当中的焦点意识。诚中之意就是当下之时能够证悟天地宇宙的全体，好像佛一刹那可以证悟真如全体。

荣格用"同时性原理（Synchronicity）"表达事物之间信息的耦合犹如时空折叠，当下的信息可以通往未来，打开未来空间的奇妙状态。借助梅花易数进行时间起卦，也是通过当下的时间提取时空中关于问题的信息，其中注入了主体的"诚中之意"，也就是主体对未来问题的意识能量。而对所起之卦的解读，就需要打开未来的空间，好像从一种特定的"时"就可以开悟整个空"间"。同样，回忆过往是意识回溯到过去的时空，进入过去的时空记忆当中，打开有关过去的内时间意识状态。类似对梦加以解释，讲故事和写小说的人，都在主动用意识去打开自己内在时间的意识状态，用自身意识去观察和体悟过去的意识流变过程。

从佛教的眼光来理解，一时开悟即明觉一切，领悟到真如实相。"时间"是不同"时"刻之"间"，尤其是现在时刻与未来时刻之间。看起来未来总是在还没到来的将来，但意识到未来，其实未来的信息就已经来到。这说明，对未来展望的信息其实当下就可以开解，不需要等到未来即将变成现实，才能明白未来的信息到底如何。未来意识与当下意识其实可以共享，未来的信息进入当下，犹如进入梦境，丰富了现在时刻的内涵，深化了当下时刻的场域，这就把日常的意识丰富起来了。这类似胡塞尔所谓"内时间意识"，未来的时间意识是一种体验当中的时间感，当然超越了物理的、物质客观运动的时间观，是主体内在意识感受当中对未来信息的时间感，它具有流动性、感通性、体验性。换言之，这种未来的时间感是受到意识感受性影响的时间感。如果潜意识是见分，那么日用意识、显意识就是相分。君子做到"时中"之"诚"，就是能够自觉地让潜意识流露出来，成为显意识，相当于自证分。而小人没有自觉，不能明心见性，不能让自证分主导意识的日常状态。

祖天之意可以理解为集体性的文化无意识，或者说是阿赖耶识。开悟者需要大圆镜智，相当于既有根本智又有后得智（差别智），才能理解般若智慧。当然，根本智无法言说，是一种独知，好像未发之中，虽然没有发出，但万象森然，意识没有发出，却如什么都意识到、都知道一般。这就是在明心见性的当下，本性可以自明，进入非对象化的直观中去把握自我，而不是对象化的、镜中的自我。见分（现量）并不分出相分，只是在自证分中融为一体。根本智相当于纯粹的自证分，没有可思的对象。后得智有相分，未证自证分之前，只是见分的相分，都是对象化的、有分别的；但大圆镜智的后得智，是无漏智，有意识能力证得自证分，进入对象化的根本智，知道自我的存在，犹如梦醒时分看待世界不再迷惑，意识真诚至极则可以前知，把未来的信息带到当下，所以这是根本智。但是，如果根本智缺乏后得智，就只是理解自身，而难以理解世俗时空的信息。所以，根本智还需要与后得智相

第三章　中庸鲜久

结合，才能具有世俗智慧。如果能够时刻诚中（zhòng）于先天加后天、未发加已发、根本智加后得智的那种意识状态，其实需要巨大的魄力和极其幸运的人生机缘，所以是一种意识开悟到极致的境界，而以一般人的意识能量，可以说根本没有窥其堂奥的可能。

第四章　诚中知味

子曰："道之不行也，我知之矣：知者过之，愚者不及也。道之不明也，我知之矣：贤者过之，不肖者不及也。人莫不饮食也，鲜（xiǎn）能知味也。"

【明译】

孔子说："诚中之道无法广泛实行，我知道其中的原因了：聪明的人自以为是，好高骛远，心念发动都超过了诚中之意的节度；愚蠢的人智力不及，无法理解，心念发动都达不到诚中之意的状态。诚中之道得不到彰显弘扬，无法流行于世，我知道其中的原因了：贤能的人做得太过，立身行事都超过了诚中之意的节度；无才能的人根本做不到，立身行事都达不到诚中之意的状态。就像人没有不吃不喝的，但却很少有人能够真正品尝出食物的滋味。"

【明注】

《中庸》的"子曰"与《论语》《易传》的"子曰"有所不同。因为《论语》的"子曰"是孔子弟子的笔记或回忆，所以比较切近孔子的原话；《易传》的"子曰"应该也是孔子弟子记述的孔子的话，与孔子整理的内容拼接在一起，所以精神气韵应该都比较接近孔子的原汁原味。但《中庸》的"子

第四章　诚中知味

曰"可能是孔子孙子子思的回忆。孔子去世的时候，子思还比较年幼，所以他的记述，有相当一部分应该是从孔子弟子们那里继承来的，所以《中庸》的"子曰"就不如《论语》和《易传》中的"子曰"那么真切，那么具有原汁原味，但其中圣人之道的情怀和精神还是一以贯之的。

"道"指的是祖天之道，即祖先走过的大道。因为今天已经很少有人能够意识到祖先和他们的大道曾经存在，更遑论去继承和发展它们，所以也就很少有人知道什么是中庸之道和诚中之意。对于"道之不行"，理雅各译成 walk in（行走），缺失原本语境中"道"的崇高感。辜鸿铭将其译为 no real moral life（没有过真正的道德生活），把 moral law 视为过与不及的衡量标准。陈荣捷译为 pursue（追赶），传达出更强的主动性，显出中庸之道难以把握，需要主体不断去追寻。安乐哲译成 travel（旅行、流传、受喜爱），词源上与 travail（艰辛劳动、分娩之苦）有相同的初始含义，都有"受苦"意味，即理解中庸之道需要历尽艰辛。把"行"理解为"流行"和"发用"，更形象贴切。祖天的大道是祖先历尽艰辛走过的人生之路，也是留给后人、期待后人领悟的祖先智慧和力量。不过，祖天的大道是如此幽隐不明，以致难为后人所了解。

"知"同"智"，"知者"即"智者"，指智慧超群的人。不过，即使他智慧超群，也未必就是能够领略祖先大道的人。如果把祖天理解为人格神，就"过"了。对于"过"，理雅各和陈荣捷译成 go beyond（超出、胜过），一是超出了度导致坏的结果，二是超过、胜过、超越。安乐哲译成 stray（走失、迷路、入歧途、犯错误），比 go 含义丰富；stray beyond 表达出的是因主体迷失而没有悟道之意。有智慧的人可能对祖天领略过度，甚至误入执着为人格神的歧途。

"贤"与"不肖"指的是行为，而"志（智）"与"愚"指的是心灵状态和思考能力。"不肖者"是与"贤者"相对的、不贤的人，是意识不到祖天大道的人。对于"不及"，理雅各和陈荣捷译成 come up to（符合、达到、比得上、等于），安乐哲译成 reach（达到、伸手），更有过程性，体现了主体的主动性。智慧不够的人,是无法感悟到祖天的实存的。

"鲜能知味也"是说祖天的味道,已经很少有人能够知道了。祖天的味道,从日常经验的角度已经很难为一般人所理解,但祖天实实在在存在,所以其中确实有一种只可意会不可言传的、"中庸"的味道,但因为无声无臭,所以已经很少有人能够知道这种奇妙的味道。儒家祖先的味道与佛教不同,这里强调圣人之道的味道,儒家圣人精神的味道足以抚养化育后人,不断精进,成贤成圣,继往开来,通过自身的成就来印证圣人的韵味。

"明"是明白、显明、明觉、察觉、理解。"明"是明白地感悟祖天的实存。要中(zhòng)于中(zhōng)才能明白祖天的存在,所以"明"即诚中,诚中才能明祖天之道,也才能行祖天大道。祖天大道本明,而人未必明,所以要人去明白祖天之道。祖天之道不明,乃是人不明大道,而非大道不明。

"愚"是对祖天之道不明,是对祖天之道无感,故"明"是自我反思的明。"明"其实不是经过思考而得的,而是思考之前的明白状态。"明"是一种前反思(pre-reflexive)的精神性、气质性的明白状态,祖天是前反思的实体性存在,祖天显灵帮助人们进入"直接当下的(immediacy)","未经思虑营谋的(unmediated)"的前思考状态。[1] 感悟祖天之"明"的关键在于觉知祖天不离自身,这包含对外在事物的事实判断,以及自我反省、自我觉知。朱熹认为"愚"是"自不察",即自己不能觉察、觉知,所以"有过不及之弊"。

换言之,"明"是感通,感通大道自有其明白之道,自然能生诚中之意,而唯有能真正诚于事物之中(诚中),才有洞察力、辨别力(discrimination)、觉知力、分辨力(distinguish)。祖天是浑圆的存在,不需要分辨,但需要觉知。人在道中,就自然知味,因在道而自然得味,由道生味,有道就有能

---

[1] 安乐哲、郝大维著,彭国翔译:《切中伦常:〈中庸〉的新诠与新译》,中国社会科学出版社,2011年,第73页。

第四章　诚中知味

力体会道之味。大部分人没有受过训练，对嗅觉和味觉的分辨力低。"分辨"其实是明白的过程、明味的体验，其实就是让日常经验明白起来的过程。明祖天之知识进而明祖天的大道智慧，都需要感通、分辨才能明白，这就是"诚"于祖天之中之意。

【明解】

《大学》说："心不在焉，视而不见，听而不闻，食而不知其味。"人们每天吃饭，但很多人对饮食不知其味，正如不知祖天之味。"鲜能知味也"是指很少有人能够真正品尝出食物的味道，或者人很少沉浸其中去品味、去反思、去体察食物的味道。没有人不做日常的事情，但是要在日常经验当中时刻体会到并保持着最高的境界，这其实并不容易。那么，真正的味道是什么？美食家也是有天分的人，是对某种味道有特殊感觉的人。按照经典所说，一个人通于道，就无所不通，如《庄子》里叫轮扁的木匠："得之于手而应于心，口不能言，有数存焉于其间……古之人与其不可传也死矣，然则君之所读者，古人之糟粕已夫。"这说明得道的味道，其实是超越语言的，文字的记录都是不靠谱的。"运斤成风"的那种由匠入道的技术需要心灵相知最深的朋友相互配合，所以是不可言传的。

祖天之道不行于世，本是自然。开头说"道之不行也，我知之矣"，《中庸》之道是非常高的境界，太不容易行于世间。《中庸》之道无法得到广泛施行，"我知之矣"，我知道其中的原因。为什么"知者过之，愚者不及也"？"过"即超过，聪明的人自以为是，好高骛远，意念发动都超过了中庸的节度。"愚者不及也"，愚蠢的人智力不及，无法理解。一般的人无法理解高妙的中庸之道、跟天地合一的境界，即使想学也跟不上，因为他们的意念发动都达不到中庸的状态。自以为聪明的人，会觉得天人合一很简单，也没有什么，甚至认为自己可以比天人合一更高明，所以反而不能够达到中庸的状态。

祖天大道，本来不明。"道之不明也，我知之矣"，《中庸》之道得不到彰显弘扬，无法流行于世，我知道其中的原因了。"贤者过之，不肖者不及也"，贤能的人做得太过分了，立身行事都超过了中庸的节度。而没有才能的人则根本做不到，立身行事都达不到中庸的状态。它最后说，就好像每个人都在吃饭一样，可是很少有人能够真正品味出其中的滋味。所以《中庸》是一本帮助人们觉察日常大道的书。日常大道本来混沌，培养诚中之意则可以使混沌的日常明亮起来，从而使人明白其中的意。

【明意】

　　祖天之意的大道不行于世间已经很久了。正如已经很少有人能够真正辨别什么是好的味道一样，由于人们都已经不知道什么是"道"的味道，当然也就不可能知道什么是"中庸"的本意了。"道"可谓自证分意义上的自觉觉他，很难彰显于世，所以"道"很难"明"，因为很难实现对"道"的觉知，也就很难把"道"明于世间。每个人似乎都有日用常行的意识，但很少有人能在人伦日用当中保持对祖天之意的自觉，更不要说在意识发动的、后天的已发状态去时刻自证祖天的实存了。

　　贤能的人自恃有能力而做得太过。他们把祖天理解为绝对外在于世间的天祖，当作外在超越（超绝）的人格神来崇拜，这就扭曲了祖天作为自然之意本来的发展状态。无能的人没有能力顺从天地自然之意的中道，无力解悟祖天的实存，以为是神秘主义，所以既无力领悟，又不能尽可能地接近并理解祖天之意，只能给让自己望洋兴叹的祖天之意贴上"神秘主义"的标签，让自己时刻处于理性主义、科学主义的优越位置。可见，人的心意发动，要么过于自以为是，容易超过诚中之意的中道；要么领会诚中之意而自以为是，以致根本就无法企及祖天之意的真意。

　　聪明的人私意太盛，以致对诚中之意的认识太过分了，其在心意发动当中无不加入自己所认为的"明"，此时"明"也就不再是真正的"明"，反而陷入了无明或者不明的境地。可见，超过了诚中之意的本然之明，同样不再是中庸之道，也就不明了。要想真正明白，就要随顺天地自然之意的本来之

第四章　诚中知味

明,如果不诚于天地之中,就无法品尝、无法理解,也就无法领悟"明意"了。大部分人起心动念的意念状态其实都偏离了诚中之意的中道。无明的人心念本身不明,起心动念都被自己的私欲遮蔽,丧失了观照世界的能力,看不到祖天之意的本相,自然会偏离本来应该顺应天道的"诚中之意"。

诚于祖天之意中,需要当下时刻用功。明祖天之实存于当下天地之中道是极其艰难的。"惟精惟一,允执厥中"是诚中之意的境界(道心),但心意总是出偏(人心),很难合于道心——诚中之意,即诚于中道而明的境界。祖天大道就是太极中道,能够帮助我们分化并转动世间阴阳之力。明中才能诚中,而中道极难。人心之偏是不同资质、不同能力之人的通病,要调整心意到合乎天地自然的中道非常之难。心意之诚于天地自然之意之中,是一种难乎其难的状态,近似于太极图中阴阳鱼的动态分界线,分界线本身在流动中,但心意又要不偏不倚地合于动态的中道。如此,在实践着的变易过程中一直维持合宜的尺度,时刻保持合宜之中(zhōng)而能中(zhòng)"节",能够这样的前提是意识总在感通未发之"中",即天下本体之中,好像太极的本体,或者感通后天太极的先天无极本体的意识状态,体会到一种感而遂通的"生生"活力。

第五章　行道至难

子曰:"道其不行矣乎夫!"

【明译】

孔子说:"诚中之道恐怕真的无法推行了吧。"

【明注】

本章认为,祖天大道之所谓"不行",其实不是未经踩踏、杳无人迹的(untrodden,理雅各)状态,因为大道都是祖先们走过的大路和坦途,但几乎没人真诚地去追求(not being pursued,陈荣捷),所以导致对大道的理解和意识根本不流行(not being traveled at all,安乐哲)。所以,这种"不行"的感慨,其实是孔子在深刻领会祖天大道之后,发现现实生活当中能够在当世继承和发扬祖先大道的人少之又少,祖天大道的推行实在难乎其难,才发出的。

【明解】

接上章,本章可以理解为,又有多少人能够体会到诚中大道之味呢?可以说本章为下一章的王者境界做了铺垫。王者意识是得道意识,接近自证分意义上的自觉觉他,即自觉、自证大道的实存,并且时刻在帮助他人觉悟、觉解的过程当中,保持对大道真实不虚的意识状态。虽然诚于祖天之中的意识状态推行起来难于登天，但开悟祖天之意的人还是把推行祖天之意当作祖先的遗命，以悟者自悟的情怀自强不息地去推行，希望能够在极度边缘化的处境当中，救度能够感通祖天大道的有缘之人。

孔子觉得，中庸之道恐怕真的无法推行了，因此显得很无奈和绝望。但在他曾经生活的时代，伟人却感到异常孤独，因为周围的人，甚至弟子都不见得能够理解他觉悟到的那种高妙境界。幸好还有曾子、子思这样智慧极高的弟子和传人，非常高明地记录下了圣人之言，整理成为传世经典，后世圣贤如朱熹、王阳明等继承下来并加以发挥。这说明，总有一些后世之人能够体会圣人之道，并且把它重新表达出来，因此经典中的圣人之道才能不断得到阐发并流行到今天。

【明意】

祖天之中道早已不行于世间，非特殊的机缘不能领悟，不能发掘，不能发扬。中国历朝历代都不缺体悟祖天之道的人，不缺自认为对于圣人之道有所了解而又致力于把它推广给当代人的人，毕竟在人群当中总会有一些人能够理解祖天之道。道法相传，命若游丝，自古已然。只要世间还有极少数人能够用心参悟古往今来恒久不败的祖天大道，他们就会满心欢悦地向身边的人推广传播，这便是中国哲学传统中的圣人之道能够传下来的原因。那些历朝历代用生命去追问"人生第一等事"的圣贤们前赴后继地体悟和传播中国哲学意识（Chinese philosophical sensibility），使其与天地一样生生不息、经久不衰，这也是祖先大道永传不灭、中华文明永续传承的根源所在。

相比于其他断后难续的文明，中华文明永恒于世的金钟罩恰恰在于祖天之意这一点上。每一个时代都有献身于祖天之意的人，穷其一生就做推广祖天之道的事情，让更多的人把圣人之道领会并传承下去。虽然《中庸》的祖天之道很难领悟，大部分人没法理解，这让它看起来好像几乎没有办法推广，以致似乎不行于世，但是，世间总会有少数人能够理解祖天之意的崇高境界，会发奋努力去推广无限高深的、抽象到无以复加的祖天大道。可以说，祖天大道其实就是实践诚中之意的大道，是从上天下贯人间的大道，会永恒地行在人间。诚于祖天的意识可以帮助人们充满勇气地去面对边缘性的生存，努力去开疆拓土，无畏地面对人生的苦难，从而活出美好的人生，无愧于祖先所遗天命。

第六章　明两用中

子曰："舜其大知（zhì）也与！舜好问而好察迩言，隐恶而扬善，执其两端，用其中于民。其斯以为舜乎！"

【明译】

孔子说："舜可真是具有大智慧的人啊！他喜欢向人请教问题，又善于体察分析身边人话语里的含义。他善于掩饰别人的恶言邪行，表扬别人的善言嘉行。他能够意会'过'与'不及'两种极端状态，心意发动皆诚于中道，以诚中之道来治理百姓。这大概就是舜之所为舜吧！"

【明注】

舜帝仁义圣明，有大智，即明白祖天之意而有大智慧的人（a man of truly great wisdom）。扬善就是扬祖天之善，继承与发扬祖先的优良传统。当然，扬善的前提是明善，知道什么是祖先的善。祖先的善得以明，也就容易得到发扬。所以，扬祖先之善就需要明祖先之道。也就是明了祖先的"中"，才能行于并用好祖先的"中"。舜是有智慧的祖先的代表，说舜也是一种方便的说法。

"迩言"："迩"是"近"，意为亲近的，看起来浅显的；"迩言"指身边人说的话，一解为浅近的话。身边的人、近处的话反而可能难以"明"白，所以需要"察"。辜鸿铭强调"迩言"是 near facts（近处的事实），侧重事实性客观现象,此处"言"不再是 words,而有接近真相的事实意味;理雅各译为 shallow(肤浅的、浅薄的),但不知远近;陈荣捷译为 ordinary(普通的、平常的),但显得不够近;安乐哲译为 familiar(熟悉的、耳熟能详的),体现了因为距离近而亲近、熟悉的状态,这就把"迩"理解为熟悉,且能够洞察熟人的熟言,这是尤其难得的,意味着能够觉察而深知其味,而这恰恰是非常不容易做到的,需要非同寻常的大智慧。

祖先是完成时,是过去时,所以善恶之于祖先而言,要做到"隐恶而扬善",要明中道才能区分善恶。理雅各和陈荣捷译"隐恶而扬善"为 conceal what was bad(隐藏、隐瞒坏的), display what was good(展示、显露好的);辜鸿铭强调 negative 和 positive existence,把恶/善看作消极/积极的存在;安乐哲译成 passing over what was unhelpful(跳过、忽略、宽恕无用的部分), expand upon those ideas that had merit(扩展那些有价值的看法)。综上观之,安乐哲的译法展示了发扬、扩大祖天善德价值的动态过程,体现出了善恶的价值性。安乐哲和郝大维认为,"善"根本上是情境性的:首先,其应该是 felicity(恰当)或 efficacy(效力);其次,它还是 good to, good for, good with, good in 或 good at。在翻译中,我们要努力保持"善"的这种关系性的意义。这种理解强调了古典儒学的审美属性。[①]

祖天显化之后,就当"执"而不失。理雅各和陈荣捷将"执"译为 take hold of,辜鸿铭译成 taking,都是"抓住""握住"的意思;安乐哲则译为 grasp,除了"抓住""握住",还有"领会""理解"义,有主动选择和理解的动作意味,比 take 更有动感,也更有力。所以,"执"不是实体性的抓握,而是领会、领悟祖天的中道智慧。

祖先存在于人伦日用之中。对于"用",理雅各和辜鸿铭都用 employee 表示舜作为君主对百姓的上下施加关系;陈荣捷译为 applied(应用、运用),是圣王能够公正地运用中道于民。安乐哲译为 exercise(运用、练习),人际

[①] 安乐哲、郝大维著,彭国翔译:《切中伦常:〈中庸〉的新诠与新译》,中国社会科学出版社,2011年,第93—94页

第六章　明两用中

关系更柔和，显得舜更像个君子。在《中庸》中，君子就是那些能够做到"中庸"的人，那些能够"切中日用伦常"的人，其在运作公共功能的时候，不仅伴随着"善"，而且表现得自动自发且富有创造性。[①]

【明解】

常人以常识面对祖天之显，自然分判于善恶之间，常常难以把握好其中的分寸。"中庸"在本章的字面解释为"执其两端，用其中于民"。其似乎认为，已经存在两种不同的意见，中庸之道就是在两种不同意见中发现一种中道性的合适意见。这种价值观是扬善的。所谓"执两用中"，说起来好像只是执着两端而用其中，或者每边的意见都理解一点，合理的都选取一点，再取其中间，其实不仅如此，还即中（zhōng）而能中（zhòng），即所谓诚中之意，是诚其中（zhōng）即为中（zhòng）。所以此"中（zhòng）"其实是扬善才能"中（zhòng）"，是偏于善之中（zhòng），这就有点《周易》卦爻辞扶阳抑阴的价值意味在其中了。

如此发扬祖天之善之中，看起来非常平庸、平常，其实非常难以持守中（zhòng）于中（zhōng）的状态，这种状态往往偏于善而不显。此"中（zhòng）"不是简单的两者之中（zhōng），也不是任何一个确定的中点或者地方、状态，而是动态的平衡状态之中（zhòng），想达到这种状态难上加难。中庸境界看起来是如此平常，然而却是祖先接天的无限崇高境界。若能够即祖天之用而显体，显中而扬善，如此诚于祖天之中的意识状态，几乎可谓人间运意的最高境界了。

舜当然是知道祖天之意的圣人，所以说"舜其大知也与"。舜能够即其中（zhōng）而能中（zhòng），所以说他可真是具有大智慧的人。在朝堂上有持左右两边不同意见的大臣，舜帝懂得怎么去问，如何去听。他喜欢向人请教问题，又善于体察分析身边人话语的含义，善于琢磨言语，能听懂身边

[①] 参见温海明、路则权：《安乐哲比较儒学哲学关键词》，华夏出版社，2021年，第273—274页。

人话语后面的真实含义。他善于掩饰化解别人的恶言恶行，不去说他人的缺点，总是表扬别人的嘉言善行。这说明舜帝能够掌握过与不及两端的意见，并用中庸之道来治理百姓。舜之为舜是因为他具备祖天之意的极致智慧，接近自证分，即明白意识自觉的状态，把隐藏的潜意识与显意识相打通，进入心物感通的状态。极而言之，舜不仅能够时刻自觉进入自己当下意识背后的潜意识深处，还能够让自己的潜意识即刻通达阴阳变化无穷的中道。进入和维持阴阳不测的中道意识状态才是舜帝极致高明的意识状态。

【明意】

舜的大智慧在于其意念之发无不诚于祖天之意之中，皆代表着祖天意识的临在状态。舜善于领会他人言语的意境，有领悟话外之音、知其含义的大智慧，所以成为祖先的典型代表。后代需要发扬祖先的伟大智慧，让祖先的先天之善得以在后天实化并显现出来，让人们在日常生活当中见识到祖先的善德，并能够被先人的智慧和努力所感动，让人们见证祖天大道之妙不可言。

祖天的显化一般来说都太过日常，反而不为人知。祖天的意念因用显体，自后人的日常人伦之用而显现祖天大道的母体。后人在运用并研习祖天大道的过程当中彰显和操练祖天大道，似远实近。

舜能够明白领会身边人和人民的心意，他的意识顺着人们的心意念头去明白领会其中的真意。他之所以能够做到这一点，是因为他的心意发动都诚于中道，能够让自己的心念都顺从天地自然之中道来治理天下，从而让百姓能够顺从其天地自然之意的本然状态，自然而然地生活在中道之中。

人的心念发动即有善恶，有智慧的人如舜，通达祖天之中道，能够时刻自觉既往祖先之心思意念，并能区分善恶，主动发扬祖天的善心善行。这就是诚于祖天之意之中，化解阴阳运化的力量，找到和谐的中道。"时中"是要中（zhòng）于未发的形而上的中道，时刻从后天返回先天，从已发返回未发，从用返体。

第六章　明两用中

《中庸》既是修身之书，也是王道之书。诚中之意不仅应是君子的心意状态，更应是领导人的心意状态，如《论语·为政》所言："居其所而众星共之。"一个领导人的心念诚于天地之中，其实就是通于先天的祖天之意，顺从天地之阴阳，不偏离天地自然之意的中正之道。诚于祖天之中的意识虽然看起来是一种心意的极致状态，但如果只在日常生活当中（后天）时刻感通祖天，那么就不过是一种在日常生活当中的修身境界而已。

舜帝的顶级智慧，如果从佛学"后得智"的角度解释，其实是一种对无中有分别的契机意识。换言之，未发之中已经包含着已发，有一种时刻要实化的潜能。这种潜意识保持着一种时刻要喷发的潜力、要实化为显意识的倾向，好像由潜在的"域"要时刻变化成为焦点之"点"。这也是意识时刻"点化"的过程——意识的聚焦过程，是从无分别的全体转化成某个具体的焦点，带着意识在时空中的分化、具体化、对象化的过程。

第七章　择中守常

子曰："人皆曰：'予知（zhì）。'驱而纳诸罟（gǔ）攫（huò）陷阱之中，而莫之知辟（bì）也。人皆曰：'予知。'择乎中庸，而不能期（jī）月守也。"

【明译】

孔子说："人们都说：'我很聪明。'可是当他们如鸟兽一般被驱使而陷入罗网陷阱之中的时候，却不知道要躲避。人们都说：'我很聪明。'可是当他们选择了诚中之意的中庸之道之后，却连一个月都不能坚持下来。"

【明注】

"予"是"我"。"知"同"智"。一般人以为自己知道祖天之意，甚至以为自己已经开悟，但其实不要说对于祖天不理解，即使对于眼前切近的危险，也都没有反思和自觉的能力，那么又怎么能说自己有自觉的智慧和相应的意识能量呢？理解祖天之意难乎其难，其不是靠先知先觉，而是需要先明了中道，之后才可能有智慧。可是，通常人们自以为明了中道，其实对这种中道状态并没有把握。对于潜意识和显意识融通的状态，一般人只是偶尔明白而已，不可能长久地持守于其中。

"纳"是"纳入""落入"。关于祖天之意的陷阱就是把祖先视为人格神

第七章　择中守常

来理解，这就过度拔高了祖先的神性。如果过度世俗化、实体化地理解祖天，就不是中道。"罟"是捉鸟捕兽的网，"攫"是装有机关的捕兽木笼。对有形的人格神的信仰，就好像思想进入了牢笼。"辟"同"避"，避开、躲避、逃避。无知之人为嗜欲所驱使，而不知道及时躲避灾祸，或者陷入有形信仰（除了人格神，也包括信仰科学或其他绝对世俗性的对象性意识）的窠臼，这些都是本应避开，但一般人却几乎没有能力避开的事情。在英译中，与 escape 相比，avoid 更侧重有意识地躲避危险的事物或情况，这里"辟"不是逃跑，理解为 avoid 较合理，说明主体在困境发生之前就能够感通，对于危险的到来具有先觉意识去避免（avoid）有形的陷阱，而不是等到危险来临才赶紧逃跑（escape）。

持守祖天之意实在太难。"期月"指一整月。"守"的译文 sustain 比 keep 多了一层"延续"或"延伸"的意涵，即"守"中庸并不是静态地保持一种既有的状态，还须持续不断地进行持守祖天之意的修炼。"择"是主动选择，是统率本性而主动选择去修为祖天大道的意思。"择"的英译一般是 choose，强调主动选择，对象性强，有找到之后的意味；但辜鸿铭译为 sought（探寻、探索），强调在迷茫当中追寻的动作状态，而不是追寻的对象，可以理解为找的过程，而不强调找的结果。人们选择中庸之道，虽然目前仍未做到，难以持守，但可以心向往之，努力守护以应对险境。"择"是人的主动选择，"诚中"也是一种主动的、有意识的选择。可见，诚中之道即"诚中"之"择"，可理解为意识真诚至极，在有意选择的过程当中不断生成的动态意识结构。

辜鸿铭认为，上一章已经说明社会道德秩序的混乱是人们缺乏智慧导致，这一章便具体解释缺乏智慧如何表现。他用 deadlock 代指陷阱，认为人们常说的"予知"是 the half intellect of so-called wise men（自认为自己有知，其实只是半知），所以这种知不是真正的智慧，顶多不过是自以为是的小聪明。人面临困境时第一反应通常是逃跑，但这种 so-called wise men（所谓聪明的人）反而容易被诱惑（tempted），可能使自己陷入更危险的境地。摆脱

107

中庸明意

困境的办法不是寻求改变外在环境，如 legislation（立法），taxation（税制）等，而是修养自身，端正自己对己身和困境的态度，这样才能在适当时机跳出陷阱。正是在这个意义上，辜鸿铭强调的是 moral reform（道德改变），即对个人性情、道德、判断的调治。至于在个人修行和提升中庸品德的问题上，努力认识并达到真我是否就足以抗拒人世的陷阱，这当然见仁见智，不过这体现了《中庸》自修和内省的维度。这种说法就将"辟""守"的功夫主要放到个体修养上，认为只要个体能够找到"真我"，便是祖天之意的显化，即祖先的血脉传系，以此为基础，只要提升自己在道德人格上的中庸之道的修养状态，就可以逐渐摆脱身处的困境。简单而言，坚守诚中之意是应对艰难时世的努力，在有意识地主动选择的基础之上，要不断保持下去，实现外物与个体的适中、和谐状态。

【明解】

我们的人生都是意念选择的过程，我们意念选择的底色是祖天之意。意念不是纯粹从虚无当中诞生的，所以不可陷入虚无主义的理解，而要意识到，人的意念时刻以祖天之意为背景和情境(context)，时刻依从祖天之意而依境而生（contextual creativity）。

意念在选择的过程当中不断实化。意念对生发的境域的体认和保养，需要自为的感知和感通。孔子说人人都认为自己很聪明，以为能够明道，其实看不清前进的路；自以为明智，其实盲目不明，因为不是因明而有智慧。所以，一旦被驱使而陷入罗网陷阱中，便会不知道如何做正确的选择，因为听不清、看不明，当然也就想不明白。可见，智慧其实是要超越个人当下有限认知，甚至需要超出受时空所限而发挥出来的有限能力，才能领悟和感通的意识明白状态。因为常俗之人虽然都睁着眼睛，却看不明白，虽然都用耳朵听，却听不清楚，所以并没有真正的、诚于变动不居的中道之智慧。

人陷入有形的信仰就容易盲目执着，好像捕兽的时候，人们挖一个陷阱，上面盖着东西，野兽踩到，立马就掉下去。或者说用罗网捕鸟，里面放

第七章　择中守常

鸟爱吃的东西，鸟进到罗网下面的时候，人一拉机关，鸟就被罗网罩住了。虽然这样的"罟擭陷阱"听起来不难理解，但即使聪明人看到的时候也不见得知道躲避，很可能就奋不顾身地跳下去了。普通人盲目信仰，好像鸟兽被驱使一般陷入罗网陷阱，即使马上就可能有生命危险，也不知道要躲避。一般人沉沦在日常生活里，在与物打交道的过程当中，把自我消解成为物的一部分，从而失去自身的主体意识，放弃了自我意识，既然如此，也就不可能建立祖天意识。

人们都说自己很聪明，可是当他们选择了中庸之道之后，却连一个月都不能坚持下来，即"而不能期月守也"。比如人们知道《中庸》的天人合一境界很高，值得好好去学习体会，琢磨实践。可是大多数人转眼就忘掉了，很快又回到日常生活当中，似乎又变得对中庸之道茫然无知，可见天人合一其实很难达到。而且要每时每刻都达到，几乎不可能。大部分人都不能"期月守也"，很难坚持下去。换言之，人心可以偶尔明道，忽明忽暗，但都难以持守祖天之意。

【明意】

明了祖天之意就是要明了意明之境，明了意识生成和涌动的境域性力量。祖先和天地都是当下意识生发的情境。因"明"方能"择"，不"明"则难以"择"。只有明了，才有主动选择的可能。不明祖天之意，就选择不了。

祖天之意生生不息而有大力。人被世间诸多偏离诚中之意的外力，如自然力、自然灾害、缘分、无明的力量，他人的心意之力（包括他人伤害自己的心意之力）与时势的力量（时势叠加的心意、矢量的合力）影响，容易偏离自己的本然之道，导致在即将面对巨大的陷阱和危险的时候，很多人没有足够的意识力去自我觉知，不知道主动规避。当下的意识都是本乎祖天之意的，自己的意识有力，则不为外力所影响。可见，持守祖天之意的意识境遇需要强大的自持力。

即使有些人有自知之明，能够领悟到诚中之意的中道状态，也常难以做到长久坚持自己的意念在诚中之境中。因为让自己的心意状态每时每刻，而且长期保持诚于祖天之中的纯粹意识状态，是要保持在一种极度空灵、时刻空有转换的极致纯粹的意识状态，此种接通祖天的意识虚而实之，实而虚之，若有若无，所以要想纯粹地持守祖天之意，会觉得实在太难。这就是为什么孔子表扬颜回"三月不违仁"（《论语·雍也》）。对一般学生来说，"仁"境何其虚无缥缈，最多只在日月之间，倏然有所感悟而已，既难深刻领悟，更难长久保持，自然也就觉得无法持守，甚至认为那种境界转瞬即逝，不知所终，神秘无义。可是颜回却非常纯粹地笃信老师，死守善道，只要进去之后，就轻易不离开那种境界，而且乐在其中，长期持守。由此可见，颜回不仅有着特殊的、超凡绝俗的悟性，而且有强大到无与伦比的意识自持力。

人有通于祖天的意识，才能明白自己与祖先之"间"的时空能量。明了此"间"，才有通达天地的智慧。所以有一点智慧，未必是真正的聪明，但人往往因为自以为是的小聪明，而败坏了事情的发展。因为心意自以为聪明而有盲点，看不到盲点而盲目地行动，可能自投罗网而败坏事情，因此一个人一直以为自己够聪明，其实反而是不明的。人往往希望通过某些方式超越自己的本性去达成自己主观想象的目标，其结果却变得盲目而狂妄，最后改变了自己原先前进的正常路径。由此可见，持守祖天之意并抗拒外在干扰力量十分艰难。总之，明祖天之意才能明祖天之道，明祖天之道才能明白自己前面的、通往未来的道路，才有通达的眼光，才能看到陷阱，而这都离不开诚于祖天之中的意识，即诚于祖天意识真诚纯真到极致的状态，进而在当下意识当中，让祖天彰显的人生道路明白起来，从此人生变得通达而且豁然。

第八章　择善固执

子曰："回之为人也：择乎中庸，得一善，则拳拳服膺而弗失之矣。"

【明译】

孔子说："颜回的为人处世是这样的：他选择（诚中之意的）中庸之道，每当体会到它的好处，就牢牢地把诚中之意的中道铭记在心，衷心信服而再也不让它失去。"

【明注】

能抓住的是祖天之善，不是当下有用的效果之善。理雅各、辜鸿铭、陈荣捷都把"善"译为 good，而安乐哲译成 worthwhile（有价值的、值得的）。good 强调客观的善，worthwhile 强调本乎祖天之善，也就是对主体来说更有价值的。

"拳拳服膺"是"牢牢地放在心上"。"拳拳"是"奉持、牢握不舍"之状，引申为"恳切"。"服"是"服从、顺从"，一解为"著、放置"。"膺"是胸口，指"内心之意坚持体会、领悟祖天之意，时刻守护而不离开"。"服膺而弗失之"的"之"多理解为"一善"，但并不如理解为"中庸"之道贴切。

中庸明意

【明解】

本章可解为人一旦领悟祖天之意，就要每时每刻都牢牢抓住，不可放弃。悟祖天大道是一种天选的通透感，觉得自己跟大道相通，与道共在。悟道是人意对天意的解悟。一旦领悟潜意识与显意识的融通状态，就非常享受这种特殊的意识状态，沉浸其中，不可自拔，也不愿自拔。这就是悟道的极度兴奋感，正如阳明"龙场悟道"改变了他一生的意识方向。

颜回的为人处世是"择乎中庸"，即主动选择中庸之道；"得一善"，应当体会它的，即中庸之道的好处；"则拳拳服膺"，就牢牢地把中庸之道铭记在心；"而弗失之矣"，终生信服，而且再也不让祖天之意失去。孔子意在强调众人当向他的学生颜回学习，颜回理解了道以后就不会忘掉，每时每刻都贯穿在自己的生活当中；体会到了善的好处后就时时刻刻受持，不让它失去。

【明意】

人意接通祖天之意，就是接通天道，需要真诚至极才有可能。本章可谓"诚"的发端处。《论语》中讲到颜回领悟了孔子的仁人之意，而且能够长期坚持，但其他学生都没法达到他的境界。这里从诚中之意的角度解释了颜回能够坚持的原因在于颜回能够领略诚中之意的境界，而且自得其乐，自觉受益于它，信服而且享受诚中之意，不让自己的心意偏离诚中之意。

"为人"是讲颜回持念和行事的境界，即总是能够体悟到诚中之意的境界。在此中道境界中，意念实化为行动的力量，顺应天地自然之力而行。心意顺从自然之意的中道，就如行云流水，心念发动皆顺天地阴阳之力，如阳明所谓"良知即是易"，诚于天地之中，明于天地万化的良知之中，即天良之知之中，则有一种无往不在天地之中，顺应自然的畅快之乐，所以乐在其中，而且享受它。这是领悟天道自然之意的中道之后的主动选择，是择善固执的选择。

第九章　蹈刃难中

子曰："天下国家可均也，爵禄可辞也，白刃可蹈（dǎo）①也，中庸不可能也。"

【明译】

孔子说："可以把天下国家治理得井井有条，可以辞去丰厚的爵位和俸禄，敢于踩踏着锋利的刀刃而过，但是诚中之意的中庸境界人们却几乎没法达到。"

【明注】

"均"即"平"，指治理。"爵"是爵职、爵位。"禄"是官吏的薪俸。"辞"是放弃。"蹈"是踩踏、践履。时刻觉察潜意识转化为显意识的状态，对于即使有很大成就和能力的人来说，也几乎是不可能做到的事情。"中庸"不仅难而且"独"，"独"到无二，与物无对，进入非对象化的境域，而且有一种"独"立不惧的"独"义，这是一种非同寻常的气度和精神力量。中庸是对"不睹不闻"之存在的察知，也是反抗世俗性的沉沦，与"不睹不闻"的存在融会贯通的、非对象化的自觉。

---

① 傅佩荣注音四声，见傅佩荣：《傅佩荣译解大学中庸》，东方出版社，2012年，第67页。

中庸明意

【明解】

　　中于庸常不是靠力量和体力，而是靠心意诚于祖天之意。本章说白刃可蹈，中庸难得。要做到"中"于祖天日常之"庸"实在是太难了。诚于祖天之意难乎其难，比治国理政难太多了。正是在这个意义上，孔子说中庸的境界太高太难，一般人几乎没法达到。但中庸的境界也不是绝对不可能达到，如果绝对不能达到，那中庸之道就传不下来。如果没有传下来，后人怎么得道？说明还是传了，只是难度很大。

　　把天下国家治理得井井有条当然很难，但领悟祖天之意之难更有过之；一个人可以失去丰厚的爵位和俸禄，虽然这也很难接受，但尚有做到的可能性；甚至"白刃可蹈也"，即有人可能敢于踩踏着锋利的刀刃而过，这已经是冒险到极点，算奋不顾身了，可是即使能够做到这三者的人，也未必能够达到中庸的境界。所以孔子说"中庸不可能也"，就是即使做到这些的人，也还是没有达到中庸的境界。可见，中庸的境界是人们极难达到的。换言之，通达诚于祖天之意的中道境界，几乎成为不可能的事情。

　　中庸境界实在太高太难。其难在于，在这种境界当中，人的意识时刻都应该中（zhòng）于天道之中（zhōng）。[①] 这种"中"既是自己把握、自我体会的，又是自我达到与天地齐同的高妙境界以后，自己努力去修持和控制的。所以这种境界，是自我体会、自我选择、自我控制的，是意识通贯于天地的境界。

【明意】

　　治理天下井井有条是推行王道至于极致的境界，也是仁人志士推致自己仁人之意于天下的极致境界。放弃爵位和俸禄是常人可放弃外在功利的最高境界，而上刀山下火海可谓是一个人把勇气发挥到极致了。应该说，这三者

[①] 人心意的存在就是感觉好像自己成为某种天道力量的工具一般，写作或创作的时候，觉得自己好像被放空了，有一种力量借着我的手在创作。

第九章 蹈刃难中

都是极难达到、高明至极的境界，但本章的意思是，这些都还不能说已经达到了诚中之意的境界。

诚中之意的中庸境界之所以如此高不可攀，是因为意念发动要诚于中道的境界高深莫测，难以企及。心意时刻诚于天地自然之意的中道，是极其困难的高明境界，也是超过历代圣贤和勇士所能达到的境界。这种境界是如此高明强悍，以至于它超越世间想象力可能想得到的勇力与强悍的边界。这种境界不是外在超越性勇力展示出来的外境，而是内在的、诚中的精神力量。当下的精神意识因其能够诚于祖天之中，才会犹如聚光灯一般耀眼。祖天的意念实化出来，才可能无坚不摧。

所以下一章要讲什么才是真正的强，不是外在超越性的强力体现出来的强悍，甚至不仅是精神和意志力的柔韧和坚强，而是精神收摄内守而凝聚，不断积累的内在精神力量之强，是精神能够诚中、专注而达到无坚不摧的强。

第十章　诚中则强

子路问强。子曰:"南方之强与?北方之强与?抑而强与?宽柔以教,不报无道,南方之强也,君子居之。衽(rèn)①金革,死而不厌,北方之强也,而强者居之。故君子和而不流,强哉矫!中立而不倚,强哉矫!国有道,不变塞(sè)焉,强哉矫!国无道,至死不变,强哉矫!"

【明译】

子路问怎样才算(明意而)刚强。孔子说:"你问的是南方人的(明意而)刚强呢,北方人的(明意而)刚强呢,还是你自己认为应该做到的刚强呢?采取宽厚柔和的教化方式,不去报复对我蛮横无理的人,这是南方人的(明意而)刚强,(有善德的)君子应该具有这种强。用兵器甲胄当卧席,即使战死也不畏惧,这是北方人的(明意而)刚强,勇武强悍的人就(暂时)具有这种强。所以,(真正的)君子要做到的是:意念平易谦和但不随波逐流,这才是真正的(明意而)刚强啊!意念坚守中道而不偏不倚,这才是真正的(明意而)刚强啊!国家政治清明时不改变困窘时充实于心的诚中之意,这才是真正的(明意而)刚强啊!国家政治黑暗时仍然坚持困窘时的操守气节,而且宁死不改,这才是真正的(明意而)刚强啊!"②

---

① 傅佩荣注音二声,见傅佩荣:《傅佩荣译解大学中庸》,东方出版社,2012年,第69页。
② 南北结合的意思。

第十章　诚中则强

【明注】

　　这种"独"立不惧的精神力量无比强大，本章借助孔子弟子子路的气度和对话来表达，说明最高明的精神力量能够时刻自觉进行潜意识和显意识之间的融通与转化，这种自觉力表现为精神性的强悍。子路名仲由，孔子学生。子路好勇，志气刚强，所以向老师孔子请教什么是刚强非常合理。

　　"抑"是选择性连词，意为"还是"。"而"是代词，代"你"。"与"是疑问语气词。"报"是报复。"居"是"处"。"衽"是卧席，此处用为动词。"金"指铁制的兵器。"革"指皮革制成的甲盾。"死而不厌"即死而后已。"和而不流"是性情平和又不随波逐流。"矫"是刚强、坚强。"不变塞"的"塞"是充塞、充实的意思，即不改变充塞于我之内在的明意的操守和志向，这里指的是不改变诚中之意，其当下的实化状态，就是不改变那种明白地照亮前进道路的状态。

　　对于两个"君子"，理雅各分别译为 good man（善人）与 superior man（高位、高超、高明的人）。The good man（善人）作为"君子居之"之"君子"与 the forceful（"强者居之"之"强者"）对应，前者善而少勇，后者勇而少智，其"强"都不是孔子所讲的"君子和而不流"之"君子（superior man）的"强"。辜鸿铭分别译为 moral man（有德之人）和 character in an absolute sense（至上之人），显出"君子和而不同"之"君子"比"君子居之"之"君子"更完满，体现出中庸之"强"非南方之强，比南方之强更中节合度。

　　两个"君子"的含义有所区别，孔子共阐释了三种"强"：首先是南方之强，以忍为强，以柔为刚，是强之不及。其次是北方之强，血气刚劲，是强之太过。这里提倡君子的中庸之强，不流、不倚、不变塞，这都是勇的体现，同时又能中、能和，是智与仁的体现。最后，孔子认为真正的强是无过无不及，也是智、仁、勇相辅相成的高明、高强状态，表现得有文化、有气节、有功夫，是由内到外精神力量君临天下的那种真正超越时空的强悍。

不同地域的人有不同的刚强状态，通常来说，南方气候温和，所以南方人的刚强中带着韧性；北方气候酷寒，所以北方人的刚强中带着决绝。"子路问强"的"强"有很多含义，如强横霸道、争强好胜、强壮有力等。不过历代很少再对它进一步做阐释，因为在汉语当中"强"的意思较清楚，似乎没必要再加以准确解释。但在英译当中，一般都将"强"转化为"力"来翻译。理雅各把"强"译成 force（发出来的力量），需要意向性来领会，或者译成 forcefulness（力量、武力、暴力），有对象化的名词意味，理解为促使某方具有效力；还有人译成 strength（力量、势力、优势）或 proper strength（恰到好处的力量）。兼此二者而言之，安乐哲译成 strength，描述力量本身，偏于力的未发状态；而 force 则是发出的，有对象、有目的、有影响的力量，甚至可以说带有意向性，体现出意志力。

【明解】

子路问"强"与其好勇之性格密切相关。孔子讲"智、仁、勇"三达德，其中"勇"不等于"好勇"。勇而有智、勇而有仁之勇才是作为达德的"勇"。以此"勇"去统摄所追求的"强"，才是 proper strength（因时制宜、合理合义的力量）。子路之"好勇"却颇有勇而少智的意味。如孔子跟子路讲"六言六蔽"，其中就有"好勇不好学，其蔽也乱"（《论语·阳货》），所以子路所追求之"强"并不合适（proper）。

基于"抑而强与""君子居之"与"君子和而不流"，我们可以知道，要明中庸之意才能有真正的强。南、北之强当然都不是中庸之强，真正的强其实是意念明白，在黑暗中照亮自己前进的路。祖先开示出临在的道路，顺着祖先的指示去百折不回地奋斗，这才是真正的强。中庸之强是坚守中道的强，也是感悟大道进而顺道之强。唯有气度上真正的强才能转化出生命力的强健。

子路性情鲁莽，勇武好斗，这里借孔子之口，开导他说，"强"有体力的，也有精神的，真正的强不是体力上强，而是心思意志力量强。心意之

第十章　诚中则强

力强体现为：和而不流，柔中带刚，念念诚中，死守善念不改，绝不因情境改变志向和操守，此所谓"三军可夺帅也，匹夫不可夺志也"（《论语·子罕》）。这是思孟学派从内在心思意念之"浩然正气"的角度发挥孔子仁人之意。

这里的刚强以南方北方风土人情之别做基础。南方气候温润，风土人情温柔婉约，刚强表现在忍耐力和韧性上面，犹如韩信能够忍受胯下之辱，不计较一时一地的得失。所以南方人的刚强表现在隐忍和自我控制上，表现在最后的胜利上。而北风刚劲凛冽，所以北方人果决好斗，古代的侠客和武士既有"燕赵悲歌"的慷慨和悲壮，亦有秦腔之吼的粗犷和豁达。可见，同样是争强好胜，南方人和北方人的刚强表现是不一样的，但都离不开对祖天之意的领会。面对祖先，人才能视死如归，才能有"留取丹心照汗青"的气魄表现出来。可见，中国南、北方的水土不同，人民从土地当中涵养和生发的性情也大有区别。其实世界上很多地方都有这样的情况，人民的性情跟气候、土壤等自然条件的状态有关系。

《中庸》为什么要讨论强？因为中庸有在强和弱之间讨论持守的分寸之意。就此而论，如何理解强，对于如何理解中庸的分寸就变得非常重要。现代西方军事经济科技比中国强，所以一百多年来大部分中国人批判传统、抛弃经典，但中国文化与其他弱势文化不同，中国文化有三千年历久弥新的经典系统，这些文化经典对塑造民族思维的潜意识极其关键，其中保留着历久弥新的祖先智慧，是后人心意需要真诚切中的核心所在。这些经典构成了华夏民族的潜意识之强，是柔韧无比、柔中带刚，足以百折不挠的强。此即中国传统文化智慧之"强"。这种强主要表现为韧性和韧劲，是足以对抗一切毁灭性打击的强韧劲力。孔子认为，北方之强只是暂时居之，他更认可南方之强的韧性，认为君子以"宽柔以教，不报无道"的中庸境界对抗强者，才是真正的强。这种强不仅是临死不惧、视死如归的强韧境界，也是儒家文明能够抵抗一切文明冲突和斗争的终极文化依据。

【明意】

　　人在世间之艰难，需要刚强的心态与行动去攻克。心意的强来自对祖先信念的坚强不改，来自对天地无穷力量的信任之强。人们在天地之间生存，时刻都在边缘性的体验当中，心灵如何才能有征服世界的力量？尤其在绝境当中，人们可能意识到自己当下的精神力量，其实来自祖先的意识之力。一旦领悟到这一点，先天性的祖天之意就可以成为人们后天无穷无尽的勇气和灵感之源。

　　此章潜台词是把诚中之意看作强大的精神境界，看作心意极其强悍的意念境界。换言之，明白诚中之意后，才可能具备真正的强。诚中之意的意劲极强，意力也大。强其实是明白地看见前路的强光，是坚强而明白的心意之光，是足以照亮前行的道路的心意能量。孔子把这种非常难以达到的境界加以拆分比较，进而突出心思意念在任何条件下都坚持诚中之意的人的那种强才是真正的强。这是相信自己的仁人之意——忠道和恕道可以感化他人，这是身体无畏地战胜恐惧的强，更是勇力无边、内在意志极其强悍的状态。孔子认为，真正的强是心思意念具有无往不胜的愿力和气魄，即心意坚强但表现平和，自有主张而不人云亦云；意念诚于天地自然之意的中道而不偏离，这都是极难达到的境界，所以才能称之为"强"。心思意念不被政治形势的清明与困窘所干扰，一心一意地推致仁人之意于天下，这是极其难以达到的崇高境界。外在的形势逼人，昏暗无道，众人都已经改换心意，但君子仍然特立独行，坚守自己的诚中之意，顺天之中道而行，绝不改变，这是非常难以达到的强悍心意境界。

　　孔子这里的"强"是意志坚强之强，是意识强光透亮的强，即人的精神意念可以超越具体情境，不为情境所拘束，而保持强悍的自控力和自我指导意志的能力（也可以说自控意志以至于超越之境）——虽千万人吾往矣，推至仁人之意于天下。真正的强是信心之强，是勇气之强。祖先不是他信，不是他者给予力量，不是人格神，而是从自身灵魂深处感悟到的那种力量。

第十章 诚中则强

　　心意之强大既在于坚持意志力之强，也在于心意光亮之强。在极其艰难的处境当中，人应对困境时无所畏惧的心意坚强状态才是真正的强。人的心思意念有超越情境制约的自制之力、反思之力，盛养精神之后，可以表现为无坚不摧的志向，无所不至的意念，所向披靡的胆气和魄力。

第十一章　遵道无悔

子曰："素隐行怪，后世有述焉，吾弗为之矣。君子遵道而行，半途而废，吾弗能已矣。君子依乎中庸，遁世不见知而不悔，唯圣者能之。"

【明译】

孔子说："寻找隐僻的地方沽名钓誉，故意做些怪诞的行为来欺世盗名，即使后世有人来传述他们的事迹，我也绝不会这样做。君子按照诚中之意的中庸之道去行事，但是有些人半途而废，不能坚持下去，而我是绝不会停止的。真正的君子每时每刻都遵循诚中之意的中庸之道，即使在世间隐遁而居，一生默默无闻不为人所知，也不懊悔，这只有内心有圣人之德的人才能做得到。"

【明注】

朱熹据《汉书》改"素"为"索"，导致后人不了解"素"有"素常"之意。"隐"是隐僻；一解为"空隐"，有名无实的，没有目的、没有理由的隐遁、避世而居。"怪"是怪异。"素隐"是故意隐藏、隐匿自身。理雅各把"素隐行怪"理解为生活在昏暗之地（live in obscurity），做的事情令人难以置信，而且带有明显沽名钓誉、欺世盗名的色彩。可见，这种所谓隐士，其实是为了让后世记住自己而故意选择隐居的生活方式。辜鸿铭译作 seek for some abstruse meaning in religion and philosophy（在宗教和哲学中找寻隐僻、

第十一章　遵道无悔

深奥的道理），陈荣捷译成 seek for the abstruse（找寻深奥的存在），后来索隐派基本都用此意。辜鸿铭和陈荣捷都强调对于深奥（abstruse）之事的追求，辜鸿铭则更强调追求哲学与宗教而选择脱离世俗生活，从而使得这种行为在常人看来显得奇怪。但无论是说隐居在哪里，还是做什么不为人知的事情，其实都翻译得太过具体。安乐哲译成 hide themselves away（自己躲藏起来）比较接近故意藏匿自身的意思。"行怪"是主动选择怪异的行为，并激发奇怪的效果。理雅各、陈荣捷的翻译是 practise wonders（实践令人难以置信的事）；辜鸿铭译为 live a life of singularity（过着奇异的生活）；安乐哲译为 practise their esoteric acts（他们践行深奥的行动），强调这种人故意远离世俗而隐居，其行为本身令常人觉得深奥难懂（esoteric）。真正的隐士或者道家意义上的隐士，其离群索居是为潜意识所主导，但主动避世而居实则试图沽名钓誉的人，有过度有意表现出的自己的潜意识主导的一面，这样不去自觉而故意放纵潜意识的意识努力其实并不合适。如果一个人能够自觉潜意识与显意识的交流转化状态，即使不被别人理解也不在乎，这才是圣人的品格。

"圣"是指意识通于祖天而有强大意识之光的人。他因为耳聪目明，所以能够用自己的意识照亮自己和他人前进的道路，开启大众的智慧，并引领大众前进。如果人的心意强悍，则可以自己照亮其生存情境。"依乎中庸"是依从祖天的中道，理雅各译成 accords with the course of the Mean（合乎中道的过程）；辜鸿铭译成 unconsciously，强调无意识的状态，比较妙，有淡然、不为名利所累的意味；陈荣捷译成 live a life in entire harmony with the universal moral order（在普遍的道德规范之下过着和谐的生活）in accord with the Mean（合于中道）；安乐哲译成 focusing on the familiar affairs of the day [中（zhòng）于日常之庸]。祖先是现实的人与天之间的人，当世人的日常生活，其实也是祖天显现的日常。

《中庸》强调的是在人间持意的哲学。一个人心意强悍地行走人间，虽然面对人心险恶，但仍然可能如履平地，自带光辉，所以不需要剑走偏锋，也可以被人理解。这区别于精致利己，不强调个人与情境协同的极端个人主义（radical individualism）。

【明解】

领悟祖天之意，人在世间就可以正道直行；心力接通祖先和天地而变得强大，自然能够照亮前路。心力强大的人，不需要"素隐行怪"，不需要专门寻找隐僻的地方沽名钓誉，故意做一些怪诞行为来欺世盗名。他们不需要通过一些很奇怪的行为去让天下老百姓来传说自己的怪异。即使他们知道，那样做了之后，后世肯定会有人来传述他们的事迹，他们也不期待后世按照自己的奇怪行为去做，这样起不到教化的作用。因为君子每时每刻都按照中庸之道去行事，对自己当下的心意状态保持警醒体察，维持着一种反身观照的意识，能够自得其乐，所以不会像某些人那样半途而废。本章借助孔子表扬自己的学生颜回，说明一个人一旦悟得中庸之道，就要紧紧地把它抓住，绝对不可放弃。因为真正的君子能够在遵循中庸之道的过程当中开心自得，所以即使遁世隐居，一生默默无闻，不为世间的人所知道，也丝毫不会懊悔自己每时每刻的选择和坚守。

乾卦初九《文言》载："子曰：'龙德而隐者也。不易乎世，不成乎名；遁世而无闷，不见是而无闷；乐则行之，忧则违之；确乎其不可拔，潜龙也。'"一个人修行要有龙德，心态刚强，意识明亮，自得其乐，才能够"遁世而无闷"。即使天底下的人都不理解，还是要追随祖天之意而行，这种境界太难，所以"唯圣者能之"，只有修行达到了圣人境界的人才能做到。因此，中庸之道是圣人领悟祖天之意的大道，一般人虽然达不到，但还是应该去理解、体会祖天之意的境界。如果体会到了祖先通于天地的意识境界，就要努力抓住它，不断涵养和理解祖天之意。这个境界如此之高，常人无法理解，以至于即使默默无闻也没有必要后悔，只要能够持

第十一章　遵道无悔

续抓住祖天之意这个修行的正道并终身持守而不失,就已经达到修行的境界。

【明意】

　　君子依从祖天之意,心意通于祖先,不在乎周围的人是否理解自己。持守祖天之意,并不是成为世俗人眼中纯粹道德意义上的正人君子。这与《论语》后半部分孔子关于隐者的立场相通,也与《论语》中孔子不顾一切地推致仁人之意于天下苍生,不在意一般人是否理解自己一脉相承。仁爱他人的境界是《论语》一再强调的主旨,即每时每刻都应该推致仁人之意于天下,不管自己处在什么样的情境下,也无论通达与否,都要坚守自己当下的仁人之意。在《中庸》里,其主旨就是承祖接天之意,即诚于当下仁人之意的中道。①

　　中庸之道的根本是意念时时刻刻推致仁人之意于天下。这样做并不需要刻意引起他人重视,更无须去吸引眼球,因为没有必要。真正的诚中之道考问的是自己的良心与良知,即自己当下一念是否诚中于祖天之意,而且丝毫没有偏离,比如自己即使处在被迫遁世、隐居之类的艰难处境,也不改祖天心意的底色和初衷。屈原的"路漫漫其修远兮,吾将上下而求索",诸葛亮的"鞠躬尽瘁死而后已"都只是外在的描述,并没有明确触及坚守祖天之意念的实质。

　　人的心意随时可以与祖先和天地相连接,这种连接可以超越时间和场域。儒家圣人为了保持诚中之意,即使不被人理解重视,也绝不会半途而废。因为祖天是人之为人的底色,不需要告诉他人,也不需要依靠他人。儒者的命(天命)是自己命定的,是自己对自己接续的祖先天命的领会和展

---

①　于述胜认为:"《中庸》一书主旨,在诚身以致中和。'诚'……即其心纯一也。'中'……乃内德充积、不匮不溢、独立而不倚之状;'和'……乃外行和顺、物我相协、和而不流之状。"参于述胜:《〈中庸〉通解》,社会科学文献出版社,2020年,自序,第3—4页。

开，是自己对自己命定分限的理解。既然已经确定生机念念都以诚于祖天之中之意为中心，就不会去追求外在的虚名幻誉，而要安于诚中之意。此生就如此安住于祖天之中，即使默默无闻也不后悔，因为世俗名利的得失早已不再重要。

第十二章　明意至隐

君子之道费而隐。夫妇之愚，可以与知焉，及其至也，虽圣人亦有所不知焉。夫妇之不肖，可以能行焉，及其至也，虽圣人亦有所不能焉。天地之大也，人犹有所憾。故君子语大，天下莫能载焉；语小，天下莫能破焉。《诗》云："鸢（yuān）飞戾天，鱼跃（yuè）于渊。"言其上下察也。君子之道，造端乎夫妇，及其至也，察乎天地。

【明译】

君子每时每刻都坚守于诚中之意（中庸之道），效用广大而道体精微。像普通夫妇①那样愚钝的人，也可以对诚中之意有所了解；但如果谈到诚中之意的高深和精妙之处，即便圣人也有弄不明白的地方。这就犹如天地如此广大，可是人们仍然无法透彻了解天地的诚中之意。所以，君子说到诚中之意的广大之处，就大得连整个天下都无法承载②；君子说到诚中之意的精微之处，天下没有东西穿透③得了。《诗经·大雅·旱麓》说："苍鹰在九天翱

---

① 虽然"夫妇"有普通男女的意思，但鉴于最后"君子之道，造端乎夫妇"，所以应该从夫妇开始。儒家极其重视夫妇。
② 如孟子的尽心知性知天，即诚中之意通天贯地，所以大过天下，能承载万物。
③ 破：击破，剖析，穿透。诚中之意何等精微，即使极度精密细致，也无法穿透其中无法言明的细微之处，如心与天机完美融会贯通的地方。

翔，鱼儿在深潭腾跃。"这说的就是君子运用他所持守的诚中之意能够洞察并贯彻天上地下一切事物。君子所持守的诚中之意，是从认识一般夫妇的日常相处之道①开始的，若是将诚中之意运用到最高境界，则可以洞察天上地下的奥妙②。

【明注】

祖天之意至为隐晦，"费"是"广大、光明"的意思，理雅各译成 wide and far，强调面积广和距离远，与安乐哲译成 broad（宽阔、广泛）接近；辜鸿铭、陈荣捷、杜维明译为 everywhere，都强调所有地方，程度更高，更绝对。"隐"是"隐微、精微"的意思，理雅各、辜鸿铭译为 secret（秘密、隐秘、奥妙），陈荣捷、杜维明、安乐哲译成 hidden（隐藏、隐秘）。这些译法都有形而下的意味。其实，祖天之意无比广大，如果能够明白祖天之道，就知道祖天的大道其实超越语言、人种、宗教，甚至超越智慧。所以祖天之道并不简单，也不容易被意会。

君子能够领会祖天之意，足够深刻（profound，杜维明），因君子知识渊博、理解深邃（有艰深玄奥的意味）。安乐哲用 proper way 来翻译"道"，表明道是真正的、像样的、合适的，有合理、正确、恰当的意味。"夫妇"是匹夫匹妇，指普通男女。理雅各把"夫妇之愚"译成 common men and women, however ignorant（愚昧无知、无学识），侧重无知的状态。辜鸿铭译成 the simple intelligence of ordinary men and women of the people，侧重没有知识和能力的普通人，simple 和 ordinary 都强调普通人智力低下、愚笨、简单；安乐哲译为 the dullest of ordinary men and women，强调迟钝、愚笨，而且用最高级表述极端，即使最愚笨的人都能觉察之意。

---

① 诚中之意的意念如夫妇之常一样，不能脱离日常生活、日常经验（ordinary experience）。
② "洞察天上地下的奥妙"比"昭著于天地之间"好。孔疏：明察。承接前句，洞察上下。诚于天地之中，则心通阴阳运化之中道，可以时时刻刻调拨阴阳气化的运行，心念的运动就在意会天地阴阳变化的奥妙。

第十二章　明意至隐

夫妇之爱似乎简单，但分寸很难掌握。《中庸》的爱是人一生的功课，教导人们如何从家庭伦理中的夫妇阴阳谐和之爱，推扩到爱国家。只有经历过国仇家恨的爱，才有融贯天下的雄浑意味。而对祖先和天地之大爱，是一个人爱家人、社群和天下的底气，也是博爱苍生的力量的来源。《中庸》和《易传》都以仁爱接续天道，而人对祖天的深情厚谊，其实不可能脱离日常人伦当中的夫妻情爱，因此需要把人间的情感不断增厚（profound），直至可以推致天地，这就是君子心意的修养和道德的厚度。君子从夫妇相处之道反省潜意识与显意识的自觉与转化，意识到不可能脱离日常态（庸）。但这种心意转化回到意之初生的化境，即使圣人也未必明察。君子之道与天地相通，自然与各种文化潜意识兼容。文明之间器物层面的竞争，一时高下莫辨，但终极动源其实在于文明内部的阴阳之爱与互动之力，这不仅是人与人，也是人与世界，甚至不同文明之间沟通对话的基石。

即使最平常的夫妇也能够明白祖天大道的实存，他们都有参与知晓（与知）的契机，但最终能否知晓，关键还在悟性。"与"是动词，有"参与"之意，即人时刻参与祖天之意的开显。辜鸿铭译成 understand something of the moral law，明确"与知"的对象是"君子之道"，但过于偏重道德意味；陈荣捷和杜维明译成 share its knowledge（分享其知识）；安乐哲译成 know something of it（知道它的一些事情）；都不明确，难以传达其中的深意。理雅各把"与知"译成 intermeddle with the knowledge of it（用有关的知识去干预、瞎搞、弄乱），偏重把"知"视作本不应管或不懂的事情，负面意味较浓，这就离开本义较远了。

理雅各、辜鸿铭、陈荣捷和杜维明都把"至"译为 in its utmost reaches，强调程度上的最大或极限，到达祖天大道的极限，与天地协同的化境；而安乐哲译成 in trying to penetrate to its furthest limits（理解和发现难以理解的内容），符合其中含有极其难以理解的意味以至于极致，并强调尝试的动态过程。

即使是不肖子孙也不能脱离祖天之意，否则就对不起祖宗。理雅各把"不肖"译成 below the ordinary standard of character（在品质和性格方面低于普通人的标准）；辜鸿铭译成 the ignoble natures of（卑劣、不诚实、不光彩的本性、天性）；陈荣捷和杜维明都译成 simple intelligence；安乐哲译为 the most unworthy of（在品质上最不值得被称为"人"的那些人）。即使是不肖的子孙后代，其实也体现着祖天之意。但他们因为不能够做到"隐恶扬善"，反而做成了"隐善扬恶"，所以就成为不肖子孙了。

理雅各译"能行"为 carry it into practice（将其付诸实践），接近陈荣捷和杜维明的译法，他们译为 put it into practice，对象是君子之道；辜鸿铭译为 carry out the moral law，强调对象是道德法则；安乐哲译为 travel a distance along it（随着君子之道走远），强调感悟到君子之道并与之偕行的状态。

理雅各、陈荣捷、杜维明译"天地"为 heaven and earth，强调天空和大地之间的世界；辜鸿铭译为 the Universe，强调宇宙间的天地万物；安乐哲译为 the world，不仅包括地球、天下意义上的世界，还意指社会与人生意义上的世界。

"破"是分开，由破解而有分析、剖析祖天之意。祖天之意本是一个混沌，如果不破解，后人便不明。一旦破解了祖天之意，就上下天光，一片生机。所谓"鸢飞戾天，鱼跃于渊"，引自《诗经·大雅·旱麓》。"鸢"是老鹰。"戾"是到达、达至、至于。苍鹰在高空翱翔搏击，鱼儿从深渊当中游跃而出，这是一幅上下天光，一片活泼生机发动的图景，充满生命的力量。诚中之意充满生命的张力和魄力，君子一旦实化了诚中之意，就具有击穿人类理智星空那种宏伟气魄和巨大力量，就具有穿透天地的精神气度以及张扬于天地之间的美妙化境。

"察"是明显、昭著。《周易·序卦传》："有天地然后有万物，有万物然后有男女，有男女然后有夫妇，有夫妇然后有父子，有父子然后有君臣。"人伦之道以夫妇为中心，对夫妇之道的体认和省察，是世界大道的出发点，儒家视之为核心。其实，夫妇之道就是阴阳之道，而世界的大道不过一阴一阳而已，所以天地之大道，都来自对夫妇阴阳之道的理解和把握。祖天之意充盈于天地之间，和谐丰沛至于极致，不离人伦日用常行。"造端"是祖天之意开始于夫妇大伦之意。

第十二章　明意至隐

【明解】

中庸的"诚中"是心意明白的大道，但不是每个人都能觉察体知祖天的大道，都能够达到"明意"的状态。开头"君子之道费而隐。夫妇之愚，可以与知焉"是说，君子所坚守的祖天之道，效用广大而道体精微，像普通夫妇那样愚钝的人也可以对祖天之道有所了解。"及其至也，虽圣人亦有所不知焉"，但如果谈到祖天之道高深且精妙之处，即便圣人也有弄不明白的地方。

祖天何以能深入我们日常生活，让每个人都能够体会得到，这是祖天最精微、最奥妙、最高深的地方，即使是圣人也不见得能够搞明白。"君子之道，造端乎夫妇"是典型的儒家思维。儒家讲阴阳之道、夫妇之道，"及其至也，察乎天地"，君子所持守的祖天之道是从觉悟一般夫妇的日常相处之道开始的，若将祖天之道运用到最高境界，则可以洞察天上地下的奥妙。

当君子的意识之光诚于祖天之意时，就具有丰沛的意能，可如阳光一般照耀天下。"造端乎夫妇"指夫妇日常的生活道理里面就包含了君子之道。日常生活之道常常难明，但"中庸"就是要中（zhòng）于庸常之中（zhōng），即明了日常之意。日常的无意识状态之中含藏着阴阳交融的无限深意，夫妇的阴阳和谐有无穷无尽的创造力量，可以把这种因为祖天之意而有的丰沛意能推广应用到最高远的境界。平时夫妇身体交融的脉动之道，本来就是天道，因为阴阳之间的脉动其实跟天地是融贯而相通的。根基于身体的灵感也是如此，是灵魂借助身体的躯壳在感知世间阴阳的变化，好像艺术家创作时其意识通达阴阳之化一样，那种状态跟天地阴阳之道是融贯的。①

祖天之意无限广博。"夫妇之不肖，可以能行焉，及其至也，虽圣人亦

---

① 张祥龙指出，朱子《中庸章句》居然没有解释这句话，显然不敢肯定夫妇的身体之道与天地阴阳之道的贯通就是中庸的根基的本意。他明确说："朱熹的《中庸章句》，虽然号称是他一生中下了最大功夫的，又是后来影响中国知识分子、中华文明的最重要的一套解说，但是确实没得要领。"参张祥龙：《先秦儒家哲学九讲：从〈春秋〉到荀子》，广西师范大学出版社，2010年，第149—150页。

有所不能焉",天下是如此广大,人们无法透彻地了解天地。所以君子说到中庸之道的广大之处,大得连整个天下都无法承载;说到祖天之道的精微之处,天下没有什么东西能够穿透得了。"天下莫能载焉,天下莫能破焉",祖天之道既广大又精微。所以《诗经·大雅》说"鸢飞戾天,鱼跃于渊",苍鹰在九天翱翔,鱼儿在深潭腾跃。这是祖天之意临在的境界,祖天之意的境界太高,实在没有办法言传。鱼儿在池子里面腾跃,像苍鹰在天上翱翔一样,那种境界是鸟儿鱼儿与天地之道融会贯通的境界,是和谐到极致的境界:鱼在水中悠游自在,鸟儿在深山里面轻松翱翔。鱼儿的日常如水波的纹路一般文明,鸟儿的日常如空气鼓荡一般正常,鱼儿游水、鸟儿翔空,庸常如水,如空气。正是在这个意义上,体悟祖天之意的根本境界当然要回到水和空气当中,意识不过是在水的流动和空气的鼓荡之境中,凸显出来的波浪状态而已。这种意、水、气一体变动的境界,没有办法言说,无法用语言来表达,只能靠自己体会。君子运用他所持守的祖天之道,能够洞察上下一切事物;体会到祖天之道以后,在日常生活当中随时随地都能够体现出来,通于天地。祖天之道因此就毫不简单——一方面,日常生活当中本来就有,但另一方面,又要穿透日常生活去体察其实存。看起来祖天之意不离日常的感通,但其实体悟祖天之意就可以感通天地。

儒家认为,君子之道可以从家庭中体悟出来,家庭不影响人的开悟和理智的提升。这一点与西方文化传统的家庭观有所不同,因为西方人往往把家庭理解为"人间的、世俗的、引起麻烦的,使人上不得真理,下不能过真实生活,会给人生带来很大的困苦"[1]的烦恼之源。近现代以来,中国人"打倒孔家店",对家庭和孝道的摧毁比起西方的个人主义对家庭的忽视来,可谓有过之而无不及。[2] 但是,《中庸》强调,家庭意识不仅是生存的根基,更是哲思的根源,根基如此之坚实,是既打不破也毁不掉的。

---

[1] 张祥龙:《"家"与中华文明》,济南出版社,2022年,第24页。
[2] 参张祥龙:《"家"与中华文明》,济南出版社,2022年,第25页。

第十二章　明意至隐

【明意】

祖天之道的表现要发于人情。情是本体之用，感是根本的感通境域，身体的存在过程，其实就是意识的感通过程。身体本身就是五脏六腑的寄居之所，是天之气息的通道，不通就没有活的身体，也就没有生发的心意，所以意本天意，因为意从天地之日常（水/气）当中来。可是能明日常之气的活力者，反而少之又少，因此很少有人能够听懂天籁之音，明白天良之知，其实它们都是天意通于人身，而显化成为人意的状态。人的心意本体上感通于天地，可以说这种感通是根源性、构成性的，也是日常性、日用性的，看似平常，其实非常难以索解，甚至不易领悟。

因为人与宇宙的感通日常至极，所以领悟日常状态的感天而通，反而需要特别的悟性和开悟的机缘，甚至比坐禅开悟或者其他特定的开悟状态，都要难得多，因为这是无悟之悟，或者悟如无悟。人人都生存在日常之道中，没有人能够离开日常之道而存在。但能够在日常之道中领悟天地之道的境界者却少之又少。而领略了天地之道的境界之后，又能让自己的意念时时刻刻诚于天地之中道的，就更加稀少而难以见到了。

祖天之意就是中庸之道，诚于天地祖先之中的诚中之意，是无中生有、光明朗显的境界。祖天之意非常高妙，于无道之中生有道，于无言之境中言说，所以要体会出来殊为不易，像苍鹰翱翔于天，鱼跃入潭底一样，心意诚中，逍遥游于天地之中，则可以贯通一切。此极度令人费解和隐秘难测的祖天大道，确实可以无所不至。

诚于祖天之中的意识状态有巨大的作用，因为这是坚持心意的最高境界，心通天地，念念接续天机之"中"，但也正因为念念接续天机之"中"[1]（人的心意与天地自然之意沟通如闪电划过黑暗天际，此瞬间为诚中之意的

---

[1] 张祥龙认为《坛经》"念念时中"可理解为"在念念不断中得时中，很微妙，没法再解释了，跟儒家中庸的思想也有相关的地方"，参见张祥龙：《儒家哲学史讲演录：第四卷：儒家心学及其意识依据》，商务印书馆，2019年，第111页。

实化过程），所以极度精微、艰难，甚至不为人所觉察。此种诚于天之中道，与天地自然之"中"共同创生的境界，即使是圣人也不能保证片刻不离开。这就如同灵光开悟的瞬间，好比大自然中闪电划破黑暗，转瞬即逝。如果想要一直保持开悟的诚中状态，让意识一直光明朗显，如如不动，那就好像大自然不可能把闪电状态长久保持一样。人要想保持意识的开悟状态，就不是试图去一直待在无法恢复的闪电状态当中，而其实是要在闪电过后的黑暗当中去力图保持。

儒家是念念诚于祖天之中，领会祖先时刻临在于天时之中。诚中之意的最高境界是诚于天地之中道，祖天之意可以拨动、运化阴阳，但诚中并不离却日常生活，不离开普通百姓、愚夫愚妇每天生活的日常经验，所以这就好比阳光普照万事万物，但却很少有人用心穿透万事万物去体会阳光给予的生命、养料与能量。祖天之意也像阳光一样普照大地，但却只有极少的人有反思性的自明能力。理解心意诚于天地祖先之诚中之意的深沉与博大的力量，就足以应对天地之间的风风雨雨。

中和之情来自对祖先体认的平和状态。李泽厚的情本体安顿于人类实践、日常生活之中，陈来的仁本体安顿于人身，乃至天地万物之中，而不是人的"情"感当中。情是感于外物而有情，因感而有情，所以，情本莫如感本，感本莫如意本，因为无意则不知感，无感则情不能显化。

通天之感只是人意赋予其感通的状态，本体的感通，非意不显，如"子非鱼"，所谓鱼的感通，其实是人意显之。意本如水，如空气，生死一意，死生一体，死后归于天地。祖天有意，《中庸》彰显之，此道当然毫不远人。人人都可以通于祖先，比通于鱼要容易领会得多。

与基督教信仰相比，诚中之意诚于天地自然之中的那种鱼翔浅底的美妙境界，因为其非对象化的状态，反而需要借助对象化的比喻来帮助理解，比如：

> 那心灵就在极乐中畅游，就像一条鱼在水中一样；由于在神的赠品

中的极乐畅游,由于那充满爱意心灵的极乐的动荡热度,心灵的最内在之处在激烈和博爱中燃烧。①

这种境界,无疑是超越言语的:

> 所有的言语,一个人能以被造者的方式来学会和理解的东西,都远离和远低于我要说的这种真理。然而,那与神合一的人、在这真理中被照亮的人,即能够凭借(这真理)自身来理解这真理。……无须中介或任何会造成阻碍或间隔的它者。……隐藏者的真理在那里是无中介地被泄露出来的。②

诚中之意是不需要言语的,只是我们没得可选,只能借用言语来表达这种极致的边缘感,说明这种无法言说而又必须言说的困境;只能借助第三者的比喻或者隐喻的方式来说明这种无须中介而自然呈现的状态。

---

① 吕斯布鲁克著,张祥龙译:《精神的婚恋》,商务印书馆,2018年,第76页。
② 吕斯布鲁克著,张祥龙译:《精神的婚恋》,商务印书馆,2018年,第157页。

第十三章　行道忠恕

子曰："道不远人。人之为道而远人，不可以为道。《诗》云：'伐柯伐柯，其则不远。'执柯以伐柯，睨（nì）而视之，犹以为远。故君子以人治人，改而止。忠恕违道不远，施诸己而不愿，亦勿施于人。君子之道四，丘未能一焉：所求乎子以事父，未能也；所求乎臣以事君，未能也；所求乎弟以事兄，未能也；所求乎朋友先施之，未能也。庸德之行，庸言之谨。有所不足，不敢不勉；有余不敢尽。言顾行，行顾言，君子胡不慥（zào）慥尔？

【明译】

孔子说："祖天之道是不会远离人的。如果有人追求诚中之意，其道却日益与人远离，那他所追求的就已经偏离诚中之意了。《诗经·豳风·伐柯》说：'砍削斧柄，砍削斧柄，斧柄的式样就在眼前。'握着斧柄砍削树木来做斧柄，但如果你斜眼草草一看，还是会发现要做成的斧柄和手里的斧柄两者相差甚远。所以，君子总是根据做人的道理来治理众人，只要他们能改正错误修行诚中之意就不继续苛求他们了。[①]一个人做到尽心尽力的忠与推己及人的恕，那就离诚中之意的大道不远了。凡是不愿意被加于自己身上的事，

[①] 不是停下了，是不继续苛求了。如此境界连孔子都做不到。

第十三章　行道忠恕

就不要强行施加在别人身上。君子的道有四方面，我孔丘连其中的一方面也没有能够做到：用我所要求儿子侍奉父亲的标准来孝顺父亲，我没有能够做到；用我所要求臣子侍奉君王的标准来侍奉国君，我没有能够做到；用我所要求弟弟恭敬兄长的标准来敬重兄长，我没有能够做到；用我所要求朋友对待朋友的标准来诚信待友，我没有能够做到。平常的德行就要努力践行，平常的言语就要谨慎出口。德行的实践如果有做得不够的地方，不敢不勉励自己继续践行；如果已经做得从容有余，也不敢不尽力而为；言语要符合自己的行为，行为要符合自己的言语，这样的君子怎么会不忠厚诚实、言行相应合一呢？①

【明注】

接续前章，"道不远人"是指天地之道，如空气和水，当然不可能离开人。人在道中，自然得道，如何远得了？不过，中庸之道的境界这么高，很多人觉得高不可攀，好像很远。但是，道无论如何高深莫测，都不可能离开人，也就是"道—人"一体，而意识到"道—人"一体，其实就是诚中之意。

"道不远人"说明道不是对象化的存在，不是人依从和信仰的对象。道不是上帝，不是外在的人格神。道不给出恩典，人不靠任何人格神主动给出的恩典而生，也不靠外在的道来生起信心。道不是外在的、上帝那样对象化的他者。人不是领会道的旨意，需要听从道的命令而改变、修养自己的心意，而是"睨"视着身上的道就可以自觉、自修、自我改变，于当下就解悟道。

"道"是祖天之道，祖天之道是祖先当下临在的道，当然不会远离人的存在。祖天的大道不远离当下的人，因为祖先就在我们身边，要从我们的意

---

① 言行相应之道必须落到实处。参孔疏："言顾行"者，使言不过行，恒顾视于行。"行顾言"者，使行副于言，谓恒顾视于言也。"君子胡不慥慥尔"，"慥慥，守实言行相应之貌"。胡，犹何也。既顾言行相副，君子何得不慥慥然守实言行相应之道也。

识当中确认并推衍出去。可见，祖先是典型的"因意而在"的存在。理雅各把"道"译成 path（路径、道路、小径）/ course（过程、进程、所经之道路、航线，总方向、行动、处理方式）/ consciousness（清醒的知觉、觉察、感觉、意识、观念、看法），可见"道"有丰富内涵；陈荣捷译为 way（方式、方法），安乐哲译为 proper way，强调价值意味；辜鸿铭译成 moral law（道德规律）。其实，无论哪一种译法，都具有对象化的、描述性的意味，很难传递"不远人"的那种"亲亲"意义上的、非对象化的、人在道中游，时刻不能离开道的美妙意境。

"伐柯伐柯，其则不远"引自《诗经·豳风·伐柯》，"柯"是斧柄，"伐柯"是砍削斧柄。"则"是法则、标准，指斧柄的式样。在亲缘关系当中，亲人之间的互动，不需要借助任何外在的模型，不需要诉诸柏拉图意义上的"理念"，不存在一个所谓的"斧柄"的原型之"相"或"形式"，一切都是在人与人的互动当中生成和流动的，是在人与人交流的言语与行动当中展开和达成的。在亲情互动当中，人的身体是延展的，是宽松的，是铺陈开来的，是打开的，是绽放的，是阴阳互生互成的。

"睨"是斜视。我们斜视就能看到祖先（的牌位），祖先既是牌位，也因牌位而成为从过去延伸向未来的存在。斜视与直接观察相对，也就是与"直观""直觉"相对。如果是斜视，带着主观的成见，就不可能进入直观的、非对象化的、主客合一的、人与道不分的状态当中去。现象学的"面对事物本身"或者牟宗三的"智的直觉"在这里都别有兴味。做出来的、作为他者的斧柄，与手上握着的、近处的斧柄，看起来似乎差距不小，这就好比修身之道、率性之道、成事之道，好像他者在远方，不知道在哪里，其实它们都要从对自身的体悟和观察出发。参孔疏："柯柄长短，其法不远也，但执柯睨而视之，犹以为远。言欲行其道于人，其法亦不远，但近取法于身，何异持柯以伐柯？人犹以为远，明为道之法亦不可以远。即所不原于上，无以交于下；所不原于下，无以事上。况是在身外，于他人之处，欲以为道，何可得乎？明行道在于身而求道也。"这是强调在自己近处的身上去体悟道的存

第十三章 行道忠恕

在。道不是外在的他者，不在远方。道就在近处，就在当下，就在身上，上身而无知无觉，所以悟道就是对本来已经在身上的道有觉知，有领会。

祖先似远非远。理雅各对"远"有两种翻译，即由看起来"远（far off）"到看起来"分隔（apart）"，强调"斜视（askance）"产生了影响。安乐哲译"睨"为 never looks directly（从不正眼看），隐含直接注视就不会远的意思，跟其理解"中（zhòng）"为 focusing 一致。辜鸿铭译成 glance（一瞥、看一眼），强调看起来二者是分割的。斜视我们自己的意识状态可以发现，潜意识和显意识之间的转化之道，都不可能离开人。"道"是人之为人的潜意识，是人走的路，也是人在世界继续前行的背景，人永远在行道的过程之中，人与道本然一体。在境域上，道与人都是不断生成与变化的，是人把自己存在的意识分离出一种见分和相分的视角。如果人的意识（认识事物之能力）之能缘作用、心识（意）之认识活动是见分，那么道就具有了相分的意味，人对道的认识也是对意识之中显现的事物的认识，人道一体的意识就有自证分意味。对道的解悟只能是自证的，而不能是他证的，需要心识自体有能力且有机缘去证知并省察证得自身道性之实存，而且内在的道性可以通达天下万物之道，且自证自己有认识能力（道性），可以贯通天下之道。

可见，证道也就是证内外道之不分。如果意志的能动作用（自由意志）能够根据不同境遇做出合乎大道的选择，这就是行于中道，也就证成了"道不远人"，所以需要体证去揭示人道一体的存在状态。可见，证成"道不远人"的哲理性理解，就是证自证分。在人道一体的境界当中，人的道性帮助自己证知自身内在之道性与所证成之大道都是真实而不虚的，这就是证自证分意义上的证实内外大道之无分无别。证自证分是对自证分加以证知，自证分证知"道不远人"，证自证分即证知自证分所证"道不远人"有合理性。如果自证分是一个证成道不远人意识的开悟瞬间，那么证自证分就是一个证成道不远人的生成和存在过程，二者是瞬间与过程、焦点与场域式的互缘互证关系。如果要教会他人领悟自证分意义上的诚——"道不远人"犹如诚体，首先需要自证，要有瞬间领悟的机缘，之后才能引导他人证诚，这就需要以开悟诚体的过程来带动开悟诚体的瞬间,即以过程之诚来证成瞬间之诚。①

"治"人需要转换视角,也需要集中注意力,即集中意能,因为治人是在人间改换阴阳的努力。理雅各用 govern 来阐释"治",突出君主统治民众的居高临下意味。陈荣捷译成 governs men as men, in accordance with human nature(依从众人本性去治理),去掉了居高临下的意味。安乐哲译成 mold,强调君子是使众人成型(君子)的教化者;用 person 译"人"则避免了 men 的性别含义。辜鸿铭译"治"为 deal with,削平了君子与众人间的距离,君子治理众人成为有道德者处理其与众人的关系;把"人"译为 common human nature(人的自然本性)。"以人治人"的第一个"人",可以理解为"人道",即做人的道理,就是中道,即切中于日常之道。所谓平常的人之为人的基本道理,也就是离忠恕之道不远的、平常人做人做事的基本道理,不以好人、完美的君子为外在的标准,所以本书不同意如傅佩荣认为"人"是以好人为式样的观点。当然,解释为"人道"看起来是把标准降低了,但做人的道理确实是有标准的,并非没有标准,但不是标签化的"好",而是合于人道的、合理的大道。这种人之为人的道理就是基本的人情,即人基于共通人性基础上的基本人情都是可以相通的。君子对人与人之间的基本相通的人情世故有所了解,所以可以用来治理普通民众。换言之,君子是通人(通达人情世故之人),可以通于他人,即在治国理政当中把握普通人民的基本情感,使之各得其宜。儒家政治的基础是儒家伦理,而儒家伦理的基础是人与人共通的人道,即仁爱他人之道。

祖天改变自己,我们改变他人。理雅各译"改"为 change,不如安乐哲

---

① 谭宇权认为《中庸》的诚道、诚体有几个特点:一是一种纯粹主观性的本体;二是既是形成万物的本体,也是万事的本体,因此《中庸》的世界是一个认为的道德形上世界,而非客观的自然世界;三是作者靠主观来论断"诚"的作用,而非由客观来分析其功能;四是"诚"是万物的源头,也是一切的法则,这种理念是西方思想家从来没有的。参谭宇权:《中庸哲学研究》,文津出版社,1995年,第249—250页。

将"改"译成 improve，这样便将"改"的翻译具体化为"提升"，强调人可以日新其德，避免了 change 的机械性，增加了价值感。辜鸿铭译为 changes the manner of their lives（改变人的生活方式），强调中庸之道内禀于人心，要从人的内在本性出发去处理人际关系，并据此强调儒家的道德意味。

"忠恕"即祖天大道，离人不远，应切近己身，应切己用中，推己及人。理雅各译"忠"为 cultivates to the utmost the principles of his nature（最大限度地培养他本性的原则），强调内在性；辜鸿铭译成 principles of conscientiousness（责任心的原则），与陈荣捷译成 conscientiousness（尽责、凭良心）意思相近；安乐哲译成 doing one's best on their behalf（为他们尽自己最大的努力），要竭尽全力地忠于祖天，不可违背。

每个人在人间，都要时刻设身处地地体会祖先经历过的人生历程之不易，这就是以自身去揣度祖先之人生的"恕"。理雅各译"恕"为 exercises them on the principle of reciprocity（在互惠原则基础上运用它们），与辜鸿铭译成 reciprocity（互惠）意思相同，但对于推己及人的含义强调不足；陈荣捷译为 altruism（利他主义）。这样的理解，都把"恕"道形而下化了，以为是一种互惠互利的利益方面的对等关系。安乐哲译成 putting oneself in the place of others（设身处地为别人着想）。其实，如果放在人与祖先关系之中，个人与祖先之间应该说没有世俗意义上的互惠关系，除了我们的生命和存在的一切来自祖先，我们并不能给祖先什么实质性的东西。但是，我们的人生就是祖先生命的延续，活着本身就是对祖先的回报。如果我们能够以身设想祖先的不易，就可以推动祖先未竟的事业，如一个君子应该"慥慥"，既要对自己的祖先忠厚诚实，又要不断努力精进，以对得起祖先在天之灵。

【明解】

人的意识常常容易偏离祖天大道，所以要诚于大道、中（忠）于大道。这样，大道就在身中，而不是身外另有一个对象化的道，这是本章的深意和核心所在。诚中之意，其实是诚于祖天之中道，因为人身的中道本就来自自己的祖先，人与祖先相通于天地人之中道。可是，一般人不具有感通祖天的自我意识，更不具有人就在祖天之道中的意识状态。其实人何尝离开过祖天之道呢？但人的心、人的意为何不能时常专注于祖天的大道呢？我们的心念发动，总是偏离祖天中道，这就需要我们在意念升起的瞬间，做诚于祖天之中之意的功夫。

人因为心意容易偏离大道，所以对道的理解时常处于无明、无意识的状态。自己偏离大道的时候没有感觉，是因为看不到大道，意识对大道无感，偏离也不自觉。大道好像潜意识，很多时候，我们自己的意识对潜意识的流动并没有感知到。人与道的分离，就好像当下的意识与潜意识的分离。大道如潜意识一般，是非动非静、无声无臭的。可是，我们的意识总是"好好色""恶恶臭"，似乎没有意识的对象，意识就不存在一般；对大道没有具体形象的状态，意识似乎就很难升起来。其实不能把对道的意识依托于外在的对象化存在。道作为意识投射的对象，是可以非对象化，成为意识升起之见分的相分的，这样，意识与道，二者在反省性的自证分的意义上，可以理解为一体性的、不可分开的。

道就是人生之道，就是人生所经行之路。人的身体在这条路上看到的风景，本质上不离开人生之道，也不离开人的见分，即人的眼睛所看的功能。我们的眼睛所看到的风景，本身就是人生之道的内涵。从根本上说，人认识和经历的风景其实是人的本性在天地之间的展开。人性的体验，人道的经历，人身的体悟，还有人在旅途所看到的风景，都是流动的意识流带起来的，是非对象化的、圆融状态的道。

道就是存在论意义上的人与祖天相通，人所成的心可以诚于祖先与天地之中。人诚于天之中，诚的状态就像看着斧柄一般日常。斧柄不为人所知觉，但斧柄并不离人当下的心意。可是在没有进入意识、没有觉知的时候，斧柄好像远方的他者，犹如诚的状态似乎很遥远。其实进入意识之后，感知斧柄那种真诚的意识状态并觉知之后，斧柄就显得很切近。祖天的存续也是如此。进入意识之后，祖天就是与自己血脉相连的存在。如果没有进入意

第十三章　行道忠恕

识，或者有意排斥，祖先就遥不可及，似乎与己无关。可见，祖先与自身是否有关，主要在于自己当下的意识是否在意，在于自己是否把注意力投射在祖先的实存上。换言之，意是否诚"中（zhòng）"于祖天之"中（zhōng）"只是在一意之间。这个反省的过程就是意念的反身闭环。这个闭环正是意识到当下执则伐柯的自觉之意识的闭环，好像见分自觉相分而归于自证分的意识状态。这种自觉自证分的意识状态即证自证分。

意念的这种自证分状态正是儒学的出发点，即当下的身体与意识因为祖先的实存而融汇的状态。言行一致其实也是在这个意义上来说的。正是因为意识能够诚于天中的那种"中（zhòng）"态，所以行与言相合，相感相通。言行相合一致其实就是心意诚于天中（zhōng）的那种"中（zhòng）"，因为言语与行为相感相通。

祖天自然需要诚，也自然会中。这种不言而喻的功夫无须有意去做，因为连功夫都是祖天天然化成的。祖天之道就是在自在且自为意义上的人与天之道。人心可以诚于祖天之中。人诚于祖天中的那种真诚至极的状态，犹如凝视斧柄，若有所思一般，斧柄并不遥远，祖先也要从自身意识延伸出去。"伐柯伐柯，其则不远"，前面部分是治理他人，君子有领导人意味，用君子的标准和理则去治理和管理他人，要求点到为止，设身处地，不可以把自己不喜欢的状态强加给他人；后面部分是治理自己，要用最高的标准要求自己，不断反省自己的言行。

正是在这个意义上，《中庸》理解起来很难。它一方面像空气和水一般无法言说，高妙无形，另一方面又说道不远人，人在道中。人对祖天的意识具有类似的特征，祖天无形无相，无法描述，但祖天意识又不可能离开人自身意识，人必须从自身意识推衍出去。

可见，中庸之道是不会也不可能远离人的。如果有人追求中庸之道，却去离群索居，远离常人，追求其道，却不知祖天，而日益与人远离，那他所追求的，其实早就已经偏离中庸之道了。"人之为道而远人，不可以为道"，"为道"之人，自然在道，不可能离开道，也就不可能离开"道—人"一体，更不可能偏离人道（仁道）。如果追求中庸之道，却跟人远离，那就已经偏离祖天大道了。

《诗经·豳风·伐柯》里面说"伐柯伐柯，其则不远"。伐柯就是砍削斧柄，而斧柄的式样就在眼前。"执柯以伐柯，睨而视之，犹以为远"，握着斧柄砍削树木来做斧柄。一个伐木的人，砍树的目的是做斧柄。这个斧柄就握在你的手上，那么你是握着斧柄砍削树木来做斧柄。但如果你斜眼草草一看，还是会发现要做成的斧柄和手里的斧柄两者相差甚远。因为要砍的那块木头还没有成形，所以手上拿的这个斧柄跟那块木头之间，似乎还隔着很远的距离。在"睨"这种斜视、非直观的状态当中，人把本来非对象化的，人与身和道与风景一体的非对象化状态，聚焦化的同时其实也偏移化了，偏移了本性，偏离了大道，导致本来在中道状态中、与身一体相连的"柯"也就不能够被感知到了。可见，祖先与人身同构，而且当下临在，是一种非常微妙的身心合一意识状态。

所以，作为领导人的君子根据千方百计让人回到中道的做人道理来管理和治理众人。只要他们能改正错误，回复到非对象化的、与大道合一的状态当中，继续修行与身心一体的中庸（中于日用的庸常）之道，就不继续苛求他们了。"故君子以人治人，改而止"，就是说以推己及人这样的一种道理来治理。只要人家能够改正那种偏离本然大道的状态，开始自觉地回归到大道当中去修行中庸之道，就不要太去苛求他们了。这其实就是让人们在日常的道中增添一点点自觉力、自知力、自控力，在反思当中，意识到自己的心意不应该偏离来自本性的、本于自身的、实实在在的天道。

如果一个人能够做到尽心尽力的忠与推己及人的恕，那就离中庸之道不远了。凡不愿意被加于自己身上的事，"施诸己而不愿"，"亦勿施于人"，就不要强行施加在别人身上。当人拿着斧头去砍木头，为的是做一个斧柄，其实斧柄的模型或式样，就在手中握着，需要我们在砍木头的时候，斜眼去看，并用意识去整合时，这个过程会有因为很近（本身一体）却感觉相距甚远的奇妙感受（把阴阳一体主客体化，就有一种由近及远的镜头推移感）油

第十三章　行道忠恕

然而生。但意识要统一起来,所谓"言顾行,行顾言",表面看起来是说言语要符合自己的行为,行为要符合自己的言语,言语行为要相互符合,但其深层的意思是,关于言语、行为、身体、心灵的意识都是一体的,不可以分裂。身心一体的君子怎么会不忠厚诚实、言行合一呢?

由祖天意识而能推致出天下意识。祖天之言,超过我们当下的言说而彰显,我们的行动要照顾、关涉祖先的教导。本章接着从标准和实情的角度来思考君子四个方面的道,以孔子的口气说,他自己连其中的一方面都没有能够做到。用他所要求儿子侍奉父亲的标准来孝顺父亲,他没有能够做到,可能因为孔子父亲去世得比较早,孔子就是想尽孝也做不到。用他所要求臣子侍奉君王的标准来侍奉国君,他没有能够做到。孔子后来当过大官,曾代理国相,但他反省,觉得自己对君王的侍奉做得仍然不够。用他所要求弟弟恭敬兄长的标准来敬重兄长,用他所要求对待朋友的标准来诚信待朋友,他都没有能够做到。孔子的反省非常深刻。反观我们自己,做事情很难达到应有的标准和要求。日常的德行要努力践行,平常的言语要谨慎出口,德行实践如果有做得不足之处,不敢不勉励自己更努力践行。如果已经做得从容有余,也不敢不继续尽力而为。我们都希望自己的言行修养能够达到一个很高的境界,但其实难以达到。

可见,忠恕是建立在自身与他人一体性的理解基础上的,对自己的要求与对他人的感受感通,时刻关联在一起。[①]孔子谦虚地表示自己没有达到这四个标准,其实是诚中与仁人之意的标准实在太高,一般人根本做不到。在日常生活当中,起心动念之处都要极度小心地发动自己的意念,以期达到诚中的理想意境。祖先和天地无疑有一体性,自我与他人自然相通。所有人

[①] 杜维明认为,君子"从来不扮演教主的角色,也不以功德圆满的大师自居。他的自我形象,甚至对他的学生而言,基本上也只是一个求道的'旅中人'。……他不认为自己掌握了某种同学秘传真理的道路。……他的责任在于'正己',并帮助他人'正己'。……君子总是在人的日常存在中体现生命的终极意义"。杜维明著,段德智译,林同奇校:《〈中庸〉洞见》,人民出版社,2008年,第43页。

都可以通过祖天意识血脉相连,气息相通,从而通向"人同此心,心同此理""四海之内皆兄弟"的大同意识境界。

【明意】

君子通于祖天,让祖天意识自然彰显。诚中之意是意念与天地阴阳交融在一体的状态。达成这种状态虽然极度艰难,但理想的境界就像日常生活中的斧柄一样,就在身边,不必假于外求,即要从本然的心境上去求,从起心动念的瞬间去求。既然如此,那就还是从大家都比较熟悉的忠道与恕道开始。每个人都很容易理解不要把自己不要的东西强加给他人的道理,所以要实现诚中之意,就要落实到日常的言语与行为之中,在言与行之中形成一种精确完美的反省机制,不仅仅是言行一致,而且是言与行从起心动念之处开始,就有一种接续天机的吻合与和谐,那就达到了诚中之意的理想境界了。

离开人就没有祖天之意。无人就没有意念发动之主体,就没有意会天地之道的能力,就没有把自己的意念诚于祖先和天地的意识能力了。这与孔子"吾非斯人之徒与而谁与"的境界一样。圣人只有在人的社会实践当中才能实化自己的诚中之意。想离开具体的行为实践去成就诚中之意,那是不可能的。祖先与天地融贯的意识,来自祖天之意与天地自然生生之意的生机融贯意识。

天地生生,祖天的意识让大家体会到,在大自然的生生不息面前,大家都是平等的。砍削斧柄是用意念来调整雕饰天地阴阳之运化的过程,但天地阴阳运化的中道,并不离开当下的意念,也不可外求。这样就反对了超越性上帝的创世论宇宙观,而确立了意念创生(intentional creativity)式宇宙观的核心。从人的意识介入宇宙阴阳运化开始创造,到创造出心物一体、天人合一世界的过程——这本身就是意念创生式宇宙论的开端,这个宇宙观与衍生自犹太-基督教的天人两分、主客对待的宇宙观相去甚远。

祖天一方面让我们有能够改天换地的能力,但另一方面,即使是君子,也常常难以理解意念创生的宇宙观。因为宇宙在意念之中绵延,也为意念所领悟,进而创生起来,不仅一般人无法理解,即使智慧高明的君子,理解宇

第十三章　行道忠恕

宙的运化问题也往往莫衷一是。天地本来顺自然之意，万物本来各自感应而无心，如《周易》咸卦所示，无所谓温厚诚实，但人心通于天地阴阳的无心之感，如张载"为天地立心"，从而让天地的无心之感变得温厚敦实，这是让心意诚于祖先和天地之中，自然而然接续天地自然之道的境界。

祖天之意让我们随着天地阴阳之意能够不断创造。君子的言与行之中体现出意念之发动与天机之发动的融通、和谐与相通一贯的状态，他们努力达到温厚、诚实的境界，并保持一种恒温状态。恒久而稳定的仁人之意在日常生活中表现为忠与恕，正如曾子把孔子一以贯之的仁人之意理解为生活之中、人伦之间的忠恕。当然，不同的学生对忠恕之道可能会有不同的理解，也可能最后不得不把忠恕的标准降低下来才能被大部分人理解和接受。可见，即使人与人心意在本体上是相通的，但如果一个人试图将自己喜欢的一贯之道推荐给他人，他人也未必能够理解和欣赏。这就是为什么《论语》开篇会有"人不知而不愠，不亦君子乎"的教导，可见这是即使自己能够做到恒温，但未必能够把温度传递给他人的经验之谈。

感通祖天就能在人伦关系之中每时每刻都持续发动仁人之意，并诚于祖天之意之中，这种诚于"中"的境界，不会让自己持守仁人之意的心念有丝毫偏离中道的可能。这是在言与行之间建立一种相互符合的反省机制（reflexivity）。当言与行之间的反省机制完美建构起来后，君子起心动念便都在自我不断反思与省察之中，确保了每一个意念的发动都诚于祖天临在之意，即天地阴阳运行的诚中之意。这样的君子无论心意还是行为皆诚于祖天的大道之中，比《乾·文言》"先天而天弗违，后天而奉天时"的境界还高明——先于祖先之教，祖天加持并给予助力；后于祖天之教，仍然能够遵循天时节奏，追随并跟上祖先曾在世间行动的轨迹。诚中之意就是明善，明祖天曾在人间之善，并执此善而终身随从之，这就是不断维护和保持祖天意识的光明化境。

第十四章　素位易行

君子素其位而行，不愿乎其外。

素富贵，行乎富贵；素贫贱，行乎贫贱；素夷狄，行乎夷狄；素患难，行乎患难。君子无入而不自得焉。

在上位，不陵下；在下位，不援上。正己而不求于人则无怨。上不怨天，下不尤人。

故君子居易以俟（sì）命，小人行险以徼（jiǎo）幸。子曰："射有似乎君子，失诸正鹄（gǔ），反求诸其身。"

【明译】

君子安于现在所处的位置而采取适当的行动，不羡慕本分之外的东西。

当前处于富贵的地位，就按照身处富贵时的要求行动；当前处于贫贱的状况，就按照身处贫贱时的要求行动；当前处于夷狄之中，就按照身处夷狄时的要求行动；当前处于患难之中，就按照身处患难时的要求行动。君子无论处于什么境遇之下，都能安然自得。

身处尊贵地位时，不会仗势欺凌下位的人；身处卑贱地位时，不攀附谄媚上位的人。端正自身而不苛求他人，这样就不会有什么怨恨了。对上不怨恨苍天，对下不责怪他人。

所以，君子安分守己过平常日子以等待命运和时机的到来，小人却铤而

第十四章　素位易行

走险，想侥幸贪得非分的好处。孔子说："射箭的态度很像君子立身处世的作风，假如没有射中，不怪靶子不正，而会反求自身来找原因。"

【明注】

　　领悟祖天之意的君子自然有其位，也知其位，不生非分之想。一解为根据所处的环境和位置来选择适当的行为。"素"是平素、现在，作动词理解为处在、处于；一解为介词，根据、依据。"素其位"是安于自己现在所处的地位。君子感祖天之本体，而明其在世间的本位，明白自己是祖先的延续，日常生活的每时每刻都是祖先之意的延伸。君子居于从祖先绵延下来之生生不息的生意之中，居于感通祖天的"诚"意之中，所以能够"中（zhòng）"于祖先曾经平素安居的人伦庸常。这样的"素"就有了与祖先一起来到日常生活当中并且与祖先同在的意味。祖天的大道当然也就不在身外，而且每个人的身上都有祖天大道。

　　"位"是人间之位，是祖先延续到人间、给我们创造出来或者留给我们的时空之位。"位"是人从家庭、家族延伸到祖先之"间"的时空位置（position，陈荣捷），是我们在生活环境（life circumstance，辜鸿铭）中的生活状态（station，理雅各、安乐哲），说明我们在人间的情况和处境 situation（杜维明）。祖先一方面给予我们难以改变的命运和情势，另一方面也激发我们去成就自己的人生之精彩，活出祖先曾经的人性光芒。

　　领悟了祖天之意，可能会把不能领悟祖天意识的族群称为未开化的"夷狄"。"夷"指东方部族，"狄"指北方部族，泛指当时的少数民族部落和族群是野蛮未开化的（barbarous / barbarian tribes，理雅各、陈荣捷、杜维明）；这样的部落和族群建立的当然是不够文明的、未开化的国家（uncivilized countries，辜鸿铭），辜鸿铭的翻译带有入乡随俗之意，但对不文明的国家带有鄙夷的价值判断；如果不带价值判断，译为 the Yi and Di tribes（安乐哲），或许更符合原文要传达的意思。

　　有了祖天意识就不怕患难，就足以征服世界，哪怕带着悲伤和困难

(sorrow and difficulty，理雅各)，需要面对危险和困苦（danger and difficulty，辜鸿铭）。这两种情境合并起来就是困难与危险（difficulty and danger，陈荣捷、杜维明）的、让人充满忧虑的艰难处境（grief and hardship，安乐哲）。

有了祖天意识就可以"无入而不自得"，时刻自得其乐，无论处于什么情况下，都处于（入）自得地成为自己（be himself，理雅各）的状态。在这个状态当中，人与自己轻松相处，随遇而安（at ease with himself，陈荣捷、杜维明），这种自作主宰（be master of himself，辜鸿铭）的状态，显得泰然自若而有自制力（self-possessed，安乐哲）。人因为有了祖天意识而可以选择遵循内心的主心骨，时刻自律自主。

因为要对得起列祖列宗，自然不会去欺侮他人。"陵"通"凌"，欺侮，带着轻视之感去蔑视（contempt，理雅各、陈荣捷、杜维明），内含下位者缺乏价值而不被承认尊严之意，这就是强加自己意愿于他人，专横跋扈地压制他人（domineer，辜鸿铭）；以言语攻击或行为冒犯他人，欺凌和凌辱他人（abusive，安乐哲）。汤因比（Arnold Joseph Toynbee）主张中国文化最终足以拯救世界，正是从中国人追寻天下一家而不是你死我活的善恶之战的角度来说的。

安于祖天大道之中，自然不必攀援投靠外力，因为祖天有天地大力，能给予自己无限的意识能量。"援"是攀援，本指抓着东西往上爬，引申为投靠有势力的人往上爬，即所谓奉承、讨好、依附、攀附上级（cling to those above them，安乐哲），以期得其青睐（court the favour of his superiors，理雅各、辜鸿铭、陈荣捷、杜维明）。如果失去大道之母的关注和爱护，下位者容易不能自主。如果不求做好自己当做之事，反而选择攀爬依附上位者而谋求自身利益，不再以自己独特的实存为中心，而以权力世界中的上位者为中心，那就容易因依附而丧失自我的独立性。

感悟祖天之意的人，因为心底深处无任何憎恨或恶意（ill will，安乐哲），自然不会抱怨（complaint/complain，辜鸿铭、陈荣捷、杜维明），并且不会因不满（dissatisfaction，理雅各）而低声抱怨（murmur），发出怨言和带

第十四章 素位易行

有埋怨语气的声音。一个人能够毫无推诿、责人的病态心理，而只是反求诸己、思考自己是否有过错，这就是"尽心"之"中（zhòng）"于自己之"中（zhōng）"。一个人如果在自身意识当中，涵纳他人和祖天，那么他就具备了包容整个世界的世界意识。

安于祖天之中，自然能平安。"居易"是居于平安的地位，也就是安居现状。"俟命"是等待天命。"命"通常指人生无法控制和测度的状态，是人的意志无法左右、人无法选择的一种无奈的情势，这种情势好像大自然的灾祸一般。此种不可抗力，通常译成"命运"（fate），带有被某种神秘力量决定的、超出人力控制的状态，有较强的必然性意味。个人作为祖天的延续，对其本身是无从选择的，也是超出自己的控制能力范围的，所以领会祖天，就是知道祖天之意要我们自然地生活、天然地等待。可见，儒家的命运感认为今生之命其实就是在当下等待（俟）的过程当中延伸出去的，所以不必过度纠结那些尚未变成现实的未来结果。"俟命"在这个意义上是积极的，没有消极的意义，是为了追求正命而更好地立命，为投身于当下更好地达成自我实现。君子不被动地等待不可抗拒的命运降临，而是在时刻保持中正平和的修行状态当中，在平易中积极等待命运在当下的延伸，艰难选择的时候，相信祖天的生命会在当下不断延伸。今生所有发生的一切，都是因为祖天而自然而然的，也都是合理合适的。正是感通祖天而具有通达祖天的意识状态，人才能完美地、充分地展开今时的人生境界，毫无被动之感。①

祖天之意的天命，不是上帝的命令，所以不需要等待上帝的任命（waiting for the appointments of Heaven，理雅各；calmly waiting for the appointment of God，辜鸿铭），因为没有消极宿命论意味和浓厚宗教色彩，不需要基督教意味的天堂和注定的命运（waits for his destiny / Mandate of Heaven / fate，陈荣捷和杜维明）；而是等待天命降临，并接纳生活当中发生的一切（awaiting

---

① 正是在这个意义上，杜维明说，君子"努力按照《中庸》的精神来转化世界"。参杜维明著，段德智译，林同奇校：《〈中庸〉洞见》，人民出版社，2008年，第35页。

what is to come，安乐哲）。这样与素位而行、平静生活、自得其乐相通，毕竟天命本身无所谓好坏，一切天命发动的此生因缘都可以操之在己，俯仰无愧于人。好像射箭的时候，是否能够射中，不取决于外在的靶子（"正"和"鹄"均指箭靶子；画在布上的叫"正"，画在皮上的叫"鹄"），而取决于箭术的高下和内心意识是否中正。

【明解】

祖天之意的本义还是自身意识，祖天之意根源于自身意识，明白祖天之意就可以"素其位而行"，安分守己。君子因为明白前路，自得而安于现在所处的位置，知道这个位置渊源于祖天，所以就安于祖天延伸下来的道路，采取适当意识和行动，不羡慕自己本分之外的东西。君子已经是有身份有地位的人，对于已经有身份和地位的人来说，他们的言行举止都要有分寸感，理解自己在家族、社群和国家当中的位置，所以不能超过自己的身份和地位去思考和做事情。

领会祖天之意的人不需要去外求，自己在什么位置就按照这个位置来做事。君子有强大的意识调节机制。君子时刻诚于中，即中于庸，也就时刻把当前意识状态调整到日常、平常的事情当中来，能够时刻把潜意识转化为日用常行，中于人伦，在当下意识中迅速放下外境的束缚，转化视角，让自己总是处于日常、平常、松弛的状态之中。如果当前处于富贵的地位，他的意识就调整到身处富贵时的状态，并依此行动；如果当前处于贫贱的状况，他就迅速调整到身处贫贱的意识状态，并按照身处贫贱时的要求去思考和行动；如果当前身处夷狄之中，就立即调整到身处夷狄时的意识状态，并采取相应的行动；如果当前处于患难之中，就能够观照和领悟患难，并按照身处患难时的要求去思考和行动。可见，"君子中庸"就是君子能够时刻让意识"中"于平常状态，把潜意识自觉转化为显意识，自得其乐，而不被外境的变化所困扰。君子无论处于什么境遇之下都能够安然自得，其意识发动依境而生，总能与周围变化的环境相合。

第十四章　素位易行

如此一来，君子可谓冲浪高手。对于世间变化的狂风恶浪，君子等闲视之，面对大风大浪，仍显得时刻安心本分。因为祖天之意让我们得以明意（意识光明强大而使意识明白），祖天之意能照亮前路，帮助我们变得明智，帮助我们免受周围的人和事情的桎梏，所以无论身边信息如何变化，都能让我们稳坐钓鱼台，安心做好自己的事情。可见，安然自得是一种中庸境界。"在上位，不陵下；在下位，不援上。正己而不求于人"，有一技之长的人不需要去求人。"上不怨天，下不尤人"，身处尊贵地位时不会仗势欺凌下位的人，身处卑贱地位时不攀附谄媚上位的人，端正自己而不苛求他人，这样就不会有什么怨恨，对上不怨恨苍天，对下不苛责他人。所以"君子居易以俟命"，安分守己过平常日子，也就是祖先所赋予的、与祖先共在的、时常有祖先显现的日常生活。静观命运的迁流，等待时机的来临，其实是不求也不待的意识状态，因为等待一切都自然降生，就好像不去等待，故能居于祖天（祖先、家庭、家族）的平易状态之中。这要求我们每时每刻都好好过生活，随顺命运绽放出适当的机会，自然会有新的机缘、缘分展现而生长发育。

通于祖天，可以转化世间阴阳。儒家相信祖天会赏饭吃，让当下的空气、水、食粮都成为感悟祖天的根源。儒家认为，人有适当的德就有适当的位，只要德行修养提升了，自然就会有位置。如果没有相应的道德品质，那么勉强去求来的，最后都会还回去。人要向内修养自身，内在的力量才是拥有身外之物的根本。如果没有足够的意能和内力，人就没有意识力量去运作身外之物，如果自身的意识能量没有提高，就难以改变外在的阴阳。人的意识与事物是内外一贯的，要"厚德载物"，德不厚就载不了物，厚德就是让内在的德越来越厚，如大地一样深沉广博才能够承载大地上的万物。心意通于祖先和天地，德就会越来越丰富深厚。

君子因为领悟祖天之意，自然明其位于天地之中，所以能够安享其位。但小人的心意不通于祖天，所以为现世的因缘所困扰，以自身的利害为判断标准，因小利去铤而走险，甚至不惜违法乱纪来改变一时的时位，希望侥幸贪得非分的好处。时机的到来包含积极的"天命的降临"之意，不是被动等

中庸明意

待命运的安排，如孔疏"言君子以道自处，恒居平安之中，以听待天命也"。君子随顺事情的形势和大道而行动，总是做符合情势的合理事情，从不在乎成败，因为时刻能问心无愧，所以可以自得其乐，每时每刻的延伸都是天命本然的状态。相比之下，小人则为利益和情欲所驱使，充满妄念而强求所欲，即使偶尔能够侥幸撞到大运，所获也是本来不该属于他们之物，因其所思所行都偏离了中庸常道。

君子立身处世的作风，正如射箭需要端正态度。射箭打靶的时候，如果没有射中，正确的态度应该是反求诸己，回到自身来找原因。如果心意不够光明，就不能照亮自己需要射中的目标。可见，要反省自身的祖天意识，反求诸己，让祖天之意清明广远，以明祖天之意为本，这样就可以照亮前路。一个人的内力和修为是其内在境界的来源，也是征服天下的根本。如果征服不了别人和天下，就要反躬自省，反思自身修养的不足，而修养其实是对身心能量的调节和养育，是对身意发动的节奏的内观，也是对意识分寸的控制。所以射箭的过程，表面看起来是身体的发动导致是否射中的结果，根本上其实是心意实化状态的体现。

【明意】

君子心意通于祖天，"素其位"其实是其心念关注（中 zhòng）于当下所处的位置之中（zhōng）。其意之生，念念诚于当下情境，顺情境之"中"而发动，其本分就是当下意念关注之情境本身的状态。意念与情境本融会贯通，如果我们能做到意念随顺情境而创生（intentional creativity），则心念便时刻实化于情境之中，我们便能安心持守心意通于祖天的状态。

诚于祖天之意的心念依境而生，能在不同情势（situational propensities）之中，用意能去应对阴阳变化。心念又都要努力达到诚中之意的境界，所以要自动诚于当时当地情境之"中"，而生发合适的意念。这种心意诚于情境之中的状态，表现为时刻诚于祖天，从祖天领受天命而自得其乐，自身心意达到时刻发动都是诚中之意的境界，但对他人要以忠恕之道待之，无论他人

第十四章　素位易行

是否能理解自己的意识通于祖先和天地，或者是否能够达到祖天意识的境界，均要报以宽容和理解，不要引发他人怨恨自己。

这种意识的境界要求我们不抱怨自然的境遇，安于一切随时变化的遭际，心存感恩之心而不责怪任何人。如果我们能安居日常，则心意诚中，不离祖先和天地阴阳之中道。小人心意偏邪，试图走捷径，欲得非分之想而不可得。人于世上的感通都要在自身找原因，因为人之心意是否诚中，是人能否与外在情境共鸣的根本。如果自身的悟性和修养不足，就自然难以与世界共鸣，所以应当建立健全反省的机制来辅助自己的意识境域，时刻诚于天地阴阳变化的中道。

此章讨论人的意念与人在世间存在的本性和位置之间的微妙关系。人都来自祖先，而祖先与自己一样，都来自天地阴阳之气的结合，但很少有人能够反省感应到自己与生俱来的天地阴阳之力——那是自己与天地并生的本性根基。所以，了解自己的本性，了解自己当下所处的境遇，可以帮助我们安于并接纳自己当下的境遇，让心念诚于当下意念所在的情境之中，在情境之中创生行进（create through the central way of the context）。明意才是安于境遇的真正前提，因为明意即可明道，而一切成功都来自安宁自适的光明心意。如果在当下的境遇，能够让心意时刻诚于当下的情境之中，合理地游刃于当下的时与位，不断发掘和汲取心灵深处的内在力量，就可能有创生力不断显发出来。

祖先赋予我们征服世界的意识能量，我们则需要用心意去体会祖先临在的情势，把握其"中"力道，把形势的力量意会为当下意念的劲道，顺道游心用意于阴阳力道之"中"。"尽心"是尽力把心推致天地自然之"中"；"知性"是于推致的过程之中反省而内知本性；"知天"是于心意推致天地之"中"的过程中外晓天道，这样才能把本性与天道相贯通。贯通天道与本性依靠的是当下的诚中之意。如果不能贯通就仍然要返回到当下的意念当中来，在意念发动的根源上做功夫。可见，祖天意念的境遇是何其宽广博大，而运用祖天意念的劲力（意劲）又是何其微渺难言。

中 庸 明 意

  祖天是非二元、非人格化的祖先神。杜维明指出，不能用主客二分的思维方式来理解"慎独"，因为这种思维方式把"慎独"看成纯粹私人的、主观的行为。杜先生认为，慎独"虽然是个人的但却不是主观主义的"，恰恰相反，正因为慎独而能够把心灵向外敞开，对外在的环境保持相当高的敏感，能够激起意识缘初状态下的兴发之感。人的身体与心灵意识都是祖先的延伸，从来不是单纯的个体。所以儒家的慎独要反对原子论意义上的个人主义，不承认个人是孤立、孤僻、孤独的个体，不是那种剥离人作为社会关系存在之根本的思维方式。"《中庸》所憧憬的似乎是一种自我实现的创造性过程，它是由一种自我生成的力量源泉所孕育和推动的。"[1]君子通于祖天，总是在顺应环境当中不断做出合适的选择。无论身处怎样的环境，他的意识状态都在试图调节到与环境和谐一致，所以君子从来不是孤立的，而是善于协调关系，从而能够在关系当中实现其人生价值最大化。君子试图用自己的身心在人间的过程中彰显祖天的大心和大意，让祖先与自己挺立在当下的时空之中。

---

[1] 杜维明著，段德智译，林同奇校：《〈中庸〉洞见》，人民出版社，2008年，第31页。

第十五章　意家祖天

君子之道，辟如行远，必自迩；辟如登高，必自卑。

《诗》曰："妻子好（hào）合，如鼓瑟琴。兄弟既翕（xī），和乐且耽。宜尔室家，乐尔妻帑（nú）。"

子曰："父母其顺矣乎！"

【明译】

君子实化其诚于祖天之意，就像走远路一样，必然要从近处开始；又像登高山一样，必然要从低处起步。

《诗经·小雅·常棣》说："妻子儿女感情好，如同琴瑟声和谐。兄弟之间心意合，相处融洽又快乐。全家上下好和睦，妻子儿女很幸福。"

孔子赞叹说："这样，父母大概就可以顺心如意了吧！"

【明注】

"辟"同"譬"。"迩"是近。接通祖天之意必须从经过、穿过（traverse）近处、当下的境况开始（when to go to a distance we must first traverse the space that is near，理雅各），因为这个近处其实就是身边，所以又可以用"最近之处"（the nearest stage，辜鸿铭；the nearest point，陈荣捷）表达，强调身边的家庭关系是人最为切近的、近在咫尺、唾手可得的地方（in traveling a long way, one must set off from what is near at hand，安乐哲），at hand 更说明接通祖天之意要从手边事情开始做起，此即儒家"能近取譬"之意，其"近"正要从己出发，毕竟自己才是离自己最近的，而道就在自己身上，不在身外的远方。将"行远"译作 travel（旅行、流传）比 go（行走、步行）更上一层，travel 从词源的初始含义来说近 travail（艰辛劳动如分娩之苦），其有利于强调人生旅行艰险遥远。安乐哲译为 traveling a long way 更强调行道之远。

对祖天的理解，必然是从身体的近处出发的。而身体相对祖天来说，是卑微的低处，由此出发才能登高（ascending a height，理雅各、辜鸿铭和陈荣捷），才能爬上高处（climbing to a high place，安乐哲）。ascend 和 climb 都强调攀登、上升，但 climb 多了"吃力爬升"的意味，更能体现行路之艰辛。

心意通于祖天，则家庭和谐，"妻子好合……"引自《诗经·小雅·常棣》。"妻子"是妻与子。"好合"是和睦。"鼓"是弹奏。"翕"是和顺、和好、融洽。"耽"在《诗经》原作"湛"，安乐。"帑"通"孥"，表子孙和子女。"宜"是因为合宜（appropriateness）而"中"，从而变得重要（significant）而有意义（significance）。

"顺"是自足于祖天之意当中，不是因为自身的需求或欲望得到满足（satisfaction，辜鸿铭），不是因为达到目的、完成某事而产生的完全的、绝对的满足感（entire complacence，理雅各），而是因为自身的欲望通顺于祖天之意，而有自满、自鸣得意、快乐幸福（happy，陈荣捷和安乐哲）、使人满意的味道，表示祖天之意有令人满足快乐、促进个体对事物广泛顺应和兼容并包的意味。

【明解】

《中庸》的"顺"首先是顺应祖天。孝的本体是孝顺祖天。人孝顺父母，就是顺祖天而行，即顺承祖天之意而孝事父母。孝就是在顺从父母的过程当中，代祖天成事，以人间之事来成就祖天之事。

诚中之意就是推致祖天之意，首先从意念存在者之身所在的场域——家

第十五章 意家祖天

庭开始，先在家庭中推致诚中之意于全家上下，让妻子、儿女、兄弟、姊妹皆其乐融融，进而实现先行推致诚中之意、诚于祖天之中的意识境遇。诚于祖天扩大了家庭的场域，达到了家族，甚至是祖先接天的家族意识，甚至天下意识。

祖天意识其实是日常的、切近的，是不离人自身也不离人伦日用的。发自家庭场域的诚中之意具有明确的宇宙论意义。换言之，儒家的宇宙观始自家庭，是父母和血亲帮助我们理解自己与世界的共在关系，从而延伸到祖先和无始以来的世界之"中"。家庭之中的父母作为宇宙阴阳之力的代表，可以帮助主体反思宇宙阴阳之力的运化，从而确定自己如何诚于阴阳之力之中。诚中于家庭之意念，就是诚于祖先和家人所在宇宙之"中"的开端。《中庸》对于家庭作为宇宙原点反复强调，盖因担心人们无法理解自己身处其间的宇宙要从自己身体所处的家庭作为自己意念发动的场域开始。人生意念发动的"焦点/点（focus）"，都必须基于家庭所在情境之"域/场域（field）"来生发。①

【明意】

依托意境，人才可以不断地生发自己的诚中之意。意之所在身，身之所在家。对于家庭的宇宙论意义，儒、释、道有不同的解读。儒家认为，意基于身，身基于家，意在人际关系中界定身的边界。但道与佛则不同，道家认为，身为道气之化，身本是气，为气所化，本乎自然，以自然为家，所以身之有，在于无身，即身于自然之气之中，本无而有，所以"诚"是要让身归于大道之中，即自然之意。②

---

① 安乐哲、郝大维著，彭国翔译：《切中伦常：〈中庸〉的新诠与新译》，中国社会科学出版社，2011年，第26页。
② 佛学认为，身与天下所有物一样，缘起性空，本无实相，故不必执着于身，更不必在意身所在的场域，身和场域都是瞬起瞬灭的，各自都没有实性。所以佛家宇宙论反对语言和名相的作用，反对时间的有序性（四季），反对流变的实有性（时空相对固定地转变），反对用一种变化而无生的眼光断灭意会出来的所谓实相存在。

通达天道，与海德格尔的"上手状态"不同，因为如果人沉沦而无明，就不能明自我之知。犹如"执则伐柯"，人的当下意识虽然可能不明，但斜眼看去，一直反思的眼光就出来了，而手上的斧柄，之前并没有意识到，但因为当下自知的反思意识状态，而可以对于斧柄之"上手状态"有瞬间的明白，好像它成为手的一部分，而且成为未来斧柄的样式和前身。这样看来，之前因无明意，就无心体对于世间存在的真实之知。如今因为诚于祖天之意而能够打开自身存在的全部道境，也就是道通天地的境界。

第十六章　祖微显意

子曰："鬼神之为德，其盛矣乎！视之而弗见，听之而弗闻，体物而不可遗。使天下之人，齐（zhāi）明盛服，以承祭祀。洋洋乎！如在其上，如在其左右。《诗》曰：'神之格思，不可度（duó）①思，矧（shěn）可射（yì）思。'夫微之显，诚之不可掩如此夫！"

【明译】

孔子说："天地间阴阳之气神秘莫测如鬼神变化所显现出的功效，是多么充盈盛大啊！虽然看祖天看不见，听祖天也听不到，但祖天的功效却体现在万物之中，无所遗漏。它促使天下的人都斋戒沐浴，穿着庄重华美的服装去祭祀祖天。祖天无所不在啊！它充盈盛大的样子，好像就飘浮在人们的头上，仿佛就洋溢在我们的左右。《诗经·大雅·抑》说：'祖天的神灵降临，不可揣测，怎么敢于怠慢不敬呢？'从隐微不显到功效显著，'诚'的作用也如此真实无妄，无法被掩盖啊！"

---

① 傅佩荣注音四声，见傅佩荣：《傅佩荣译解大学中庸》，东方出版社，2012年，第84页。

【明注】

鬼神作为祖天显现的神妙莫测之功效，不是具体的诸神与精怪（gods and spirits，安乐哲），而是看起来像一种精神性存在（spiritual beings，理雅各和陈荣捷），是宇宙中的一种精神力（spiritual forces in the universe，辜鸿铭）。鬼神的"德"一般译成"力"（power），祖天会显示它的效能、效用和功效（efficacy，安乐哲）。"盛"表示祖天显示的效能是大量的、充足的（abundant，理雅各、陈荣捷），而且能够在时间持续的过程中，不断在广袤空间中扩大而产生深刻、深远（profound，安乐哲）的影响。此外，祖天显灵之功能还是活泼甚至带有主动意味的（active，辜鸿铭）。

"体物"表示祖先的身体可以进入所有的物（enter into all things，理雅各），表现为一种弥漫式的情感存在（felt-creativity）。在一定程度上，可以说鬼神对于事情的影响无所不至，不可分割地内在于所有物中（inherent in all things，辜鸿铭），其作为精神性存在其实是构成物体最核心的部分，足以构成所有物件的实体（form the substance of all things，陈荣捷），所以鬼神影响事物至于极致（inform events to the extent，安乐哲），显现于所有的事物之上，与实物无法分别，此所谓"一多不分"之极致境界的表现。

作为祖天神妙运化的鬼神，能够带来盛大无边的精神力量。明意就是明了盛大的如鬼神莫测般的祖先之功用，因为意明祖先而通天，所以就能明乎鬼神。可见没有意识的实存，就没有对鬼神的感通。要领会鬼神无法测度的变化，需要心意斋戒洁净（fast and purify）。也就是说，心意需要干净澄明才能承接祖天之意降临，让其临在。"齐"通"斋"，斋戒。"明"是洁净。"盛服"即盛装。朱子《四书章句集注》中注"齐"为"齐不齐以致齐也"，具有强调使不齐的天下之人整齐的意味。鬼神是气韵生动的变化，形成一种"外铄"的气场和宗教般崇敬的氛围，让身处其间的祭祀者都心意干净，庄静慎重，由内而外地纯洁真诚，感通祖天神妙的临场。

体会祖天的来临，需要特殊神妙的感通之力。"神之格思……"引自《诗经·大雅·抑》。"格"是祖天来临。"思"是语气词。"度"是揣度、猜

第十六章 祖微显意

测、推测（surmise），只有少数人可以彻底理解（fathom，安乐哲）祖天的力量。祖天的显化和临场，令人的感受那么充盈和丰沛，震慑我们的感受，在我们意识的边缘，不断地满溢出来，好像在我们的灵魂深处舞蹈，冲开了意识通天、左右逢源的场域。土地本身具有的精神之力既是客观的又是主观的。所以称为土地公或土地神（Spirit of place），或皇天后土，对跟自然力的接触的时机和地点的结合对于个人命运的改变，跟风水的力量有关，跟人的精神力与外在的鬼神之力的关系有关系，比如对自然力的尊敬，和自然力对人的力量的冲击的尊敬。因为鬼神洋溢在天下之中，人对自然力自古就膜拜，如摩崖石刻表达人的精神力对自然力的仰望，是一种明意的努力，为了让后人继续仰望。

"矧"是况且。"射"是厌，指厌倦、不敬、忽视（be ignored，安乐哲）、漠视（treat them with indifference，理雅各），强调祖天如鬼神的功能不可以被忽略。毕竟，祖天可以像鬼神那样令人内心恐惧和敬畏（inspiring fear and awe，辜鸿铭），而且，人们不应该厌倦和怠慢如鬼神般的祖天（get tired of them，陈荣捷）。祖天的示现，是无法用意识去测度、猜测，用对象化的方式理解出来的，更不可以去胡思乱想地猜测，用其他的图示和途径来描绘祖天的状态。

"微之显"指祖天由微而显，如细微事物的显现（manifest of what is minute，理雅各），微妙物的显明（manifestation of the subtle，陈荣捷）；从发展和过程意味来理解，是早期的、未充分发展的变得明显起来（inchoate becomes manifest，安乐哲），都是肉眼看不到的事物之存在的证据（evidence of things invisible，辜鸿铭）。祖天隐微不可为意识所知，是非常正常的，只是显化出来，可能有不可思议的摄受力，但只有在至诚的诚中意识状态当中，才可能因感应而通达。如果想用伪装、不诚的妄心去测度祖天显化的状态，遮掩的其实是自己的灵性，因为通达祖天的灵性发动，真诚无妄是唯一的方式，从知性到理性的思考和理解，都无法感通祖天的真实显化。

祖天显灵，人心真诚则可感。"诚"既指真诚（sincerity，理雅各），也真的（real，陈荣捷）是人的精神本性（spiritual nature of man，辜鸿铭）；祖天显灵如鬼神般活跃、真实，能够发展、变化、生成，似乎充满创生力（creativity，安乐哲），人心真心实意地诚于祖天，就会充满生生创造的力量，这种力量是无法掩盖和遮蔽的。祖天的微妙通过无法测度的运化状态而显，并经人意会而现。显是隐而不显，现是若隐若现，二者程度不同。

【明解】

　　本章可以说是过渡性章节，是从君子的人生之道向诚于祖天过渡。诚于祖天，从微而显，体察和觉知祖天需要非常精微的意识状态。祖天显现的鬼神不是上帝，不是人格神，也不是对象化的他者，祖天显化的鬼神就在身边气息的流动之中。要想"中（zhòng）"于几乎可谓变化无常的"庸"常之中，这种如何"中（zhòng）"的"中（zhōng）道"是非常微妙的。"中（zhòng）"如鬼之玄妙莫测，"庸"如神之伸展变幻。中（zhòng）于中道需时刻切中微渺的中道，随时变易无方，因日用常行永远在变动的时空之中，与时消息，好像地球自转、月亮绕着地球转、地球绕着太阳转、太阳又在无限广袤的星际迅速运转，千万年却毫无差池，鬼神莫测，盛大到无法思议。

　　鬼神作为祖天之道和气，在世间持续性地、无言无象地运化着，在道所及的所有存在（气）中真实显现出来，所以祖天显得无比充分盛大。万物之中皆有祖天之意的存在，其超出眼睛、耳朵的感官所及，可是它却又那么实实在在地存在，这就是我们每时每刻要诚中的、无法言诠的祖天。祖天好像鬼神一样，似有若无，实有而非物，本无而不空，虽然超越感官存在，却实实在在地存在于某个地方。诚中于祖天，好比祭祀祖先，心如此真诚，就为了感格祖先。心通祖先，便是诚于天地的中道。其中，诚生于中（zhòng），如自证潜意识莫测地转化为显意识，自证其"中（zhòng）"其实是意识修为的极高境界。

　　祖天已经气化，但仍然以神妙难测的状态弥漫在人们当下的生活之中。祖天临在，让我们面对存在与物化，一切如此美妙，犹如康德所谓的崇高感。① 祖天显化如天地阴阳变化般神妙莫测的功效，令人思之不得，徒增无比崇高的敬意。诚中之意就是要诚于祖天天地阴阳变化那种神妙无穷的"中"，那种诚于天地之间变化无端的祖天之"中"，有若心灵被无限的祖天所牵引，与当下的存在合一，进入天地阴阳变幻的中道之境。一般认为，《中庸》本章不仅谈现实的人伦日用，而且体现出终极性的超越维度，甚至有精神信仰的支撑。② 在这个意义上，祖天虽然本乎日用伦常，但确实有终极性超越精神信仰的内在超越意味。

【明意】

祖天显化为鬼与神，这是祖天之意的天机化彰显（manifestation）与表现（representations）。人诚于中道，即在通乎祖天的意念之中，把自然力超出人之心意期盼的变化看作不可思议的鬼功神力，即领悟到祖天之意有非常不可思议的"显—现"方式。没有意念的参与，祖天不可能彰显出来；没有意念的确认、相信，祖天不可能得到表现。祖天的表现令人迟疑，其显于日用之间，微妙难言。显现之后，转瞬即逝，意会者得之，不能意会者失之。

祖天是道之落于气之后的功能显化，是道之变化的神妙莫测状态，遍及一切存在之物，是事物之中最为灵妙、最不可思议的灵动性存在部分，是自然向人的心意显现其最为神圣不可测度的部分，激发人们以敬畏之意面对这种神妙莫测的存在状态。所以，了解祖天必须至诚如神，需要一种特殊的通天诚意。下一章具体说明祖天实化为舜的状态。

---

① 参康德：《康德著作全集：第5卷：实践，理性批判 判断力批判》，李秋零主编，中国人民大学出版社，2006年，第253—256页。
② 参梁涛：《中庸的艺术》（见陈来、王志民主编：《中庸解读》，齐鲁书社，2019年，第145页）。梁涛认为，本章涉及儒学的信仰和终极关怀问题。参梁涛：《道不远人》（见陈来、王志民主编：《中庸解读》，齐鲁书社，2019年，第142页）。

第十七章　祖德佑命

子曰："舜其大孝也与？德为圣人，尊为天子，富有四海之内。宗庙飨（xiǎng）之，子孙保之。故大德必得其位，必得其禄，必得其名，必得其寿。故天之生物，必因其材而笃焉。故栽者培之，倾者覆之。《诗》曰：'嘉乐君子，宪宪令德。宜民宜人，受禄于天。保佑命之，自天申之。'故大德者必受命。"

【明译】

孔子说："舜可算得上最孝顺的人了吧？他的德行至于圣人境界，地位尊贵至于天子，富裕到拥有四海之内的财富。宗庙里祭祀着他，子子孙孙都保守他的功业。所以，具有高尚道德、念念推致诚中之意的人必定能够得到他应得的地位，必定能够得到他应得的俸禄，必定能够得到他应得的名声，必定能够得到他应得的寿命。所以，上天化生万物，必定根据它们天生的材性来厚养它们。有可能成材的，上天就加以栽培；倾斜而不太可能成材的，上天就使其倾覆。《诗经·大雅·假乐》说：'嘉美称颂周成王，光明盛大好品德！他与臣民多和睦，上天赐予他福禄。上天保佑任用他，世世代代国运旺！'所以，有大德的人必定会承受天命。"

第十七章　祖德佑命

【明注】

祖天存在的核心状态通过孝体现出来，所以大孝通于祖天，是人的大孝之心让祖天显化，无孝心孝意则无祖天。事奉祖天如子女孝事父母（filial，理雅各、陈荣捷、安乐哲），带着具有宗教性的虔诚（pious，辜鸿铭），但需要达到通天的意境才是"大孝"。

祖天之德显化为舜之大德。舜有内在的美德（moral qualities，辜鸿铭），以其为标准判断好坏、善恶，从而表现出积极、友好的态度或者行为（virtue，理雅各、陈荣捷），成就如舜一般优秀、杰出、卓越（excellence，安乐哲）。"尊"首先是指舜因其德而能被尊为天子，有荣誉感（honor，陈荣捷）而有尊严（dignity，理雅各、辜鸿铭），从而获得尊重（venerated，安乐哲）。

"德""位"一致可以说是祖天之理想。这里用的是定言命题，似乎拥有高尚品德的人就一定能够接收到天命，或者得到天命的眷顾。高尚优雅、德行高洁的君子，如果有能力让人民安居乐业，那么就应该享受上天赐予的福禄。上天会任用他，以重大的使命委托他，并且保佑他。这当然是祖天美好的理想，希望有德的人必有其位。本章"得其位"具体指舜得天子之位（obtain the throne，理雅各），类似于获得王位、皇位或圣座，宽泛地说是得到相应位置（attain to corresponding position，陈荣捷）或得到相应高位（attain to corresponding high position，辜鸿铭），更笼统地说是得到可见的和不可见的社会地位（gain status，安乐哲）。

祖天所生的事物都有不同的材，"天生"指物生而有其资质（quality，理雅各、辜鸿铭、安乐哲）。物有不同的天然材具，也就是有自然的，与生俱来的容量（natural capacity，陈荣捷），都是天命所受，各有本分，不可逃也不可加。一解"倾者覆之"为将要倾倒的树木，要把它支起来，再覆土巩固，认为覆之以土才是儒家思想。[1] 此解虽然有理，但略显拘泥，是以人道

---

[1] 黄忠天引其师爱新觉罗·毓鋆之解。参黄忠天：《中庸释疑》，万卷楼，2015年，第139页。

心意认定的纯然之善,去代替天地自然之善。天地的风雨既可以培植生命力强悍的、通达祖天之意的生物,也可以让本来倾斜的、生命力孱弱的、无力通达祖天之意的生物覆倾而倒下。可见,祖天生我之材,必于当世有其用,后天的能力是在从祖天那里继承下来的材具基础上发挥出来的。本章上下文前后的"德"接天子之位,故其"材"非一般的材性,而是指大德之人天生具有的天才和大才。如果天才太弱,即使用儒家的善心去覆土培植,也可能一样无法使其生长发育,更不要说助其面对人生的风雨雷电。可见,"大德"是通于祖天之意的德行。由于诚于祖天之意的意念如此强悍,此"生"之"命"似乎能够得到祖天的护佑,从而接受风雨的滋润,领受其天命。可见,真正的"命"其实是自己的意识展开而去"命"的。"命"既是"生"给出和带起的,也是自己"率性",统率天性而不断延伸而成的。每当"性"在时空当中伸展而神妙神奇,"命"也在时空当中焕发瑰丽莫测的光芒。①

"宗庙"是古代天子、诸侯祭祀先王的地方。"飨"是一种祭祀先王的形式。"之"是代词,指舜。"笃"是厚,指厚待。"培"是培育。"覆"是倾覆,摧败。"嘉乐君子……"引自《诗经·大雅·假乐》,"嘉乐"即《诗经》之"假乐","假"通"嘉",美善。"宪宪"在《诗经》作"显显",指显明兴盛的样子。"令"是美好。"申"是重申。

【明解】

主政者必通祖天。第十七章到第二十章这四章主要讲伦理政治和礼乐文明的政教实践。明了祖天才能为政,因为政治的根本是理顺天下人心,需要孝顺至极至于诚感祖先和天地的境界。念念推致诚中之意的人,心意诚于天地之中,即通于天地之境,则必然能够得到其意念在天地之中的位置。每个事物皆有其内在的本性,有成才的潜质和倾向,那些成长之后,体现出不太具有成才潜质的,不能适应环境的,都将被淘汰。至于没有能力领悟天地运

---

① 参伍晓明:《"天命:之谓性!"——片读〈中庸〉》,北京大学出版社,2009年,第3—4页。

第十七章　祖德佑命

化神妙的中道，更不可能念念诚于此中道的人，就让他们自生自灭。能够具有诚中之意能力的人，即能够领略天地神秘莫测的中道并能够念念致力于天地神妙的中道且持守不失的人，就把他栽培成为圣王圣贤。

通于祖天之意是诚中之意的核心。在这个意义上的孝意识是顺从、感通天意。在人间行孝之道的本体就是天道，这是儒学的"心法"和"心印"。明了祖天才能至孝，因为至孝不仅是家孝，而且是国孝，以至于天孝。所谓天下之大孝，需要达到神明莫测的境界，这是君子为政的基本功，也是把孝意识推广到天下的基础。这是一种通达鬼神，达乎天地的意识境界，潜意识通神而能够达致万千变幻。意识诚中，如通于"岩中花树"之"寂"，似乎"寂然不动，感而遂通"，潜意识时刻显化为万千事物。

明祖天才能有诚中之意。明天意而有大孝。所谓大孝就是顺应祖天，顺祖天之德，是通天、感天而孝。孝的本体论就是感天的本体论，是即本体即祖先通天的现象。大孝之人是得祖天之道的人，是诚于祖天大道之中的人，因为至诚通于祖天，所以能孝。能够推致诚于祖天的中道之意于天下的境界，一直坚定地推致诚中之意的人，自然承接祖天的天命，因其诚中的心意状态，祖天一定会给予他巨大的福报。舜与周成王的万世帝业，来自他们保有天生的才性，即天生有领略祖天之意神妙莫测中道的能力，并念念持之不失，推致天下苍生。这种保持诚中之意的意能、意力、意劲，就是天生的王者之意和王者之境，自然非同寻常。

人的才智也同样适用，有相应的才智，上天自然会眷顾他，让他成才。成才就是扩大天生才智所通达的、本然的、延续祖天而来的心意之境，让意念之劲通于祖天而坚实有力，让意念之境融通扩大，通达天地万物、世间万民，甚至具有穿透时空的意识力量（意量），与祖天融会贯通。

【明意】

孝的意识是对家庭存在的直观，这是现象学不太关注的领域。孝的意识本身超出了概念化的表达，是对生命存在本身的领会，是面向真实人生的一种哲理感悟，也有赋予人生的基本价值的可能。对祖天之孝，容易打开和提升父母之孝的意识维度，使得孝的意识感通变得更加真实可靠。孝的意识延伸出去就是亲亲关系。家庭中孝道的培养，看起来似乎是伦理学问题，其实更多需要对孝意识的深入理解和观照。

孝是"子"女对"老"人的敬意、扶持和照顾，是付出时间、情感和精力，去表达对父母之爱的反哺。不过，孝意识本身是非对象化的意识状态，是经过反思而推致的。在儒家文化传统当中，孝是经过反思而被设定为非反思的意识状态，要求先行并成为儒家其他一切意识状态的底色，所以孝意识具有非反思的先行性。[1]

祖天意识其实是介于儒教之"如家"的家庭意识和道教之"如道"的自然天地意识之间的，所以祖天意识集中体现在《易传》和《中庸》里。顺应天地大道的意识本身不能解决所有家庭问题，甚至可能违背"如家"之教，背离家庭关系和亲情的实存。关于孝的意识是否先天的，如果只是放在与父母的关系当中来考察，如果不能确认人性本善，就容易怀疑孝意识的天然可能，所以孝意识似乎更多是文化培育和教化使然。但如果放在祖天意识的宽广视域之下，孝意识经过反思，在儒家文化当中具备先行意味，从这种孝意识的先行化可以体会出，把孝意识普遍化、普适性的主张，在儒家的土壤和历史当中，就好比做事应该顺天应人那样顺理成章、合情合理。虽然家庭的关系和观念在现代化和科技发展之后备受冲击，但只要父母与子女的关系存在，只要人还是肉身凡胎而不是科技制造的，人的祖先与天地意识应该就不会褪色。

儒家从对家的"如家"式思考，到具有一点超越性的祖天意识，都既有经验基础，也有后天返先天的意识在其中。"我是谁"首先要面对的，不仅是我在世界上是一种什么存在，更是要面对我如何如此这般从父母和祖先那里延续下来的基本存在事实。这种后天返先天的一元论哲学维度跟西方哲学

---

[1] 参温海明：《儒家实意伦理学》，中国人民大学出版社，2014年，第134—138页。

第十七章　祖德佑命

二元论传统的理念化、概念化的先天性意味多有不同。当然，近现代西方哲学的先天意识，已经抛弃了传统二元论哲学那种把经验形式化、概念化的传统，尤其从黑格尔之后，叔本华、尼采的意志主义，柏格森、胡塞尔的现象学，海德格尔的存在主义，詹姆士、杜威、怀特海等人的哲学思想，从方法上都已经脱离西方传统的二元区别。所以，对于祖天意识和孝意识的思考，可以在时间维度当中深化先后天如何打通的问题。现象学化的思路，就是把意义与存在的发生源结合起来，实现先、后天不分，把孝理解为代际意识的合理化状态，把家意识理解为代际生存的空间状态。[①] 这就是为什么在思考《中庸》的宗教性的时候，祖天意识可以成为一个先行结构，与犹太－基督教的上帝和有神论意识并举，与犹太－基督教的圣子耶稣孝顺圣父耶和华的意识相区别，使得儒家带有深厚文化培育意识的孟母意识与天主教的圣母意识相区别，使得国家礼乐制度的家庭载体意识与犹太－基督教的圣家庭意识相区别，也使得"家教"与"圣教"相区别——"家教"是融贯先、后天，贯通无极和太极的，是人类无法逃脱的；"圣教"是非日常、非人伦的，圣爱是与"仁者爱人"的仁爱相区别的。

儒家的"家教"有阴阳基础，不会像"圣教"那样要求牺牲"家教"以成就"圣教"，所以"家教"比"圣教"更为宽容。"家教"能够理解同性恋，虽然不允许其成为族群主流，但也不认为它会有实质性的威胁，因为其一部分是生存的、经验的，还有一部分是精神的。同性恋要争取合法化，应该切入人伦的主流，而不应该借助法制去挑战和反对人伦主流，不应该与极端个人主义思潮合流，试图挑战正常的人伦主张，影响正常家庭关系，甚至冲击人伦关系本来相对平等的常态。

此外，不仅孝是真实切近的人生经验，祖天意识也是。经验是超越哲学概念的，哲学不是概念的游戏，中国哲学尤其不是，从概念出发的逻辑推理是不可能贯注到真实的人生经验当中去的。儒释道的传统当中，灵魂是在

[①] 参孙向晨：《论家：个体与亲亲》，华东师范大学出版社，2019年。

世的，如此这般的，接续祖天而行的。灵魂经过自身修炼可以得到提升和超拔，成圣成贤，修道成仙，开悟成佛，此皆自本自为的努力，而不是被外在的人格神引领的个人灵魂向上的努力。祖天是人存在的家园，有大地一般的坤德，也有无限的厚德。其是我们在世间存在意识的稳定、深入的来源，可以包容和承载我们在人间生存一趟的经验全体（the wholeness of experience），即我们对自身在人世间生活的全部自我意识。

第十八章　祖身通天

子曰："无忧者，其惟文王乎？以王季为父，以武王为子，父作之，子述之。武王缵（zuǎn）太①（tài）王、王季、文王之绪，壹戎衣，而有天下；身不失天下之显名，尊为天子，富有四海之内，宗庙飨之，子孙保之。武王末受命。周公成文武之德，追王太王、王季，上祀先公以天子之礼。斯礼也，达乎诸侯、大②夫及士、庶人。父为大夫，子为士；葬以大夫，祭以士；父为士，子为大夫，葬以士，祭以大夫。期（jī）之丧，达乎大夫；三年之丧，达乎天子；父母之丧，无贵贱，一也。"

【明译】

孔子说："以前的历代帝王中，大概只有周文王是无忧无虑的人了吧。王季是他的父亲，武王是他的儿子。他的父亲开创了帝王基业，他的儿子又把他的事业继承下去，发扬光大。周武王承续曾祖父太王、祖父王季、父亲文王的事业，披上战袍一次征战商纣，就取得了天下，而且没有在天下人中失去显赫的美名。他尊贵至于天子之位，富裕到拥有四海之内的一切财富，

---

① 傅佩荣本用"大"，读"太"音，见傅佩荣：《傅佩荣译解大学中庸》，东方出版社，2012年，第91页。
② 傅佩荣念"代"音，见傅佩荣：《傅佩荣译解大学中庸》，东方出版社，2012年，第67页。

有宗庙来祭祀他，子子孙孙都怀念他，并保守着周朝的基业。武王晚年才承受天命成为天子。周公成就文王、武王的德业，追谥封曾祖太王、祖父王季的王号，又用天子之礼追忆祭祀历代先祖。周公所制定的这种儿子追祭祖先的礼仪，推广应用于诸侯、大夫、士人，一直到平民百姓。如果父亲生前是大夫，儿子是士人，父亲死后，儿子按大夫的礼数安葬父亲，用士人的礼数祭祀父亲；如果父亲生前是士人，儿子是大夫，父亲死后，儿子要按士人的礼数埋葬父亲，按大夫的礼数祭祀父亲。为旁亲服丧一年的礼制，从平民百姓通行到大夫为止；为父母守丧三年的礼制，则从平民百姓通行到天子。为父母守丧的期限，无论身份的贵贱，从平民百姓到天子，都是一样的。这种礼制传统着眼于人们应该延续孝的意识与记忆，继承与发展祖天之意。孝的空间性主要表现为个体与父母、亲友的具体空间关系，会涉及礼节、互惠、交换、利益等问题，强调孝是对天然人性发展的文明性限制，也让不同辈分而同一时空的人们，有了共同创造的基础。以婚丧嫁娶之礼为代表的人伦日常，为的是让人们记住自己的属性，并且增强对家庭的记忆，包括家族历史在天地之间阴阳转化的、难以忘却的记忆。"

【明注】

心意接于祖天自然安心无忧，没有悲伤的理由（no cause for grief，理雅各），不会遭遇伤悲（suffered no grief，安乐哲），不必伤心，没有悲伤之情（without sorrow，陈荣捷）。"无忧"的原意或许更接近没有顾虑或忧患（no concern），这当然不是小家的忧愁，而是国家的忧患。如果能够彻底没有国家的忧患，就实现了家国事业的完满，推衍出去，就应该享受最完美的幸福和最极致的快乐（enjoyed the most perfect happiness，辜鸿铭）。

"作之"是开创基业（laid the foundations of，理雅各、辜鸿铭、陈荣捷）。开创基业从来都不是一件容易的事情（forged the path，安乐哲），需要强大的边疆感，以及行走在边疆的那种英雄气概。"述之"是转述、传播（transmitted it，理雅各），需要负担起来并努力做成（carried it on，辜鸿铭、陈荣捷），更需要如武王一般继承文王之道而又有所拓展（continued along the proper way，安乐哲）。当然，继承祖天大道，就是行走在合适的大道之中。

郑玄、孔颖达、朱熹都以"老"释"末"，理解为武王晚年受命。但晁福林认为，周代只有文王受命说，而没有武王晚年受命之事，所以认为当读为"无"或者"未"，表示武王没有接受天命。① 按照《史记》，司马迁认为，武王在灭商后的第二年驾崩，武王总计在位十三年，第十一年灭商，在周天子的位置上的时间段是公元前1046年至公元前1043年，做周天子两年半时间。周武王驾崩时年四十五岁，一作五十四岁。② 可能因为他当周天子没有多久就去世了，所以后世说他末年（晚年）才受命。一说"终受命"，意思是文王没有受命，到武王终于接受天命。一说"周之受命，本在文王，末在武王"。③ 大王、王季生前只是诸侯，没有自称为王。

【明解】

本章以周文王为例，述说祖天之意的状态。文王的大孝之意通达于天下，这种通天而明白的意识，如此之强悍，照亮的不仅是自己今生今世的道路，而且可以为天下万众照明，甚至点亮子孙后代的道路。可见，诚中之意

---

① 参晁福林：《〈中庸〉"武王末受命"解》，《中国文化研究》，2014年夏之卷，第16—24页。
② 汉代存在神化武王的倾向，说他活了九十三岁，《礼记》《论衡》都这样说；到宋代开始有人怀疑，南宋学者罗泌、金履祥根据西晋出土的战国魏安釐王墓藏《竹书纪年》，认为武王活了五十四岁；但南北朝陶弘景《真诰》当中有人注解说《竹书纪年》的记载是武王活了四十五岁，顾颉刚《武王的死及其年岁和纪元》就持这种主张。争议较大，难有定论，学界关于武王在位时间是两年、三年还是四年、五年等问题的论文有二三十篇，可谓莫衷一是。
③ 山阴陆氏语。参〔宋〕卫湜撰，杨少涵校理：《中庸集说》，漓江出版社，2011年，第165页。

中庸明意

通于祖天之意,就可以不朽于世间。"良知"作为天良之知,通于祖天之意,如明意之光,恒久照耀。

因相传"昔西伯拘羑里,演周易"①,所以《周易》是著名的忧患之作,"作易者,其有忧患乎"②,可见,这里的"无忧"不是真正的无忧,而是诚中之意状态保持之后,把忧患之有"无"化的那种无忧,是有而无之的无忧,是空掉忧患的无忧③。诚于当时的情境之中是最根本的。所以,文中"子曰"后面关于"无忧"的内容,可能是子思假托孔子来写的。

文王能够把"中(zhòng)"的潜意识时刻转化为"庸"的显意识,并有先知未来的能力。他对于功业的培育和保持具有强大的意识控制力。在人间的时候,文王有德有位,当他不在人间的时候,他能够得万世之福佑。文王对于文化的"斯文"意识化为祖天之意,为后世代代相传。

【明意】

本章强调王者的意识境遇当得到很好的持守、继承与延续。对一般人来说,则要从孝顺出发,去理解如何继承先人的意识境遇。祭祀是追念先人的意识境遇,并使之在今生延续下去,展开出来。当世的功业无论成败,亦是意识境遇的延续,即使失败,通天的祖天意识仍然可能彪炳千秋。因为意识通于祖天,就不必为自己意识实化出来的当世答卷而担忧,就可以随时提交给祖先审阅,相信自己随时随地的起心动念都经得起祖先的审视和考查。

文王的意念能够诚于中道而无忧无虑,是从他的心意之境既有先王基业

---

① 〔汉〕司马迁撰;〔宋〕裴骃集解,〔唐〕司马贞索隐;〔唐〕张守节正义:《史记》(点校本二十四史修订本),中华书局,2014年,第4006页。
② 参《周易·系辞下》,参温海明:《周易明意:周易哲学新探》,北京大学出版社,2019年,第735页。
③ 关于空有之意,请参温海明:《坛经明意》,宗教文化出版社,2021年,第54—62页。

第十八章　祖身通天

又有儿子继承他的心意之境的角度来说的。[1] 君子的祖天之意中（zhòng）于当下之中（zhōng），无忧无虑，有历时性，有空间感，心意诚中，如王者一般，每个人都是自己心意世界的王者。这是基于身体而延伸出去的王者世界，儒家的身体意识可以扩展到祖先，延伸到后世，不是小身，而是大身。

通于祖天之意和丧礼，是从古人祭祀先人的意识当中沉淀下来的。礼仪期限的一致性来自人们对丧事的悲情具有相通性。所谓礼仪是以情意为基础的，守丧是为了把悲伤的心意持续与先人沟通，不断回到与先人共在的意识境遇中，并希望先人同在的境遇能够一直持续下去。孝为仁人之意的根基，孝首先是延续先人曾经在世的意念之境，在当世继续创造出祖先所在的意念之境，进而承续和继承祖先接于天地的意识境域。可见，孝顺首先是要回归祖天的意识境域，并让其鲜活地延续下去。

诚中之意就是让所有人的心意都诚于中，即与祖先的意识境域相通。孝顺并承接祖先的意识境域，通过在世者的意识境域加以领会的。治国是现世之人用意的艺术，让天下民众的意念诚中，礼到意到，让四季天籁之声的节奏协同起来，让礼乐制度的变化合乎四时递换的节律，把对祖先祭祀之意通乎天道的境界实化出来。

---

[1] 曹峰认为，清华简《五纪》具有重要的思想史价值，其中通过"五纪"等天道、"五德"等人道体现出来的"中"是最重要的概念，"中"体现为正宗的政治的最高原则与治理的最佳状态，其意涵超出了人伦意义上的忠信之义，不能仅视为儒家伦理，没有必要假借为"忠"。"中"与中正、公平、无私、宽裕相应，具有绝对、神圣的特点。他认为"中"是最高理念、最佳状态，有统一、圆融的意味，如"中以事父母"是侍奉父母之中，"行中"是一种行动方式，与言行有关系，另外，人体本身就是中，这说明"中"在古代就有很多层含义，与很多概念相关。参曹峰：《清华简〈五纪〉的"中"观念研究》，《江淮论坛》，2022年第三期。

第十九章　孝祖继述

子曰："武王、周公其达孝矣乎！夫孝者，善继人之志，善述人之事也。春秋，修其祖庙，陈其宗器，设其裳衣，荐其时食。宗庙之礼，所以序昭穆也；序爵，所以辨贵贱也；序事，所以辨贤也；旅酬下为上，所以逮（dài）贱也；燕毛，所以序齿也。践其位，行其礼，奏其乐，敬其所尊，爱其所亲，事死如事生，事亡如事存，孝之至也。郊社之礼，所以事上帝也；宗庙之礼，所以祀乎其先也。明乎郊社之礼，禘尝之义，治国其如示诸掌乎！"

【明译】

孔子说："周武王与周公，大概达到天下人都称道的至孝的境界了吧！所谓的孝，就是擅长继承祖先的遗志，善于延续光大先人的事业。每逢四季祭祀的时候①，要整修打扫好祖宗的庙宇，排列祖宗遗留下来的器物，摆好祖宗穿过、留下的衣服，诚敬供奉四季应时的祭品。宗庙祭祀的礼节，是用来区别出父子、长幼、亲疏、辈分大小的次序的；排列爵位的等级，是用来辨明贵贱地位的；安排祭祀中的各种职事，就能判断出子孙的贤能；祭礼结束后，众人饮酒时，由晚辈向长辈敬酒，晚辈先饮表达敬意，是为了使地位

---

① "春秋"说明是四季祭祀，与后"禘尝"相对。一说是每年春天秋天。

第十九章　孝祖继述

卑微的晚辈后人都能感受到先祖的恩惠和荣耀①；祭礼结束后宴饮时排座位按照须发的颜色，是为了区别年龄的长幼（不再按照辈分来区分）。登上昔日先祖行祭时的位置②，举行先祖行过的祭祀礼仪，演奏先祖听过的音乐，敬重先祖尊敬的人，爱护先祖亲近的人，侍奉刚刚故去的先祖就如同侍奉生前的他们一样，祭祀时侍奉亡故的先人就如同侍奉在世时的他们一样③，这就是达到孝顺的最高境界了。冬至在南郊祭祀天地的郊社之礼，用来侍奉上天④；夏至在北郊祭祀宗庙的礼仪，用来侍奉祖先⑤。如果明白这些祭祀天地的礼节和四时举行夏禘秋尝等祭礼及其包含的精神实质，治理国家就应该可以和抬起手来看自己的手掌一样容易了。⑥"

---

① 连地位低的晚辈都能够敬酒，表示一个大家族当中，每个家人都能够享受到和沐浴到祖先的恩惠。如孔疏：谓祭末饮酒之时，使一人举觯之后，至旅酬之时，使卑者二人各举觯于其长者。卑下者先饮，是下者为上，贱人在先，是恩意先及于贱者，故云"所以逮贱也"。
② 一解为把先王的灵位摆好，以便供奉。参杨海文：《大德受命》（见陈来、王志民主编：《中庸解读》，齐鲁书社，2019年，第166页）。又见杨海文：《四书选讲》，巴蜀书社，2022年，第204页。
③ "死"是刚刚断气，"亡"是棺材已经下葬，安葬在土里。"事死如事生"是伺候刚刚死去的人，要像他还活着那样；"事亡如事存"是伺候已经下葬的人，要像他还在世那样。参杨海文：《大德受命》（见陈来、王志民主编：《中庸解读》，齐鲁书社，2019年，第166页）。一解为祭祀时侍奉先祖就如同侍奉生前的他们一样，祭祀时侍奉亡故的先人就如同侍奉在世时的他们一样。生可以理解为生者，活着的人，也可以理解为死者生前，表示好像死者仍然在世一般。
④ "郊"是祭天，"社"是祭地。启发人人尊天顺天的情怀。一说冬至南郊祭天，夏至北郊祭地。参杨海文：《大德受命》（见陈来、王志民主编：《中庸解读》，齐鲁书社，2019年，第166页）。
⑤ 一说"宗庙之礼"，就是宗庙里祭祀先王和祖先的礼节。报答祖先，启发人人事亲爱亲的天性。参杨海文：《大德受命》（见陈来、王志民主编：《中庸解读》，齐鲁书社，2019年，第166页）。
⑥ 明白祭天地就是敬神敬天地，就知道怎么尊天顺天；明白春秋的祭祀就是祭祖孝亲，就知道怎么事亲爱亲。崇高天德与报答亲恩一贯，人人明理知本，就能自己治理好自己，上位者不必动用政令与刑罚，就可以长治久安。这就是礼教的效果，治理国家就像看自己的手掌一样容易。一解为易如反掌，像把手掌反过来那样轻而易举。参杨海文：《大德受命》（见陈来、王志民主编：《中庸解读》，齐鲁书社，2019年，第167页）。一说掌上有先、后天八卦，阴阳五行在手上通乎天道，比喻很简单，好像天地都在掌上一般。

【明注】

"昭穆"是宗庙的辈次排列。"旅酬"是祭礼完毕后众亲宾一起宴饮，相互敬酒；"旅"是人多，"酬"是酬谢。"燕毛"指古代祭祀后宴饮时，以须发的颜色别长幼的座次，须发白年长者居上位；宴会的时候按照长幼，不按辈分，体现敬老原则。"郊社"即祭祀天地；周代冬至祭天称"郊"，夏至祭地称"社"。"禘尝"是天子诸侯岁时祭祖的大典；夏祭曰"禘"，秋祭曰"尝"。

"志"虽然有主观愿望（wish，理雅各、陈荣捷）、主观目的（purpose，安乐哲）的意思，但未完成之事业（unfinished work，辜鸿铭）最接近"志"的内涵。也可以说，"志"主要是遗志，一种跨越时空，超越代际的，恒久稳定的心志状态。

"事"是颂扬或传达前人事迹（carry forward their undertakings，理雅各、陈荣捷），将他们的成就传之子孙后代（transmitting their achievements to posterity，辜鸿铭），这当然要保持他们的道路（maintaining their ways，安乐哲），即不仅要传颂祖先的事迹，更要坚持先人的道路。

【明解】

成名成家的"家"和师徒关系是同一种"家"，是在祖天意识的基础上推进发扬的新家。如"儒家"是对儒家思想都表示认可的人，而其中的孝顺程度，是以继承的状态来表示的。这种继承是记述祖先，并不要求有太多创造性的发挥。所谓"述而不作"，其实就是儒者的孝顺。儒者的继述其实带着一种强烈的对祖天的认同感、体认感和追忆感，并连带着使命感和义务感。儒者之为儒者，首先要继承祖先的成就，之后才能发扬——在新的时空当中，做出全新的推进。

大孝可以理解为光宗耀祖。只有把祖先的事业推进到新的历史高度，才算真正的光宗耀祖。如果能够实现这一点，就比养生送死、安顿父母更重要。因为有不世之功业，后世必然世世代代纪念，所以这才是真正的孝。不

第十九章 孝祖继述

朽功业让孝意识有了无限生发的可能性、源头性，也即意识渊深而生生的根源性，这是因为用意努力继承了祖先的事业，而且尽心竭力地推进到了令后人景仰的历史高度。通达祖天之意的通天大孝，让自身意识能够在世代之间流淌，在时间中长存永续。用祖先给予我们的身体，在身体曾经存续的有限时空当中，让留下的意识轨迹凝聚不败，这是回馈给祖先最好的礼物、最重大的孝顺。

【明意】

孝是意识反思当下自觉回馈父母和亲人的状态，所以当父母或者亲人不在的时候，孝意识即具有通天、感天的意味。张祥龙以孝为道，认为"孝乃亲子时间中的回流反报意识"，"孝的根本是一种时间回溯和历时保持的能力，能够在先人已经不在场或早已不在场时，仍然'继承'和'述现'其志其事"[1]，这是对孝意识在时间当中延展的反思和领会。

孝是继承发扬大道，是在身（大身）延伸到祖先身上的大道上，获取祖天降下的天命。在中国的家族系统当中，一个人要孝顺父母，孝敬长辈，这种孝不仅表示尊敬，更重要的是继述先人的志向和努力，延续发挥下去。孝在代际时间中绵延，在不同代人们的时间和空间当中展开。父母与子女在代际传承着亲情流逝的时间感，张祥龙称这种时间感为代际时间和亲际时间。[2] 儒家的人，首先是家中的人（家—人），是以家庭为生存场域的人。家是延续孝的时间性场域，即使亲人不在了，孝心和孝情还在。[3]

"述"之所以与孝相关，是因为述不仅是转述，而且是继述，是创造性地继承和发挥，所以对祖先意识状态的继承，首先是对祖先志向的体会，深

---

[1] 张祥龙：《"家"与中华文明》，济南出版社，2022年，第41页。张祥龙的孝道哲学和孙向晨的家哲学，在一定程度上都试图突破仁体或仁本体的实体化、形而上学化、过分超越化的倾向，也试图突破情本体的经验主义和缺乏超越性的迷思。
[2] 张祥龙：《"家"与中华文明》，济南出版社，2022年，第98页。
[3] 参张祥龙：《"家"与中华文明》，济南出版社，2022年，第99页。

入体悟先人在世的意识状态，好像祖先依然在世一般，其心意和志气之气象，依然还在世间，进而转化出来、继承下来，这就是对祖先遗志的转述和践履，是祖先不在的时候，依然像先人还在时那般敬畏，即保有祖先意识临在、与今人意识感通融贯的状态。这样的继志述事是通天大孝，也是明于祖天之意至于极致之境，与天地四时之节奏相感通。明诚于祖天之中之意，即明祖天之意臻于良知通天之化境。

第二十章　仁亲宜礼

哀公问政。子曰:"文武之政,布在方策。其人存,则其政举;其人亡,则其政息。人道敏政,地道敏树。夫政也者,蒲(pú)卢也。故为政在人,取人以身,修身以道,修道以仁。仁者,人也,亲亲为大。义者,宜也,尊贤为大。亲亲之杀(shài),尊贤之等,礼所生也。在下位不获乎上,民不可得而治矣!故君子不可以不修身。思修身,不可以不事亲;思事亲,不可以不知人;思知人,不可以不知天。

【明译】

鲁哀公向孔子请教有关政治治理的问题。孔子说:"周文王与武王的为政之道都记载在方板和竹简写成的典籍文献上。(如果有文王、武王这样的)明君贤臣[1]在位,政治事务兴举起来易如反掌;一旦没有(如文王、武王这样的)明君贤臣在位,政治事务也就弛废了。明君贤臣治国理政,会立即见效,就像树木种在沃土之上就会迅速成长一样。政事的效果,就像蒲苇快速滋长一样能够迅速见效。所以,治国理政之成败得失取决于能否得到贤人的辅助,能否得到贤人的帮助则取决于君主自身的修养水平,君主修养自身的水平则取决于能否遵循诚中之道,而遵循诚中道意的要点在于以仁义为本。

---

[1] 参傅佩荣:《傅佩荣译解大学中庸》,东方出版社,2012年,第68页。孔疏:"其人"谓贤人。文王、武王一般作"君"讲,但作为"贤人"的"人"包括明君和贤臣。

183

仁就是爱人，亲爱亲人就是仁的最佳表现。义就是做事得宜，尊重贤人是义的最佳体现。亲爱亲人（因其伦理关系而）有亲疏差等之分，尊重贤才（因其能力而）有等级上下之别，这就是礼制产生和存在的基础。在下位的人的真诚和信实如果得不到在上位的人的认可，就无法得到辅佐君主治理百姓的机会。所以，君王不能不修养自己的诚中之意。要尽自己的诚中之意，不能不把亲人侍奉好；要侍奉好亲人，不能不知人善用①；要想知人善用，不能不明白天道之中。"

【明注】

本章接续上章的"视诸掌"。好的政治需要文王和武王这样的圣王才能推进。"政"是政治事务，不仅仅指具体的政策，因为政策可以继承，而政事因人而异，难以继承。哀公是春秋时鲁国国君，姓姬名蒋，"哀"是谥号。"布"是陈列。"方"是书写用的木板。"策"是书写用的竹简，指代后人对祖天之意的记述。"其人"指文王、武王这样的圣明之君，其足以作为祖天的表率。人的意识存续才是存在的根基，政治的事务尤其如此。如果没有人的意识，就没有人的政治。当人不在位或者死亡，或者丧失意识主动性的时候，就相当于政治生命终结了。政治的主体是人，为政者的思想意识对于百姓的影响迅速而且明显，好像水土对于生长其中的树木、蒲草、芦苇等等，影响可谓立竿见影，明显异常。为政者的意识通达祖天，生养万物的意识贯注下来，百姓就如草木立即得到阳光雨露一般，生机盎然勃发。②

"人"作"贤人"讲比较通顺，也就是选好用好人才。要想有人才，君王首先要修身。如果修不好，就得不到贤人来辅助。"仁"主要指的是人关爱他人的同情与慈爱等天性。"义"主要是分别事理，指处理事务的时候，

---

① 这里的人，朱熹认为是贤人，他说："故尽亲亲之仁，必由尊贤之义，故又当知人。"参朱熹：《四书章句集注》，中华书局，2012年，第29页。傅佩荣认为是人性。参傅佩荣：《傅佩荣译解大学中庸》，东方出版社，2012年，第69页。
② 参师为公：《中庸深解》，作家出版社，2009年，第374页。

第二十章 仁亲宜礼

要把各种关系处理到合宜适当（appropriate）的程度，虽然也包含人的行为应该遵守的恰当的准则之意，但不取把准则标准化、外在化、客体化的那层意思。当把此处的"君子"义解为"君王"，对应"贤人"，就有点劝勉哀公之意。

"息"是灭，消失。"敏"是勉力、用力、致力，表示尽快。"蒲卢"即芦苇。芦苇长得快，性柔，而且有韧性和可塑性。"杀"是等次，一解减少、降等。本章把后面的天道推出来，提升到很高的高度，后半部分的境界就越来越高。本章之前主要讲如何理解中庸之道，但没有提高到天道的高度。本章之后反复重申天道的状态。可以说，二十章前多言人事，二十章后多言天道。

【明解】

政事反映的是孝顺祖天而通达大道的状态，是天命通过祖天向我们在世间展现的过程。仁者能够感同身受，以亲爱祖天和亲人的本能展开。明意之人不仅仅活着，而且在其位从其政，选拔推举意明之人。意明的从政者会把仁视为人之为人的根本。人在天地之间能够感通天地之意。仁感祖先和天地，自然有其分寸。感知祖天为修身之本，即诚于祖天之意之中才是修身的开端。

这种仁爱他人之情，没有任何抽象的意味，只能从心物不分、身心一体的赤子之心的状态开始体悟。这赤子之心其实就是天地生物之心，是生生不息的力量之源，是心物感通、一阳来复的仁人之意，也就是诚于天地之中的诚意。明这种诚意，就可以知道从亲亲延伸出去，实实在在地仁爱他人。

政治的存续依赖于主政者的意识境遇。意念清明的人主持政事会立即有效，当其意生念发，意念所关注的情境就会即刻改观。为政之关键，即在于主政者的心意修养水平是否能够念念推致通于祖天的仁人之意。而推致仁人之意于天下的第一步是友爱亲人，其次是尊重贤人。为了体现天地本然的区别，主政者本人的修养也当合乎礼仪，而礼仪本来就合乎天地自然原初的秩序。政治来自人的潜意识的显化，是人的心意在人伦关系当中不断显明与转化，作用于身、亲、人、天的结果，政治思想和行动本身就是身体意识的扩展过程。

孔子以天地之本体为生生之仁，《中庸》继之，仁即有感通的能力。因为感通才有生机，才能仁至天下。仁于祖天不是道德判断，而是生意、感意，是生机，生的是天人之间的仁意，也是天人合一的本体之意。诚中之意是对天人合一之境的反省和认知。

> 天下之达道五，所以行之者三。曰：君臣也，父子也，夫妇也，昆弟也，朋友之交也；五者，天下之达道也。知、仁、勇三者，天下之达德也，所以行之者，一也。或生而知之，或学而知之，或困而知之；及其知之，一也。或安而行之，或利而行之，或勉强而行之；及其成功，一也。"
>
> 子曰[①]："好学近乎知，力行近乎仁，知耻近乎勇。知斯三者，则知所以修身；知所以修身，则知所以治人；知所以治人，则知所以治天下国家矣。

【明译】

天下人都应该遵循的常道有五条，用来处理这五条伦理大道的道德品质有三种。君臣之道、父子之道、夫妇之道、兄弟之道、朋友交往之道，这是通行天下的五条伦理大道；智慧、仁爱、勇敢，这三者是天下人处理五伦关系共通的美德。至于这五达道、三达德之所以能够得到践行，从古到今都要

[①] 朱熹认为这个"子曰"是衍文。参朱熹：《四书章句集注》，中华书局，2012年，第29页。有学者认为是子思从《孔子家语》抄的时候没有删干净。

第二十章 仁亲宜礼

落实到一个"诚"字上面①：有的人生来就知道它们，有的人通过学习才知道它们，有的人要遭受困顿磨难之后才能领悟它们。但只要他们最终都明白五达道、三达德，所知的就都是一样的"诚"。又比如说，有的人安然自觉地去践行它们；有的人为了贪求利益，权衡利弊之后才去践行它们；有的人受到勉强，不得已才去践行它们。但只要人们践行了五达道、三达德，那么道理就只有一个，就是他们真诚无妄，诚心诚意。

孔子说："爱好学习就接近了智慧，身体力行就接近了仁爱，知道羞耻就接近了勇敢。知道这三者，就知道怎样修身养性；知道怎样修身养性，就知道怎样治理众人；知道怎样治理众人，就知道如何治理天下国家了。"

【明注】

"达道"是大家通行、彼此不会相遇的通道。换言之，要走上这样的大路才能够通畅，在人间就是理顺人伦关系。"昆弟"是兄和弟，包括堂兄堂弟。"达德"是在人伦关系当中能够通达应该具有的美德；也解为通往大道的方法与途径，所以也可解为"通德"，即通行的、可以行得通的美德。②

【明解】

诚于祖天和对祖天的感知，有人生来知晓，有人需要经历困顿磨难之后才能感通祖天的存在。智慧、仁爱、勇敢，都不是简单的经验主义可以理解的，也不是简单地从经验当中抽象出来的概念，而是体用不二、即体即用的状态。但这些都是有倾向性、有偏向的，智慧、仁爱、勇敢正是由政事的美德转向"诚"的关键所在。

真诚至极，犹如祭祀通达祖天的状态，其实包含着智慧、仁爱、勇敢的

---

① 参孔疏："'所以行之者，一也'，言百王以来，行此五道三德，其义一也，古今不变也。"参〔汉〕郑玄注，〔唐〕孔颖达正义：《十三经注疏·礼记正义》，上海古籍出版社，2008年，第2015页。
② 参邓球柏：《大学中庸通说》，湖南人民出版社，2008年，第112页。

美德在其中，因为没有智慧的人，不可能感悟和通达祖天；没有仁爱的人，即使感悟祖先，也不会被祖先仁爱，所以也就不可能真正通达祖天；不勇敢的人，也不可能感通祖先，因为可能会被感通的状态吓到，不敢去面对自己的祖先。所以，没有智慧、仁爱、勇敢美德的人，其实就不可能真诚到极致，也就不可能把自己的小身扩展成为大身的状态，不可能把百官、百工、百姓看成自己的发肤和手足，也就不可能感通他身犹如己身，不可能从家国通达到天下。

明意通达祖天的人可以把小的身体感通成为大的身体，通达祖先是第一层感通状态，通达后世是第二层感通状态，通达天下家国是第三层感通状态。所以，真正的诚是诚于大身而后才能够诚于政事（政事是大事，比政治要宏大），这才是通家国、通天地的诚。

心意发动及于他人、通于祖天有五条必经之路，这是处理人己中道的五条通路。这五条通路可从三个方面（智慧、仁爱、勇敢）来处理，最后都要同样落实推广于诚于祖天之意之中的实化过程之中。明祖天之意则能推广，达于贤人之意。因其意明，所以贤明。

人对祖天的体验和理解因修养境界而不同，但落实修养的道路其实都是一样的。无论怎样，心思意念发动都要时刻"诚中"，只是从修身养性出发，到最后治理天下，还存在修身养性的分寸之别。明白通于祖天的诚中之意，则可以知人善用而治理天下。

凡为天下国家有九经。曰：修身也，尊贤也，亲亲也，敬大臣也，体群臣也，子庶民也，来百工也，柔远人也，怀诸侯也。修身则道立，尊贤则不惑，亲亲则诸父昆弟不怨，敬大臣则不眩（xuàn），体群臣则士之报礼重，子庶民则百姓劝，来百工则财用足，柔远人则四方归之，怀诸侯则天下畏之。

第二十章　仁亲宜礼

【明译】

凡是治理天下国家的人，都要遵守九条法则。那就是：修身养性，尊崇贤能，亲爱亲人，礼敬大臣，体恤群臣，爱民如子，招纳百工，善待远客，安抚诸侯。修身养性，就能确立祖天之意；尊崇贤能，就不会陷于困惑；亲爱亲人，就不会让叔伯兄弟产生怨恨；礼敬大臣，遇事就不会慌乱无措；体恤群臣，士人就会竭力报答礼遇之恩；爱民如子，老百姓就会勉力振作；招纳百工，就能够使财货充足；善待远客，四方民众就会来归附；安抚诸侯，就能够使天下人都产生敬畏之心。

【明注】

"经"是准则，"九经"是九条准则。"体"是体察、体恤。"子庶民"即以平民为子。"来"是招来。"百工"指各种工匠。"柔远人"即安抚边远地方来的人，这是把外国人或者陌生人当作客人看待，其前提是有"怀柔"的国力或实力。"怀"是安抚。"劝"是勉力、努力。

中国古代的农业社会体系，对于外来的人口其实是持欢迎态度的，而且相信自己的生活系统能够让外来的人归化、生存下去，并让外来的人认可自己的文化，这其实是一种高度的文化自信。这既跟中国文化所在的土地充满生机、有足够的资源去养活尽可能多的人有关系，也跟传统文化源远流长，从古至今都在怀柔和教化周边的族群和国家有关系。相比之下，即使在中国古代最有霸道意味的政治叙述当中，殖民主义式的侵略和掠夺也从来不是中国主导性的统治思路。殖民主义者通常认为自身资源不够，对自身生存能力自信不足，在这个意义上，儒家天下观跟西方殖民主义的霸权与控制有着天壤之别。[1]

---

[1] 参赵汀阳：《天下体系：世界制度哲学导论》，中国人民大学出版社，2011年。

中庸明意

【明解】

这是劝勉君王的大经大法。君王心意澄明通于祖天，则大道易明，河清海晏，天下就容易得到治理。可见，心意努力诚于中道，时刻推致与祖天相感通的仁人之意于天下，就是能够时刻切中不同的对象和角色本然的情景中道。

齐（zhāi）明盛服，非礼不动，所以修身也；去谗远① 色，贱货而贵德，所以劝贤也；尊其位，重其禄，同其好恶，所以劝亲亲也；官盛任使，所以劝大臣也；忠信重禄，所以劝士也；时使薄敛，所以劝百姓也；日省月试，既（xì）禀②（lǐn）称（chèng）事，所以劝百工也；送往迎来，嘉善而矜（jīn）不能，所以柔远人也；继绝世，举废国，治乱持危，朝（cháo）③ 聘以时，厚往而薄来，所以怀诸侯也。凡为天下国家有九经，所以行之者，一也。

【明译】

像斋戒那样心境清明，安宁虔诚，衣冠齐整，不符合礼仪的事坚决不做，这样就可以修身养性；驱除奸邪，远离女色，轻视财货而看重德行，这样就可以勉励贤臣；提高亲族的地位，增加他们的俸禄，对亲族采用的爱憎标准与对待他人一致而不偏私，这样就可以劝勉并亲近亲族④；给予大臣高

---

① 傅佩荣注音四声。见傅佩荣：《傅佩荣译解大学中庸》，东方出版社，2012年，第72页。
② 傅佩荣本作"廪"。见傅佩荣：《傅佩荣译解大学中庸》，东方出版社，2012年，第73页。
③ 傅佩荣本注音为"zháo"或为zhāo。见傅佩荣：《傅佩荣译解大学中庸》，东方出版社，2012年，第73页。
④ 郑注"同其好恶"："不特有所好恶同姓，虽恩不同，义必同也。尊重其禄位，所以贵之，不必授以官守，天官不可私也。"这是对宗法制度的合理建议。参〔汉〕郑玄注，〔唐〕孔颖达正义：《十三经注疏·礼记正义》，上海古籍出版社，2008年，第2018页。

第二十章　仁亲宜礼

位重权，小事不用亲力亲为，这样就可以礼敬大臣[1]；诚恳对待，俸禄优厚，这样就可以体恤群臣；适时征用民力，减免赋税，这样就可以让百姓勉力振作；每日视察，每月考核，按劳付酬，这样就可以勉励各行各业积极工作；来时欢迎，去时欢送，嘉奖有才能、做得好的人，同情帮助能力不足、做得不好的人，这是优待远方来客的方式；延续（可能）绝后的世系，振兴走向衰败的小诸侯国，整顿平定混乱的局势，扶持即将灭亡的危局，按时接受诸侯朝见，赏赐丰厚，纳贡菲薄，这样就可以安抚诸侯。凡是治理天下国家的人，都要遵守九条法则，而能够使它们得以践行的根本的诚中之意境界是一致的。

【明注】

本段的主语是君王或者王者，至少是有位的君子。"谗"是说别人的坏话，这里指说坏话的、奸邪的人。"色"是因贪欲、爱欲外在某一点而导致心意过分付出、心意发动无力收回，即所谓因色生情、难以自控的状态。"远色"是心意时刻内省，远离心意发出太过导致无法收回的情感失控状态。这是要避免因近"色"而失中正之"情"。所谓"唯大英雄能本色"，是因为大英雄有至诚之心，其意念皆接天地祖先，心意发动本于色界，不离色界，而能戒色，不为色所动。

把"劝贤"的"贤"理解为"贤臣"比"贤人"更好，因为主语是君王。"盛"是多。"任使"是足够使用。"时使"指使用百姓劳役有一定时间，不误农时。"薄敛"指减免、减轻赋税。"省"是视察。"试"是考核。"既"即"饩"，指赠送别人粮食或饲料。"禀"是给予粮食。"既禀"是从粮仓里面拿出粮食给别人。"称"是符合；"称事"是统计到底做了多少事情。"矜"是怜悯、同情。"继绝世"是延续已经中断的家庭世系。"举废国"是复兴已

---

[1] 郑注"官盛任使"："大臣皆有属官所任使，不亲小事也。"参〔汉〕郑玄注，〔唐〕孔颖达正义：《十三经注疏·礼记正义》，上海古籍出版社，2008年，第2018页。朱熹注："官盛任使，谓官属众盛，足任使令也，盖大臣不当亲细事，故所以优之者如此。"前半注认为有众多官员任其派用，比郑玄更具体。

经没落的邦国。"持"是扶持。"朝聘"是诸侯定期朝见天子；每年一见叫小聘，三年一见叫大聘，五年一见叫朝聘。

【明解】

此段对君王要培养通于祖天意识之劝诫更加精微细致。斋戒的意义在于通过斋戒而培养通于祖天的澄明心境，这是为政处世的基础。深层的逻辑是，人的意念实化出来的每个细节，都精准地显现出当下的心意状态，所以每时每刻都要斋戒洁诚，以持守诚中之意。要诚于贤士之中，诚于亲族之中，诚于群臣之中，诚于天道之中。诚于通天的祖天意识，可以带出明显的王者眼光，但不宜局限于王者的角色和视角。

斋戒是不断减少欲望，让心力集中，使得实化意念的心意力量不断增强，心思意念的感应力和穿透力都得到增强，这有"克己复礼"的意味。增强克己的心力，不但不会消耗心力，反而可以增强心力。如果加上心意通于祖先和天下的精神脉络的修炼意识，就可以实现在当下一念之中让天下归仁的意识境界。

可以说，心力和意能是越克越强的，越是约束、征服、克制自己，自身意识的能力和力量就越强，如老子所谓"自胜者强"（《道德经》第三十三章）。这样的修身方式，其实是把外力对自己的克，都用意识转成自己对自身欲望的克，从而因感通祖天的临在，而能够时刻修正自己的意念，提升自己的心力和意能。

凡事豫则立，不豫则废。言前定，则不跲（jiá）；事前定，则不困；行前定，则不疚；道前定，则不穷。在下位不获乎上，民不可得而治矣。获乎上有道：不信乎朋友，不获乎上矣。信乎朋友有道：不顺乎亲，不信乎朋友矣。顺乎亲有道：反诸身不诚，不顺乎亲矣。诚身有道：不明乎善，不诚乎身矣。

第二十章　仁亲宜礼

【明译】

　　任何事情，只有事先有所准备才会成功，事先没有准备就会失败。说话之前考虑周全，就不会结巴；做事之前谋划严密，就不会陷入困顿而受挫；行事之前定好方案，就不会手忙脚乱而悔恨；走路做事之前提早规划，就不会走投无路而迷失方向。在下位的人，他的真诚信实如果得不到在上位的人的认可，就不可能得到治理百姓的机会。得到在上位的人信任有办法：得不到朋友的信任就无法得到在上位的人的信任。得到朋友的信任有办法：不孝顺父母就得不到朋友的信任。孝顺父母有办法：不能真诚至极地反省自己就无法孝顺父母。使自己真诚至极有办法：不明白什么是善就不能够真诚至极地反省自己。

【明注】

　　"豫"同"预"，指事前提早做好准备。"跲"的原意是走路不稳，老是绊倒，这里指说话不流畅。本段与《孟子·离娄上》中的一段内容基本相同，学者们对到底是《中庸》引《孟子》还是《孟子》引《中庸》有争议。张岱年认为是《孟子》引《中庸》。[①]

【明解】

　　择善固执是选择善行，并且执着信守善道，即知道好的，选择好的，而且一直坚持下去。"诚者，天之道也；诚之者，人之道也"，真诚至极是天道运行的基本状态。带有诚中之意的君子依中庸之道而行，就是要让自己心意模仿天道之真诚至极，以期达到真诚至极的诚人境界，让自己行事不用勉强就合于中庸之道，不费思虑就能有所收获，从容自在就合乎中庸之道。达到这一境界的人其实就是圣人。所以中于祖天庸常之道的境界很高，可谓直接就是圣人之道的境界。

[①] 参张岱年：《中国哲学史史料学》，中华书局，2018年。

中庸明意

做事情要诚于事之中，提前谋划事情才能有所预备。说话做事都要事先把意念落实于诚中之意：诚于上君者之中，方能诚于百姓之中。诚于上位者之中，来自诚于各方朋友之中；诚于朋友之中，来自诚于父母之中；诚于父母之中，自然来自一个人从内心之中发动去孝顺父母。只有把"孝"之"中"实化出来，人才能把内心的"诚"推扩出去。儒者"诚"于"孝"之中就好像把握着世界的中道，天下都可以运筹于帷幄之中。

孝是非反思的，是先行性的[1]，是通过反思祖天，并确立这种反思的机制先于一切意念，而达到一直通乎非反思的先行状态：在孝意识的践履当中，建立起对人情生生存在的、本自天然的自然情感的领会——天地自然本来就存有自然之纯，心意发动自然而然地诚于中道，使天地自然之善落实于人间的行为之中。诚于天下事物的中道境界，难乎其难，所以需要多方面的体认与研究。要努力地诚于天下事物之中道，推致诚中之意于天下。

【明意】

通过追述文王武王的祖天之意，说明人对"身"的意识需要在"亲亲"的关系之中才能生成和觉知，人不可能离开"亲"和"仁"的状态，凭空去感悟和意识"身"的实存。在这个意义上，"身"不是意识的对象化存在，恰恰相反，"身"是非对象化的存在。"身"是与意识一起升起来的，是意识存在的基础和平台。而人对"身"的意识和修炼，不可能脱离"亲亲"的场域，即"身"意首先是仁人之意，是在仁爱他人的过程当中，才能反观和确证自己的身体意识的。

仁爱他人是祖天之意的当场实化。礼是顺从天地自然之别而生的自然的社会秩序。君王要修炼自己的诚中之意，方能让心意皆切于亲人与他人的合适尺度。亲亲是人之为人的根本，人之亲爱亲人，是人之生存于世的本源状态，也是终极状态和核心状态。亲亲是儒家的开端，而开端的铺垫就是对祖天的领悟。

---

[1] 参温海明：《儒家实意伦理学》，中国人民大学出版社，2014年，第134—139页。

第二十章　仁亲宜礼

最大的善就是诚于祖天。儒家的善是从天道贯穿下来的。《易传》："一阴一阳之谓道，继之者善，成之者性。"天道是一阴一阳变化的，继承下来或者天道继续的状态就是善，这明显是儒家视角，看重易道的永恒性。[1] 道家也讲天道运行，但道家就不讲"继之者善"，不说天道继承下来的继续状态就是好的，所以"继之者善"是讲天道自然之善。"成之者性"，是道落实在每个事物上，成就自己的本性。天道本来就真诚至极，这是典型的儒家意味。儒家和道家都说天道自然，但道家不说它诚，也不说它善。儒家说天道运行非常真诚，这是儒家用心体悟天道的真诚状态，并说这种正面、阳刚的，主导的力量是善的、好的，这就是典型的儒家态度。

体会到这种状态以后，从容中道，很自然而然就合乎中庸之道。体会到这种高超境界以后，就按照这种状态去实践，择善固执。因为体会到天道本然的善，就自然会把它贯注到人道之间，如"天籁"般贯穿下来，实化天道运行那种自然本善的状态，把它自然而天然地表达在言行之间。在日常生活之中，把天道之善体会并表达出来，这就是择善固执，即择天地之大善而体认、固执、信守、践行之。

择善固执首先是感通天地自然之善，其次是将天地自然之善意会出来，使之实化，并在人间展开。可见，诚于祖天之大善，首先要从诚于家人、朋友、亲族开始。之所以从政治实践引申出"诚"这个核心问题，是因为不"诚"就没有真正的政治。这一段是引出"诚"这个哲学中心思想的铺垫，也是重要的过渡。儒家讲天道大善贯通人性本善。模仿天道之真诚至极的诚人，就像那些选择善行并且执着信守善道的人一样，因择善固执而发善心，执善意，做善事。

---

[1] 谭宇权认为："易道乃超越时空性的道（或本体）。由于它能超越空间，才能包罗万事万物。由于它能超越时间，才能始终心存戒惧。……它是超越时间的一种本体。"见谭宇权：《中庸哲学研究》，文津出版社，1995年，第139页。张汝今也认为"易道"是《易传》本体。他说："阴阳不是道，'一阴一阳'才是'道'，所以易道就具有了哲学本体的意义。"见张汝金：《解经与弘道——〈易传〉之形上学研究》，齐鲁书社，2007年，第215页。转引自郑熊：《〈中庸〉学与儒家形而上学关系研究》，人民出版社，2021年，第79页。

中庸明意

诚者，天之道也；诚之者，人之道也。诚者，不勉而中（zhòng），不思而得，从容中道，圣人也。诚之者，择善而固执之者也。博学之，审问之，慎思之，明辨之，笃行之。有弗学，学之弗能弗措也；有弗问，问之弗知弗措也；有弗思，思之弗得弗措也；有弗辨，辨之弗明弗措也；有弗行，行之弗笃弗措也。人一能之，己百之；人十能之，己千之。果能此道矣，虽愚必明，虽柔必强。"

【明译】

真诚至极是天道运行的先天状态，模仿进而诚于天道（真诚至极之中）是后天的人道。达到真诚至极的"成人"境界，行事不用勉强就合于诚中之意，不费思虑就能有所收获，从容自在就合乎诚中之意的大道，达到这一境界的人其实就是圣人啊。把心意诚于天道真诚至极之"中"的后天"成人"之人道的，就是那些选择善行并且执着信守善道的人。（为了让心意达到真诚至极的"诚中"境界，）要广泛地学习，审慎地请教，谨慎地思考，明晰地分辨，切实地践行。不学习则已，学了却没学会就绝不肯半途而废；不请教则已，请教而没有通晓绝不肯半途而废；不思考则已，思考而没有领悟绝不肯半途而废；不分辨则已，分辨而没有明晰绝不肯半途而废；不践行则已，践行而没有成效绝不肯半途而废。别人一次努力就能做到的，我用一百次的努力去做；别人十次努力就能做到的，我用一千次的努力去做。如果真能够坚持这样做下去，那么即使愚蠢笨拙的人，也一定可以变得明白聪明起来，即使优柔寡断的人，也一定可以变得刚强坚毅起来。

【明注】

本节在《哀公问政》章的结尾，通常被理解为儒家传统政治哲学的核心内容，并以"诚"为政治的基础和修己治人的根本；"诚"是在世间成事的根源和动力，也是把握三达德之根本，其内容以五达道为体、九经为用，从

第二十章　仁亲宜礼

而纲举目张，不仅立己，而且立人。① 后天的人道就是"成人"的诚中之意。后天之人因为"诚"而成为通达先天之道的"成人"。天命本诚，这是先天的天地自然之诚②，而人需要借助后天的修道过程，才能真诚地明了天命本来的自性之光明。可见，人发动诚中之意，其意识状态向外自诚于世界的同时，也向内自诚于内心，内外贯通，一片光明，即所谓至诚感天之境。这种诚中之意的意境，其实是不需要努力，而且不需要意识活动就自然通达的、不可思议的、非对象化的境界，不掺杂任何私意和杂念于其中，无限从容、自在、光明的意识现行境界。这是真诚至极，以至于不思不虑、无往无来、不将不迎、随顺自然、了无牵挂的状态。③

本节从政治实践引申出"诚"这个概念，所以这几节并非简单铺垫，而是逻辑严密、义理深层的过渡。除了"诚"的最高境界，本节还讲述了具体的"诚"的功夫，那就是择善固执。后天"成人"的人道，是后天的具体功

---

① 参宋天正注译，杨亮功校订，王云五主编：《中庸今注今译》，台湾商务印书馆，2009年，第51—52页。
② 方尔加用"秉性"和"天生的法则"来说明"诚"的先天意味。参方尔加：《〈大学〉〈中庸〉意释致用》，中国人民大学出版社，2008年，第200页。
③ 参考"诚者，不勉而中，不思而得，从容中道，圣人也"几家译文。理雅各译成：He who possesses sincerity, is he who, without an effort, hits what is right, and apprehends, without the exercise of thought; he is the sage who naturally and easily embodies the right way. 拥有真诚的人，毫不费力地切中正确的事；不用经过思考就能理解，自然、容易地体现正确的道路。这就是非常智慧的圣哲之人。辜鸿铭译成：He who intuitively apprehends truth, is one who, with(out) effort, hits what is right and without thinking, understands what he wants to know; whose life easily and naturally is in harmony with the moral law. Such a one is what we call a saint or a man of divine nature. 能够先天性、直觉地理解真理的人，不需要努力就切中正确的事情，不用思考就知道他想知道的。轻易地、自然地与道德法则（律令）和谐一致；这就是具有宗教神圣性的圣徒。安乐哲译成：Creativity is achieving equilibrium and focus (*zhong* 中) without coercion; is succeeding without reflection. Freely and easily traveling the center of the way—this is the sage. 创生力是不断实现均衡与平衡，不借助强迫（威压）而能够切中中道，不需要深思就走向成功。自由而轻易地走在道路的中央——这就是圣人。参 Roger T. Ames and David L. Hall: Focusing the Familiar – A Translation and Philosophical Interpretation of the *Zhongyong*, Honolulu: University of Hawaii Press, 2001, p. 104.

夫，也就是在难以把握先天状态的诚中之意之圣人境界的时候，只有通过努力做一些后天功夫，即把心意时刻诚于天道真诚至极之"中"才能通达圣人之境。因此，后天的具体功夫可以达到儒家开启"择善固执"的具体修行实践的境界。

可见，"诚"的复杂性在于，既有先天的不可思议之境界，又有后天择善固执的真诚、专注的功夫，而这两个面向译成英文的时候，其实是不同的。具体来说，真诚通天、自我通天、彼此相通（sincerity）可以理解为偏向后天的诚实意味；而祖天是实在（reality），相信人意承续祖天为真理（truth），祖天的实存具有本真性（authenticity）[1]，具有先天意味。或者说，人能真诚感天，本身是从本性通于天性的存在论里自然推论出来的。理雅各、陈荣捷、杜维明都用有后天意味的真诚（sincerity）译"诚"。[2] 安乐哲则用 creativity（创造性、创生力）强调人与天共同创造的状态，可以说，有后天通达先天的意味。

安乐哲指出，《中庸》的一个显著特征就是人与天共同创造（co-creative），所以人在自我表达的同时，又是在进行世界性的表达（both self-and-world articulation）。因此，他借用怀特海表达过程直觉（process intuition）的 creativity（创造性、创生力），以表达那种如是、自然的本然状态，将"创造性"的特征表述为"更新原则"（the principle of novelty），并将创造的过程定义为"更新会聚的产物"（the production of novel togetherness）。[3] 安乐哲又

---

[1] 杜维明列举"诚"的几种译法，参杜维明著，段德智译，林同奇校：《〈中庸〉洞见》，人民出版社，2008年，第118—119页。

[2] 理雅各、陈荣捷、杜维明都用 sincerity 译"诚"，用 heaven 译"天"，用 way 译"道"；辜鸿铭把"天之道"译成 the law of God，突出"天"的人格神意味和主宰性。辜鸿铭在这句下面说明 The truth that comes from intuition is the law implanted in man by God. The truth that is acquired is a law arrived at by human effort. 他把"诚"分成两种，一种来自直觉，由天帝赋予人，可说是先天的；另一种是通过人的努力所获得的法则，可说是后天的。

[3] 参安乐哲、郝大维著，彭国翔译：《切中伦常：〈中庸〉的新诠与新译》，中国社会科学出版社，2011年，第54—55页。

第二十章　仁亲宜礼

称这种共同创造为"宇宙性共同创造性"（cosmic co-creativity），借以表达圣人是宇宙生生不息的共同创造者（co-creator），所有的创造性都发生在关系性的脉络之中，也可以说，所有的 creativity 都是 co-creativity。① 这样的哲学理解，说明人与宇宙可以通过祖天意识加以连接，可谓努力把后天的人道努力与先天的生生之道相贯通。

祖天是有生生不息的创生力量的，这种力量通过现世的人来表现，体现在祖天与现世的人共同创造上。人是诚于祖天的存在，即"诚之者"，是能够取得、达到"诚"实状态的人（attainment of sincerity，理雅各），能够得到真实或真理（acquired truth，辜鸿铭），倾向于后天人为努力之结果。如果把"诚之者"理解为思考如何成为真诚的人（to think how to be sincere，陈荣捷），就倾向于后天反思的过程，从而引申出先天意味。安乐哲认为，"'sincerity'这一用语的价值在于，它描述了一个人对其创造性目的之信守、对其自我实现过程的庄严肯定。作为对于任务的持续不懈的关注，这种信守或决心本身就是在自我与世界层层扩展，最终达至圣人境界过程中的一种永久条件"②。可见，在充分肯定 sincerity 译法的合理性的基础上，安乐哲提出要把"诚之者"译成 creating is the proper way（创生力是正道）。对于把"诚"翻译成 creativity 的理由，安乐哲做了很多说明，如"诚"是一个动态的过程，是一种自我和他人共同发展和成就的根基。③ 这样解释更强调后天状态的努力，也就是在"择（choose）善"的过程当中生成"诚"。安乐哲把"择"理解为有意精选和努力优选（select），这样"择"出的"善"就不是一般的 good，而是安乐哲译成的 efficacious（有效、灵验），这就有感通意

---

① 参安乐哲、郝大维著，彭国翔译：《切中伦常：〈中庸〉的新诠与新译》，中国社会科学出版社，2011年，第81页。
② 安乐哲、郝大维著，彭国翔译：《切中伦常：〈中庸〉的新诠与新译》，中国社会科学出版社，2011年，第57页。
③ 参安乐哲、郝大维著，彭国翔译：《切中伦常：〈中庸〉的新诠与新译》，中国社会科学出版社，2011年，第58—59页。

味出来。这个过程是"弗措"的，也就是不能罢休、不可以停止下来的。所以真诚地择祖天之意而与祖天共在，就可以实现与祖天共创的、面向未来的世界。

【明解】

在"亲亲"和"斋戒"之后开始谈论"诚"，恰恰说明"诚"的含义首先就是"亲亲"，人的诚心诚意首先是在亲人当中实化出来、涵养而成的，所以诚的场域就是"亲亲"。而真诚至极的状态，就是斋戒到极致、毫厘不爽、精敬洁诚，不可有丝毫分心，意识极度专注，毫不出偏。这种状态首先表现在对基于"家"而有的"身"体感受的通感之上。换言之，人首先要体悟并保障自己身体的亲在感受，之后才能真诚至极地开创和扩展自己基于身体——因身而体悟到的边界意识。

正是在用"身"体悟的意义上，感通"孝"的孝身是大身，不是小的、具体的身体，而是身体在家国天下维度上的延伸，而"诚"于家、"诚"于国之大身，这个延伸到家和国的实践过程本身，其实就是政治活动（为政）。所以，为政就是诚于大身意义的"身"，也就是中（zhòng）于身之中（zhōng）。可见，"诚"从"中（zhòng）"出，圣人即中（zhòng）于中（zhōng）的人，他们时时刻刻实化诚中之意，不失此中间状态，即中（zhòng）于感性和理性之间，此谓"诚"于"中（zhōng）"。

"诚"是自证潜意识，并在"庸"常之间转化为潜意识的真诚至极的意识状态。不能把天人合一的至诚之境理解为一种信仰，不能当作迷信，或者认为不存在通于祖天的心意，却试图理解天人合一，这样就可能会导致康德所说用有限的认识能力去规定无条件的、无限的、绝对的整体的"先验幻相"。《中庸》的高明之处恰在于"中于庸（平常）"，诚中之意是通于祖天之意，带着无限的心意和认识力，所以不可能也不应该沦为康德所谓的"先验幻相"。

第二十章 仁亲宜礼

我们要不断实化诚中之意，不断重复实践，使得境界不断提升。因此，修身之道，就是身道延伸到家国之间。丁耘解"诚"为"所言成就，是意或者话实现了自己（诚意、修辞立其诚）"。他说：

> 用西方哲学的方式考察，"诚"中当然凝结了元一、存在、真理、实现活动、语言等哲学头等的哲学意蕴。用中文义理学的名相考察，它纳入自身之内的最重要意蕴就是"生"和"成"。就字面而言，"诚"即所生之言意实现、达成——生而必成，即是诚。[1]

丁耘引用王夫之训诚为实有来佐证："诚也者实也，实有之固有之也，无有弗然，而非他有耀也。"[2]他解释说，实有是"活动"，而不是现成的状态。

真诚至极的祖天之意真实无妄，这种毫无虚妄的本然，其实是天所固有的、大道自然如此的状态，这种生生大道可以成人成物。王者悟此，其意识状态最会主动持守祖天中道。我们不能仅仅把"诚"理解为作者的假设，或者认为，要求大家真诚至极是出于功利的目的。从人的群体的角度来说，只有面对未来的群体经验才是有正面价值的。或者说，无论是个体还是社群，都只有在诚意指向未来时，才会精诚所至，金石为开，心想事成。"诚"是意识实化，即潜意识转化为显意识和现实的关键。人因为"诚"才有光明的未来，让自己的意识充满真诚的希望，心"诚"于中的家庭、家族、国家才因真诚而能够创造出未来。也正是在"诚"而能够教化天下的意义上，建立于家意识之上的家教，不再是小家之教，而是通于天下的大家之教。这样的大家之教最终能够胜于反家的、系统化的信仰型宗教体系。

修心修意足以治国，因为治理者的修养，即把持心意的功夫，是否有能力持守心意于祖天中道，基本上可以决定治理者周围的情境。正心从理顺家庭的心念秩序，使之与外在情境相一致开始，可以延伸到家族、国家和天

---

[1] 丁耘：《道体学引论》，华东师范大学出版社，2019年，第54页。
[2] 参〔清〕王夫之撰，王孝鱼点校：《尚书引义》卷四，中华书局，1962年，第100页。

下。可以说，修身就是修诚中之意。领悟如何把握遇事的分寸，其实就是诚于具体的事情，诚于不同角色的人——领导、长辈、朋友甚至陌生人，时刻做到让心意真诚地通于祖天。可以说，这主要强调一种领导者的修养和素质。也是在这个意义上，孔子一生都在教化学生，培养他们成为君子，帮助他们在时机合适的时候出去从政做事，服务国家。

【明意】

诚中之意就是诚于祖天大道，即"明"祖天之"意"。修养达到"诚中之意"，其实难乎其难。意识如果能够感悟祖天，自然知道选择最大价值的意识状态。"诚"是真实不虚，就是充实。在"实"的意义上，"诚意"就是"实意"，实实在在地实化自己的意念，百遍千遍地不断重复，真诚至于极致。陈荣捷认为，诚是"一种积极的力量，这种力量总是在转化和完成着事物，并且使天人同流"。[①] 安乐哲同意杜维明的观点，认为将"诚"翻译为 sincerity 是不够的，而应该理解为创造性。[②]

身体在祖先与天地之间行动，无所谓真诚与否，因为身体的行动是一个既成的、需要面对的事实，关键是心灵要在祖先与天地之间的行动中展开，这才是最大的政治行动。或者可以说，时时刻刻以王者的心意光宗耀祖就是最大的诚于祖天的慎独意识。诚是不假，是绝假纯真、纯粹至善的精一功夫，每时每刻的念头都纯粹至善，没有任何虚假；诚也是无妄，没有妄心、妄念、妄想，不为虚相所惑，不生妄意妄语，纯粹正心正念正意。所以，诚就是通于祖天的自然之意感悟自然通天的意境。"诚之"就是实化，即祖天大道进入实化的意识过程的修为努力，毕竟，人间的事业都是从实化意念开始的，也就是从对自己的意念真诚至极的状态开始的，直至在通于祖天的意

[①] Chan, Wing-tsit, *Spiritual Dimensions: The Doctrine of the Mean*, in *The Source Book of Chinese Philosophy*, Princeton University Press, 1963, p. 96.
[②] 参安乐哲、郝大维著，彭国翔译：《切中伦常：〈中庸〉的新诠与新译》，中国社会科学出版社，2011年，第59页。

第二十章 仁亲宜礼

识化境当中，实化诚中之意。传统的儒家功夫论认为，如果一个人难以实现诚中之意的境界，那是因为意识之"中"还有一点点人欲，还不够纯粹，在心意发动的过程当中，无法纯粹地实化诚中之意。所谓"精一之功"就是修炼的顶级"圣域"，这样就把"精一"至极的"诚"提到儒家修身哲学的核心地位。

第二十一章　诚教明性

自诚明，谓之性；自明诚，谓之教。诚则明矣，明则诚矣。

【明译】

从诚于祖天之意而明白诚中之意，这就是了解天性如何自祖天而贯注下来，并在后天时空当中展开；从明白诚中之意而彰显祖天之意于世间，这就是通过人间教化展示祖天之意的教化过程。诚于祖天之意则明白诚中之意，使得天道贯通人道；明白人道如何与天道贯通，就是诚于祖天之意。

【明注】

祖天之意有先天意味，而诚中之意有后天的功夫意味。诚于先天，则明后天；明后天可以通于先天，则诚于先天。对先天意味的"自然之意"真诚至极，则可彰显为天道贯通人世之间的"天道自然之善"。天道自然之善即天道生生之仁，落于后天的"仁人之意"。此先天化为后天之意，可与《周易·系辞传上》"一阴一阳之谓道，继之者善，成之者性"互参。此善为宇宙本体性的善，是无对之善，不是人间善恶之善，不是与恶相对的善。这种有先天意味的善才是儒家之仁的开始。[1] 从先天化为后天来说，这就是天性自然化生转化，并在人间后天时空当中不断生成的过程。

---

[1] 参温海明：《儒家实意伦理学》，中国人民大学出版社，2014年。

第二十一章 诚教明性

考察传统注释可以看出，郑注："自，由也。由至诚而有明德，是圣人之性者也。由明德而有至诚，是贤人学以成之也。有至诚则必有明德，有明德则必有至诚。"孔疏："'自诚明，谓之性'者，此说天性自诚者。自，由也，言由天性至诚，而身有明德，此乃自然天性如此，故'谓之性'。'自明诚，谓之教'者，此说学而至诚，由身聪明，勉力学习，而致至诚，非由天性教习使然，故云'谓之教'。然则'自诚明，谓之性'，圣人之德也。'自明诚，谓之教'，贤人之德也。'诚则明矣'者，言圣人天性至诚，则能有明德，由至诚而致明也。'明则诚矣'者，谓贤人由身聪明习学，乃致至诚，故云'明则诚矣'。是诚则能明，明则能诚，优劣虽异，二者皆通有至诚也。"这是从圣贤之别来区分诚与明，圣者诚而贤者明。可以说，圣者诚于先天，也就是圣者的意识总是诚于先天的祖天之意，而贤者的意识总是明于后天的诚中之意。此先、后天意识状态相通，而且时刻可以相互转化。

杜维明认为，"明则诚"所指涉的是"功夫"（"道德努力"），而"诚则明"所指涉的则是"本体"。① 他认为"明"可以译作 brilliance（光明）、intelligence（聪明）、clarity（明晰）。② 安乐哲认为，来源于"创生力（creativity，诚）"的"理解（understanding，明）"，是"天然倾向（性）"的天赋礼物；来源于"（理解）明"的"（创生力）诚"，是教化的天赋礼物。辜鸿铭认为，来自对真理（诚）的直接理解的"才智（明）"，叫作"直觉（性）"；来自对"才智（明）"的运用以达对真理（诚）的理解，是教育的结果。③ 陈荣捷认为，正是因我们的本性，真诚才导向启蒙和开明；正是因为教育，启蒙

---

① 杜维明著，段德智译，林同奇校：《〈中庸〉洞见》，人民出版社，2008年，第95页。
② 杜维明著，段德智译，林同奇校：《〈中庸〉洞见》，人民出版社，2008年，第97页。
③ 辜鸿铭译文：The intelligence which comes from the direct apprehension of truth is intuition. The apprehension of truth which comes from the exercise of intelligence is the result of education. 辜鸿铭：《辜鸿铭英译经典：大学中庸：中英双语述评本》，中华书局，2017年，第218页。

和开明才导向真诚。① 这种理解接近于理雅各：当我们拥有由真诚导致的智慧之果时，这种情况得归功于本性；当我们拥有由智慧导致的真诚时，这种情况得归功于教导。②

【明解】

从小身"诚"为大身，是身体意识通于祖天，并投入从事人间政治而成的过程。而"明"之所以具有后天意味，是因为需要在后天的时空场域当中明白祖天之意。当然，这也可以理解为明心见性，明白自己的本性，知道自己是谁，故所谓明性，也就是见性。后天的明性，其实就是"诚"于先天的意味。儒家教化关注的就是如何在后天的教化过程当中，让人开启智慧，明白自己的本性，从而通达先天的祖天之意。

后天明白诚中之意其实就是先天诚于天道自然之善。后天人道自然向着先天的善，这就为后天行善找到了先天的天道根据。明白天道贯通人世之间的"天道自然之善"在人间显现为真诚至极的"人道自然之善"，这就是教化的过程。"自然之意"真诚至极，自然就会明明白白地彰显为天道贯通人世之间的"天道自然之善"，明明白白的"天道自然之善"自然会在人间显现为真诚至极的人道。

人的意识自根本的、先天的、诚于祖天之意的意识状态中生发出来，当下可以明白，人的后天本性其实本来通于先天之性，可以自先天的祖天之意明白后天本性。可见，圣者的意识本来通于天性，天性有先天和后天两层意义，后天的天性是修为功夫的对象，而先天的天性是修为的指南。只有天性已明才能"率性之谓道"，统帅天性并真诚地推致出来，从而实践出在人

---

① 陈荣捷译文：It is due to our nature that enlightenment results from sincerity. It is due to education that sincerity results from enlightenment. Chan, Wing-tsit, *Spiritual Dimensions: The Doctrine of the Mean*, in *The Source Book of Chinese Philosophy*, Princeton University Press, 1963, p. 107.
② 理雅各译文：When we have intelligence resulting from sincerity, this condition is to be ascribed to nature; when we have sincerity resulting from intelligence, this condition is to be ascribed to instruction.

第二十一章　诚教明性

间的教化，这个过程既是自己修道的实践，也是引导他人修道的教化。换言之，教会他人领悟自证分意义上的"诚"，其实就是证自证分。证成"诚"体需要自证，而明潜意识和显意识的自然真诚转化，这是诚中之意的本性。从自己明白潜意识可以贯通意识的全体，而做诚中之意的功夫，这就是天道自然的教化。

先天真诚至极的创生之力，是意识通于祖天的状态，当下显化为后天的诚中之意，这本身是非常明白的过程，也是本性的澄明过程。明是内在心性、先天禀赋由内而外显明出来。每个人生下来都有潜能，从内而外表现出来，自然发用就是自然明白起来。明白每个人生来的天性（天生的本性）是开明的，是本然通达祖天的，把这种开明、开放给祖天的状态，在人间意识发动的过程当中真诚至极地实化出来，这就是教育和教化该做的事情。

教育和教化都是从外到内的过程，需要从外在的教材、教育的内容入手，逐渐回归和明了人内在的、真诚至极、诚于祖天的状态。可见，教育是一种借助外在手段帮助人们逐步内观其先天而来的祖天之意的过程。见自本性，再明之而诚，进而成教于世间，此即通常所谓"明明德"、自觉觉他的教化过程。

因为诚于先天的祖天，我们的意识才能明了后天的事物。没有通达先天的诚，后天的意识就陷入分别，难以超拔出来，几乎不可能明了事物本来的、全体的面目。可见，感通世界全体之根本状态的"明"，其实是对心物相通之"诚"的反思。如果不对心物相通的"诚"的状态加以反思，那就几乎不能理解和感悟心"明"而物"明"的状态。这是一种真"诚"至极而"明"白的自身意识，近似唯识学的自证分，是自己意识对心（见分）和物（相分）明明白白的再认识，从而意识到，"诚"其实是认识到心物一体光明透亮的基本状态，也是在心物相通时无须借助意识之光明就可以不假思索地自证自明的状态。这样可以理解为，在内时间意识状态中观照和反思诚中之意，可以作为领悟世界全体和时间本相的意识基础。

如此一来，"诚"与"明"互为体用，互为本体和功夫，互为因果。因

"诚"而"明"就是格物，就是对于物的意识明白起来的过程，格物的经验是当下真诚的、直接的、主客合一而不分的。"诚"贯通天道，首先当理解为天道的诚，天道之诚体会到了以后，再把它"明"起来，而从天道下来的"明"的内容，就是本性，可以说是"明德"，即《大学》"明明德"的"明德"状态。从人的明德出发，可以理解出天道之诚，这是儒家教化，是教育他人明其德行的过程。人间的人道真诚至极，跟天地自然的大道贯通。可见，"诚"可理解为通达天道、有先天意味的诚，"明"可以理解为"明明德"的功夫之明。"明明德"的功夫和天道的先天境界，如此则真诚恻怛，因为它们是一体两面、全然贯通的。

本性在后天时空当中的彰显，就是先天之天道的自然展开。虽然人性与天之间没有本体论鸿沟，但杜维明认为人需要做出意识上的努力才能跨越过去[1]，这种意识本身的修行其实是非常关键的。人虽然本体上是天地的一部分，但要成为与天地祖先共存共创的参与者，确实需要意识的觉醒和开悟，也就是需要真诚到极致才能达到与天地共生的状态。杜维明强调，人道与天道共同享有一个本体论实在（ontological reality），这就是人天共同的"诚"，人因其诚而可以与天共存共生，也因其诚而能够竭尽自己生存和发展的意义，并实现与天地相参的最高境界[2]。所谓人性受命于天，正是因为得其"诚"，也就是天道本身生生不息的自然之善，而把这种善性在人间发挥到极致就是与天地相参的过程，从而"在宇宙中产生一种转化性的影响"[3]。杜维明写道：

> 自我实现必然包括一个实现他人本性的过程。因此，天下之"大本"与"达道"都集中到君主的转化性影响上。君子的光辉美德借以向外辐射的既"隐"又"微"的方式是无色无形的，但是，同天地的旺盛的孕育力量一样，它的创造性力量是到处都显而可见的。然而，正如

---

[1] 杜维明著，段德智译，林同奇校：《〈中庸〉洞见》，人民出版社，2008年，第89页。
[2] 杜维明著，段德智译，林同奇校：《〈中庸〉洞见》，人民出版社，2008年，第97—98页。
[3] 杜维明著，段德智译，林同奇校：《〈中庸〉洞见》，人民出版社，2008年，第99页。

第二十一章　诚教明性

《中庸》所极力强调的，真实的存在，涵盖万物，丰盈饱满，既足以证实宇宙的最神秘的运行是本真的，也足以证实人的普遍存在的具体体现是本真的。[1]

可见，真诚地向着祖天的"诚"是一种"向量"，具有方向性，其方向确定了，"就必然会展现出它的道路"。诚不是目标，更不是有待获取的结果，诚只是一种生成中的自在，是贯通万物的[2]。因为"诚"的这种物我贯通性，所以"成己"的当下就是"成物"，不存在与"己"对待的外在的"物"。可以说，"诚"是一种贯通物我的创生力，"是天地化育过程得以出现的原动力"，这种创造性的力量当然是"不息"的，"它的创造是一个存在于时空中的连续的无止境的过程"[3]。可以说，"诚"就是大自然那种先天的、原生的、持续的、永恒的、生生不息的力量。

【明意】

诚于祖天之意就是明意，即明诚中之意。这是先天意味的祖天之意对后天意味的意念，即诚中之意在主体自身当下正在参与变化的时机化意会，所以"诚"就是一种反思的"明"。可见，"诚"是一种原始创生的、因缘发动的原发境遇，是人心与他人和万物的感通状态，是人要"中（zhòng）"于这种状态之中（zhōng）。这种极度微妙的几微状态，因为不可能离开时机，所以又称为"时几"状态。心与物在时机化的状态当中彼此交关，心对物之真诚至极一起创生的几微状态，是万物发动的根本。

诚于祖天作为一种直观，是直觉（直接觉悟）天道，直接观悟祖先的实存，如此即本体即功夫的祖天直觉，是当下性的觉悟，是体用不二意义上的本体论，而不是本根论、本源性、本质论意义上的本体论，也不是宗教意义上的创世论、人神合一论。这种即本体即功夫的境界，可以用直觉来贯彻。

---

[1] 杜维明著，段德智译，林同奇校：《〈中庸〉洞见》，人民出版社，2008年，第115页。
[2] 杜维明著，段德智译，林同奇校：《〈中庸〉洞见》，人民出版社，2008年，第101页。
[3] 杜维明著，段德智译，林同奇校：《〈中庸〉洞见》，人民出版社，2008年，第103页。

所谓彻上彻下、一体了悟的境界，这是《中庸》"诚"哲学、"中"哲学的特点和难点。

诚于祖天，天命才真正开启。可见，诚是有天命意义的意识生命开始创生的原点，是一种向着天地创生的内观意识。祖天之意的意识在向外开创的维度之外，有一个意识向内反省的维度，意识到反思的意识（阴意）必须成为意识向外投射（阳意）的基础。这种意识境遇是阴阳一体、时刻不分的，近似于人道一体的自证分意识。如果以卦中的爻来比喻，爻在卦中的时和位是阴境，是爻发动向外感通的阳意的基础和本体，这种爻在卦中推移动荡的理解，其实就是卦变说的基石。每一个爻都在感应中变化，爻的变化使得时位、形势不断发生变化，对应着主体意识发生感通和变化，爻推荡产生的卦变象征意识的变化是依境而生的，是不断创生、生生不息的。

祖天如自然，所以通于天道之诚的祖天之意，其实也是后天诚中之意的自然运化过程。诚于天道自然的祖天之意，如自然之意的运化般自动展开。诚中之意参与天道运作，如此的本体性之"诚"体的展开本身就是"明"祖天之意的过程。在这个过程当中，"性"展开为一个自在且自明的过程，而不是某种固定不变的、本质性的存在状态。

祖天的显化即教化。天地自然本体的澄明过程，本身就是心意通于祖天的诚中境界的展开和彰显过程，也是真诚至极的仁道境界的展现，明悟这种境界，需要教化。人的心意真诚至极地通于祖天，这就是诚中之意。心存诚中之意，自然明白天道贯通人道的善心善念，天道自然之善自然会彰显在世间的存在物之上。诚中之意接续天道自然之善，让祖天之意自然而然地彰显和表现出来。

虽然祖天显现于自然存在之中，但在日常意识之中，祖天之意和诚中之意并不会自然而然地彰显。从意识主导的角度理解，达到这种境界需要通过反思，人借助类似自证分那样的反思机制才能在自身意识的观照中，感悟到心意本体可以接续事物之中道。从意识被动顺应的角度理解，心意与祖天相通，自然毫无妄念，本身就是真诚无妄地通于天道自然之意，人通过真诚顺

第二十一章　诚教明性

应自然之意而于当下意识状态当中，时刻感悟通于祖天，这便是成就诚中之意。无论心意主导还是被动顺应，都有明显的教化意味。

"自诚明"而不是自神明，儒家教化不需要先信仰一个外在的人格神，之后让神的光来照耀和启示人们，所以"自诚明"是从天道之诚下贯到内在的本性之明，明自身本性的诚中之意，通于天道之生生之力。这种"诚"的意识近于自证分。对世界和自我存在状态的"诚"，既有能见的见分，也有所见的相分，见分和相分如阴阳一体，如诚和明不可分离。在某种意义上，自我之诚就是内在的神明，所以不是外在的人格神。

感通祖天如感悟先天真一之炁。此炁不是外在的人格神，而是通过心意通于祖先和天地，引领内在生命力自然涌出，并在此过程当中，得到反思和自证，这就接近于证自证分，即意识本身自我观照自证分意识那种自觉状态。这种自我觉照有一种内在的光明。这种光明可谓圣人之光、圣明之光，但不是来自外在人格神的恩惠（grace）的那种神圣光明。诚于祖天之意之中这种意识状态的自证自觉，从本体到功夫都是一元论的，而不是二元论的。人是自照祖天的，如天之自明本体。人不是被祖天照明的，不是被天点亮或者照亮的。人性不需要外在的光源，虽然人性的光源来自天，但天不是外在的天神，而是内在的神明。人可以自觉本性的光明，并感悟到自证的、内在的、神圣的天。

第二十二章　诚中参赞

唯天下至诚，为能尽其性；能尽其性，则能尽人之性；能尽人之性，则能尽物之性；能尽物之性，则可以赞天地之化育；可以赞天地之化育，则可以与天地参矣。

【明译】

只有心意最真诚至极地通达祖天境界的圣人，才能充分实现自己天道自然的善性；能充分诚明于自己的天性之中，就能充分辅助众人诚于他们的天性之中；能充分诚明于众人的天性之中，就能充分辅助万物诚于它们的天性之中；能充分诚明于万物的天性之中，就可以辅佐天地化生万物、助成天地的养育功能；能辅佐天地化生万物、助成天地的养育功能，就可以与天地并列为三了。

【明注】

"至诚"是感通天地祖先至于极致，心意极度真诚、诚恳、诚心（complete sincerity，理雅各），体悟到了绝对真理（absolute truth，辜鸿铭），并且绝对真诚地（absolutely sincere，陈荣捷、杜维明）持守祖天之意，保持那种极致真诚的状态。这是因为圣明的人本身有真知灼见，能够真修实证，有自信明心见性。明白领悟天性和顺天随之的天命之后，自然会时刻体悟祖天之意与天性不分的即本体即现象的状态，并与天地之化同流，辅助天

第二十二章 诚中参赞

地的运化。此境界即陈荣捷所谓"诚不只是心的一种状态,而且是一种积极的力量,这种力量总是在转化着事物和完成着事物,并且使天人同流"①。杜维明认为,"'诚'不会在一种超越时空关联的单一行为中进行创造。毋宁说,它是在时空的连续不断的过程中创造"②。安乐哲把"至诚"译成 utmost creativity(极致创生力),强调了人与天地共创的生机和活力,认为"人的实现不是通过全心全意地参与公共生活的各种形式,而是通过那全心全意地塑造了一个人的社群生活才得以达成的"③。他们都强调"诚"当理解为人的心意真诚至极而参与人事甚至天道变化的创造性转化。

"尽其性"是充分发挥并实现人的本性,是生命的展开,是血脉继续发展的根本意识都通向祖天之意,也只有通往祖天之意,才能让本性充分发展(full development,理雅各;fully develop,陈荣捷和杜维明),"尽"不是静止状态,所以用动词更合适;辜鸿铭译成 get to(到达、达到、开始、接触),强调达到道德上的平衡,以确定的规则作为标尺;安乐哲译成 make the most of(极为重视、尽量利用、充分展现),强调充分发挥作为内在趋势的人性。实现自己天性的过程,也是助成天地之间的人们实现他们的本性的过程。杨祖汉写道:

> 故至诚尽性,可说是永不可及,亦可说是当下便能实现,这两重意思,是可以并存而不相冲突的。人一面可以感到天道浩浩无穷,人虽竭尽其心,仍不能充分实现天道,一面亦可以在当下之每一道德之行上完成无限之价值,而朗现于万物一体呈现,使万物都实现其无限价值之境界。而不论是从哪一面说的意义,都是由本心之无尽的求实现其性之活动上见的。

---

① 参陈荣捷 Chan, Wing-tsit, *Spiritual Dimensions: The Doctrine of the Mean*, in *The Source Book of Chinese Philosophy*, Princeton University Press, 1963, pp. 95—114.
② 参杜维明著,段德智译,林同奇校:《〈中庸〉洞见》,人民出版社,2008年。
③ 参安乐哲、郝大维著,彭国翔译:《切中伦常:〈中庸〉的新诠与新译》,中国社会科学出版社,2011年。

中庸明意

这求能实现其性，求尽一切人一切物之性的活动，不正就是天道逐步实现的历程么？于是至诚者的尽性的活动（从尽心而彰显性），便是赞助天地之化育，而可以赞助天地之化育的人，其价值不是可与天地并立么？①

在尽性即性在天地之间延展，就是赞助天地的运化的角度上，可以理解本性、天性来自祖先和天地，尽性就是性的生生不息，具有无限的价值。虽然"性"通常理解为自然、本性、性质、本质（nature，理雅各、陈荣捷和杜维明），但 nature 有强调根本性质、孤立本质的"本质化"倾向，与尽性过程中人的本性与世界时刻相互协调的动态处境不合；故安乐哲强调尽性的过程意味而译为 natural tendencies（自然趋势），有意避免将"性"作过度"本质化"解读，强调性是自然的倾向，也是可以不断延伸和变化的倾向，而不是确定不变的本质性存在。

"赞"是赞助、辅助、援助、帮助、助攻（assist），辅佐并发挥天生的本性来成就祖天在今生今世之未竟事业。辜鸿铭较特别，把"赞"译成 influence（影响、感化）。"化育"是化生和养育，是对机体和精神的转换和滋养（transforming and nourishing），强调"新生"（transform）与"亲亲"（nourish）的过程性状态，发挥儒家宇宙论和伦理学特色。辜鸿铭则强调"化育"是创造的力量（the forces of creation）。

"参"是与祖先和天地并列，形成三个一组（form a ternion，理雅各），形成三位一体（form a trinity，陈荣捷、杜维明）；辜鸿铭译成 one with the（和……成为一体）；安乐哲译成 take their place as members of this triad（获得作为三者一体的成员之位），试图避免 trinity 的宗教意味。如果能够与祖先和天地并列为三，后世有述，就说明当世有成就，对得起祖先。

---

① 杨祖汉：《中庸义理疏解》，鹅湖月刊社，1984年，第208—209页。

第二十二章 诚中参赞

【明解】

　　至诚就是心意通于祖天，真诚至极，进而领悟个人的小身可以通达天地之大身的心意状态；是一种对身体的直觉领悟足以提升至于家国天下的状态；是尽己性至于人性、物性至于天下万物之性的状态。①

　　诚就是天道，至诚就是直觉天道，是天道当下的开解。尽心就是觉天，觉知天道，诚即可明，明即直觉，诚体朗现，诚体遍照万有，因为诚明本觉，所以光芒万丈，心意参天。诚体就是物体，就是仁体，就是万物一体，所以直觉就是一体浑然、内外贯通、与祖天一体、天下犹如一家的状态。

　　人参赞祖天，感悟天道，就是中（zhòng）于天地之中（zhōng），在天地之间至诚感天，诚于感性和理性之间的中道。在这种祖天之意之中，人的心意真诚至极，自明其德，可以与天地相参。参也可以理解为三，代表天、地、人三才贯通的境界。其实，人修炼到通天之境，已经不再是日常生活的普通人的境界了，能够诚于祖天之意之中的人，几乎达到神的境界，即通天通地的化境。要想把人从本体上理解为与天地共存共创的参与者，需要意识的觉醒，领悟到人可以与祖天相通，真诚至极，达到与天地共生、与祖天一体的状态。

【明意】

　　达到了诚于祖天之意之中的境界，祖天就可以赋予自己强大的精神意识能量（意能）。心意能通于自己与生俱来的天性的材质（才智）和分寸，心意之发动便可无不通于万物本性自然生发的状态，心意诚中，即能顺万物自然之意而生养长成，则心意通于天地之中而可以参与天地养育之功。

---

① 杨祖汉认为"至诚尽性"是中庸全篇主旨所在。参杨祖汉：《中庸义理疏解》，鹅湖月刊社，1984年，第205页。虽然"至诚尽性"是一个无法实现的理想，但也可以说当下就能达致。"只要人能呈现其本心，便是天理之明觉呈现，顿时便实现无限之价值，而无所谓不足。"参上书，第208页。

中庸明意

至诚是心意通达万物的中道,达到极致的状态,可以顺应大自然的自然之意,而与祖天、万物共同创生(co-creativity)。人意赋予天地以生机,如果天地的生机没有人来意会,则连"道"或"心"都无法揭示出来。[①] 所以诚中之意就是明天地运化之意。明天地而能够诚于万化,就是良知流行,而有天良的觉知状态。诚中之意是一种思而非思的境界,一方面要如沉思一般地"诚中",另一方面又要如"空有之意"一般空空如也,好像没有此意一般,所以是既要思又要非思的境界,是既有意又无意的境界。如果"尽性"的"尽"意识是见分,那么"性"就是相分,而尽人、物、天地万物之性就是自证分,是意识与世间万物融贯的状态。基于这种意识状态实现的"与天地参"的意识境界,可谓证自证分之化境。

可以说,诚中之意是一面内在的镜子,看起来不动,其实映照万物。在安宁的未发状态,它已经通于一切存在。那种"廓然而大公,物来而顺应"的境界,是一种思想未思和意识未意的状态,其实更是包含一切,带着生命的元力,生生却未发的状态。当镜子映照万物于其间,似乎发动的时候,诚中之意的境界也是思而未思的,思物却无意于物,意物而不为物所动,这种沉思中的非思,是一种不可思议的思,也是意中的非意,一种不可思议的意识状态,以至于既超越经验,也超越理性,更超越逻辑,不是对象性的概念,不能依赖信仰或者相信,也不可能通过归纳或者怀疑而得到推理,因为诚中之意本身是反逻辑、反推理的,它是典型的非反思的、前反思的状态。

诚中之意带着纯净,带着透彻,带着清明,带着丰富,带着崇高,它是开端,更是源泉,它是非对象化的对象,更是无对象的对象本身,所以只能自觉和自证,是对自证分的证成,即所谓证自证分的境界。诚中之意本身就需要"诚",所以这种意本身就是反意,是意的反身性存在状态,是时刻要离开中,却必须回复到"中"的那种意识状态。在意识的离开和回复中,那

[①] 赵汀阳指出,山水固然是永恒的,然永恒之山水若无人意参与,则纵永恒,也无意义。赵汀阳:《历史·山水·渔樵》,生活·读书·新知三联书店,2019年,第29页。

第二十二章　诚中参赞

种对于天道的观照，就开始带上了神性，因为天道如此神秘莫测，而诚中又难于登天。既然如此，如果能够借助宗教的外在人格化之神来帮助人们理解带有神性的中，感悟到人生存续可能具有永恒的精神性生生原点，那么，我们或许就容易"诚"于其中，"诚"于那个非对象化的"中（zhòng）"本身，而不是意识所要指向的、对象化的"中（zhōng）"。

第二十三章　至诚能化

其次致曲（qǔ），曲能有诚。诚则形，形则著（zhù），著则明，明则动，动则变，变则化。唯天下至诚为能化。

【明译】

次于天下真诚至极之圣人的贤人，他的修养功夫需要从推究幽隐微妙的善念开始，这是一个曲折回旋的过程。幽隐微妙的善念是从"天道自然之善"落实下来的瞬间状态，经过曲折的努力才表现为心意发动真诚的善端。心意发动时那种真诚的善端可能通过积累和发用而表现出来，好像有某种微小不明的"意念之形"似的；这微小不明的"意念之形"可以逐渐实化，越来越显著，成为"意念之著"；"意念之著"到一定程度就发扬光大，成为"意念之明"；"意念之明"明明白白是因为介入与他者的关系，这种"意念之明"明于他者就会产生行动，即"意念之行（动）"；"意念之行（动）"到一定程度就会导致"意念之变"，即事情发生转变；"意念之变"到一定程度就会转变成为"意念之化"，就是人的心意在运世之化。只有天下真诚至极的人才能够运世之化。

【明注】

"其次"指次于圣人一等的贤明之人，即次于"自诚明"圣人的人，也就是贤德之人，但其也是能够感通祖天之意的人。"致曲"是致力、推致于

第二十三章 至诚能化

某一方面。"曲"是委曲、幽隐、不直接，即偏于一端的意思①。一般的贤人必须从具体的修行功夫入手，比如致力于择善而从或者克除私欲，只有把偏私和弊端也推致到极致，才能找到祖天之意的根源。可以这样说，只有反观体察自身，才能认识到自身的天性，进而认识到私意对此性的拘泥，这是于生起的"意"中去观照"意"本身的自身意识状态，而后在着手做克除人欲的功夫的过程当中，让祖天之意不断彰显明白起来。

"致"是推致，是把对祖天的感通推致天下。明意的澄明和意念的实化过程比较曲折。"曲"是择善而执之的功夫（cultivate to the utmost a particular goodness，陈荣捷和杜维明），是培养过程与事物（cultivate these processes and events，安乐哲），这是先选一偏再推至其极致，也是最大限度地培养（cultivate to the utmost，理雅各）的办法。

理雅各翻译"曲"为 the shoots of goodness（善端或使之发芽），强调先选择善端，再扩充善端并培养为善德。辜鸿铭聚焦"其次"到 the process of man's mind（人的思维过程），这种思维过程其实也应当包括行，即获得对某些知识的理解并付诸行动。辜鸿铭把"曲"的"一偏"表达为 a particular branch of knowledge，认为仅知识性获取仍不够充分，还应包含道德实践。②安乐哲译"曲"为 discretion，表达含有特定情况下自行决定如何行事，言行谨慎、审慎选择和慎重不起冲突之意。在注释中，他强调"曲"是一偏、一个方面、一部分③。前文言普遍性层面，这一章言特殊性和细节层面，所以安乐哲的译文注意到"至诚"的细节与具体性，可以说有杨国荣所谓"具体形上学"意味。这就强调把某一特定情景的审慎抉择推扩到方方面面而最终展现出"诚"，把潜在的哲学意涵挖掘出来了。

理雅各认为本章的"诚"是 sincerity（真诚、非伪善），强调真实的心理

---

① 康有为：《中庸注》，台湾商务印书馆，2011年，第58页。
② 参辜鸿铭：《辜鸿铭英译经典：大学中庸：中英双语述评本》，中华书局，2017年，第226页。
③ 参幺峻洲：《大学说解 中庸说解》，齐鲁书社，2006年，第82页。

状态，即内心要真诚、信实、不自欺，含着对心意纯粹真诚和人应该"真实地"存在于世间的关注。这种真"诚"是心意反思之后的真实，是心真实存在，即意物一体、真实无妄、实实在在的存在状态。在如此真诚无妄的存在状态当中，人不仅能够认识自我，也能在成己成物的过程中，与天齐同并返归自身，意识到自己的本性可以通达天道，从而实现主体意识不断深化、自我真实状态不断完善，进而接近圣人那种不思而得、不勉而中的状态，并要超越心理状态层面上的那种通天之"诚"，达到人与天共存、同生，一起生成，同时成就，人天一体，不分彼此，更不分一与多。陈荣捷在注释里认为，"诚"有心理学、形上学和宗教性意义，"诚"不只是一种心理状态，还是强有力的动力，能够时刻地转化并生成万物，而且将天与人联结到同一之流（same current）中。杜维明认为"诚"有 sincerity、truth、reality 三个意思。Be true to himself 强调内在自我的实现，用 sincerity 难以传达"诚"那种生成和完成义，不易表达"成人""成物"，由明而诚、由诚而明的动态过程。

安乐哲译"诚"为 creativity，强调"诚"的生成性、新生性、动态性，他认可杜维明的诠释"'诚'自发地是一种自我维系（self-subsistent）和自我实现（self-fulfilling）的创造性过程，这种创造性过程使生命得以不断地产生并完善"①。Creativity 一词在早期西方文化语境中与《圣经》创世论有关，上帝把万物从纯粹虚无当中创造出来，而人不具备创造力，所以只能是模仿者。②但安乐哲借用怀特海哲学意义上的 creativity 意义，即过程性宇宙论意义上的创生、生生来解释。正如倪培民所指出的，creativity 用来具体阐发 sincerity 的功用，比 sincerity 更有优势。正如李约瑟认为的，"诚"很

---

① 参杜维明：《论中庸：儒家宗教性研究》，第 16—17 页。并参见安乐哲、郝大维著，彭国翔译：《切中伦常：〈中庸〉的新诠与新译》，中国社会科学出版社，2011 年，第 59 页。
② 安乐哲认为辜鸿铭的译文用 truth（真理）、substance（实体）、reality（实在）等词语都有强烈的二元论特征，不适合翻译主客合一的理路。参见安乐哲、郝大维著，彭国翔译：《切中伦常：〈中庸〉的新诠与新译》，中国社会科学出版社，2011 年，第 33 页。

第二十三章 至诚能化

难翻译,又相当重要,可以像"道""礼"等词语用音译形式表达,杜维明、安乐哲都有此意,如用拼音cheng来表达,说明没有哪个单词能全面表达"诚"丰富深刻的内涵。

"形"是显露和表现。朱子认为"形"是"积中而发外",强调"诚于中,形于外"的发显义;理雅各译成apparent(明显、易见、表面),理解为外在的、浅表的发显,带有非本质的含义;辜鸿铭译成substance(本质、事实根据),理解为本质性、实体性,强调客观真理而非道德意味,近于程注"诚则形,诚后便有物";陈荣捷和杜维明译成expression(情感表达);安乐哲译成determinate(固定、确定、限定的),含有形体之边界具有被决定的意味,也可以说因循吕注"德有定体"之谓。①

"著"是显著,更加明显。辜鸿铭译为reality(本质、实在、真实、事实),陈荣捷和杜维明译成conspicuous(明显的、惹人注意的),强调个体特殊的、不合常态的扎眼行为,容易引起他人关注,有招摇意味,不合中庸本义,还是理雅各和安乐哲译成manifest(清楚显示,使人注意)更合适一些。

"明"是心意诚于祖天而内外光明。朱子认为"明"是"光辉发越之盛",强调由内而外彰明,有通透之感;理雅各译成brilliant(聪颖、明亮、明媚、成功);辜鸿铭译成intelligent(聪明、有才智的);陈荣捷和杜维明译成clear(清楚明白的);安乐哲译成understand(理解、明白),表示让人理解。

"动"是影响和打动他人(affect others,理雅各),可表示操纵、控制和影响力(power,辜鸿铭),也有促使、改变和打动他人(move others,陈荣捷和杜维明)的含义。

"化"是由于通于祖天而自然化育。化育是使人和物发生转变(transformed,理雅各),可谓在变化(change)基础上的转变,如程子认为是"变如物方

---

① 吕大临注:"所偏而成德,德有定体,如伯夷致清,为圣人之清,柳下惠致和,为圣人之和,此诚则形者也。"参〔宋〕卫湜撰,杨少涵校理:《中庸集说》,漓江出版社,2011年,第254页。

变而未化，化则更无旧迹，自然之谓也"，认为变是还没有转化，而化则全都改变了。朱子认为"有不知其所以然者"，这样"化"就带有创造之力（creative power，辜鸿铭）的意味。可以说，"化"物已经近于"创造"事物，有神创之力的意味，可谓近于游酢注"至于化，神之所为也"，只是这种"神"是"妙万物而为言者也"（《说卦》）的非人格神意味的，而没有西方宗教人格神的意味。"化"之功用如《诗经》的"风"，于无形的风化之中"教化"世人。

【明解】

通于祖天的意念实化出来有形、著、明、行（动）、变、化各个不同层次。只有天下真诚至极的人才能够运事之化，才能够化生万物，才能够教化众人。所以天下最真诚的人要去转化世道人心，转化天下万物，以天下至诚为能化。所以要去转动天下的阴阳，就要从意念很微小的变化开始，非常小心。

对圣人之学的领悟，也是对祖先领悟过的天道的继续领悟，所以非常微妙，而体悟到了之后，又要做不断扩充至极的当下功夫。杜维明强调，人道与天道共同享有一个本体论实在（ontological reality），这就是人天共同的"诚"，人因其诚而可以与天共存共生，也因其诚而能够竭尽自己生存和发展的意义，并实现与天地相参的最高境界[1]。所谓人性受命于天，正是因为得其"诚"，也就是天道本身生生不息的自然之善，而把这种善性在人间发挥到极致就是与天地相参的过程，从而"在宇宙中产生一种转化性的影响"[2]。人感通祖天，犹如回到母体一般的发用本体之义中。

感通祖天是一种生存过程。安乐哲认为，在翻译和解释中国哲学的时候，应该采用"过程性"而非"实体性"语言，所以他把"诚"译为

---

[1] 参杜维明著，段德智译，林同奇校：《〈中庸〉洞见》，人民出版社，2008年，第97—98页。
[2] 杜维明著，段德智译，林同奇校：《〈中庸〉洞见》，人民出版社，2008年，第99页。

creativity，强调"自我实现的创造性过程"不被外物牵绊，是生命的自然、自发、自我实现和完美的过程。① 这是一种非神论的创造，即非人格神意味的创造，是神妙万物之意味的创造。

【明意】

将诚的境界在当下生活当中时刻实化出来，必然是曲折和委曲的。通于祖天的光明，虽然悟透的瞬间一定是灵光乍现，但具体实化出来的过程，总是缓慢、有节奏、曲折和委曲的，也只能是一点点显露出来的。

祖天之意从本心当中发明出来，就是直觉明心，就是见性，就是诚明本性，使得本心显著起来。人诚于祖天之中，而与祖天时刻变化，在与祖天一切改变和转化的过程当中，不断诚中（zhòng）于日常之中，这就是明，也就是真诚至极地、明明白白地实化出来。

"至诚"是化被动为主动，心意至诚感于祖天，等于有一颗通达宇宙万物的心，也就是心物不二的心。它是一体的大心、意物一体的心。这种意识状态就是明意，就是能够感通方能化育。心意明觉，真诚映照万物，与万物同化。意念之明而能行，明意转化为意行，就能够感动他人，改变他人。②

意念的转化之力是天下最幽隐微妙的事情。心念一动，天地阴阳之气即动。天地自然之善在世间为人所领悟，而成为心意发动的善端。心意发动的善端逐渐积累而有形；意念涵养扩大而彰著；意念彰著则可以光大；意念光明广大将可能影响意念，化为行动；意念化为行动可以改变世间阴阳变化与运转，进而改变世间事情的进展。天下真诚至极的人，其心念时刻诚于祖天之意之中，所以他们能够化生万物，教化众人。

---

① 安乐哲、郝大维著，彭国翔译：《切中伦常：〈中庸〉的新诠与新译》，中国社会科学出版社，2011年，第80—82页。
② 印尼孔庙有"八诚箴规"，分别是：诚信皇天，诚尊厥德，诚立明命，诚知鬼神，诚养孝思，诚顺木铎，诚钦经书，诚行大道。参王爱平：《印度尼西亚孔教研究》，中国文史出版社，2010年。

第二十四章　至诚感天

至诚之道，可以前知。国家将兴，必有祯（zhēn）祥；国家将亡，必有妖孽。见（xiàn）乎蓍（shī）龟，动乎四体。祸福将至：善，必先知之；不善，必先知之。故至诚如神。

【明译】

人的心意修养如果达到了真诚至极的境界，就可以预知未来即将发生的事情。国家将要兴盛的时候，必然先出现吉祥的征兆；国家将要衰亡的时候，必然先出现妖孽作怪的反常现象。这些现象都会呈现在蓍草和龟甲的占卜当中，也会表现在人们的行为举止上。① 灾祸与福运将要来临时：如果是好运，可以事先知道；如果是厄运，也可以事先知道。所以意念达到真诚至极的诚中之意境界的人，似乎像神一样神妙。

【明注】

"前知"是如果真诚至极地通于祖天，就能够预知未来，这是因感而应，需要有感应，意方能明。祖天既是过去，又是未来，其未来意义体现在当下

---

① 此处从朱注。郑注："四体，谓龟之四足，春占后左，夏占前左，秋占前右，冬占后右。"〔汉〕郑玄注，〔唐〕孔颖达正义：《十三经注疏·礼记正义》，上海古籍出版社，2008 年，第 2025 页。孔疏："'见乎蓍龟，动乎四体'者，所以先知祯祥妖孽见乎蓍龟，卦兆发动于龟之四体也。"〔汉〕郑玄注，〔唐〕孔颖达正义：《十三经注疏·礼记正义》，上海古籍出版社，2008 年，第 2026 页。

感应到的预兆之中。

"祯祥"是吉祥的征兆（happy omens，理雅各），当心意澄明至极时，意识就能够照亮过去与未来，所以人能够感应到相应的征兆。这一过程带给人快乐、幸福的意味，让人觉得自己是幸运的（lucky，辜鸿铭和陈荣捷），而国家的吉祥不仅仅是幸运，更有福气和良善的意味。安乐哲的译文 omens and signs 比其他人的翻译多了 signs，突出了各种迹象会伴随着预兆，并用 auspicious（有利的、吉利的、有助于成功的）来体现其体认实用主义哲学与中国哲学相通的特点。

"妖孽"指物类反常的现象，草木之类称妖，虫豸之类称孽。妖孽的出现其实是意识明白至极，能够照亮一切细微变化所致。理雅各和陈荣捷译为 unlucky omens（不祥、不幸运的预兆或征兆）；辜鸿铭译为 signs and prodigies（迹象、有迹可循的奇事、奇观、奇迹）；安乐哲译为 ominous portents and auguries（不吉祥的前兆、异常迹象和预兆），augury 侧重于命中注定的预兆或预言，加深了反常的特点。

"见"是呈现。"蓍龟"指蓍草和龟甲，用来占卜，使得不可见的征兆明白地显现出来，可以为人觉知和解读。至诚的潜意识可以通达过去和未来，借助蓍草和龟卜把未来的信息展示并显现出来。

理雅各和安乐哲译"动"为 affect（影响），强调外部的动对四肢伸展的影响，侧重结果；陈荣捷译为 the movements，理解为简单动作或机械运动；辜鸿铭用 agitate 表达煽动、鼓动、搅动，带有情感色彩。

"四体"是手足，指动作仪态。后天意动，能够成为一体，意物本然一体，为明意和感通之本。"四体"一般译为 four limbs（四肢），只有辜鸿铭译为 human body，强调身体四肢及其他部分，即身体的整个形体、肉体。

"如神"是感通祖天，如有神助，能够时刻体验到神妙万物"妙万物而为言"（《易传·说卦》）那种微妙感，无法言说。"至诚如神"是意识真正的自由、自主状态，超越了善恶对待，超越了伦理和宗教意义上的二分，是诚于心意通天的状态，因为心性本然通天，所以能够成为至诚如神的根基。理雅各、辜鸿铭和陈荣捷都译"神"为可数名词 spirit（精神），强调神是可数的个体性存在。安乐哲译成形容词 numinous（精神上的、超自然的），强调神超越普通的物质与精神之分而具有神圣性与神秘感。

【明解】

　　心意诚于天地运化之中，则可以知晓天地阴阳运化的趋势，可以从几微细小的迹象当中读出天地运化的状态。心念诚中就是意识时刻诚于天地运化之中，从而具备前知之力。至诚之道是通于祖天之道，祖天从过去可以通向未来。反思潜意识与未来的信息沟通，从而让意识可以通达过去、未来，如有神助，使显意识经至诚的证自证分而能够证成前知的意识状态。

　　跟《易经》占卜一样，人真诚到跟天地贯通的境界以后，就能够前知，即预知未来。至诚如神，如果能够真诚到极点，就会自然地体现于自己生活当中和自己周围的情境当中，甚至能够感应到国家将会出现的好与坏的各种预兆。这种至诚的状态有力量，能够感觉、体会到一些征兆。

【明意】

　　心如明镜，照天而可以前知。心意感天，从意明而身清，而能观于大身，以至于人伦家国、天下万邦。在这种状态下，人能够预先感通祸福，犹如通神一般。感通祖天就是通达天地万物的感通之力，是一种潜意识状态，而"明意"使"意"明，是意识的显化，使之有现实性的功用。由此可见，明意与感通犹如体用不二的状态。

　　诚中则天意彰明。心意感通天地不仅是人心与天地本体上联通一体，而且是当下发动的瞬间都联结至于心天一体的状态。换言之，心与天合一的本体性状态，可以即体即用。心体通天的发用，时刻表现为心之动即天之动、心之意即天之意，心意与天意之间，没有二意，无分无别。

　　心意本天地自然之意的产物，如果能够诚于天地自然之中道，则可以知晓事物发展变化的趋势。《周易》通过阐发几微来说明，事物变化都从几微

第二十四章　至诚感天

之处开始，数、象、卦、辞都是微小端倪的彰显。天地之间的运化趋势可以通过占卜的方式呈显和表现出来，帮助人们读懂微妙变化的可能意义。尤其是那种达到了诚中之意境界的人，具备系统性的预知能力，心念真诚至诚中的状态，通于鬼神之运化，自然如神一般神妙。

第二十五章　诚明万物

　　诚者，自成也；而道，自道（dǎo）也。诚者，物之终始，不诚无物。是故君子诚之为贵。诚者，非自成己而已也，所以成物也。成己，仁也；成物，知也。性之德也，合外内之道也，故时措之宜也。

【明译】

　　意念真诚至极是成就自己的理想状态，而诚中之意是在成就自我的过程当中不断引导自我的方向，从而展示出来的大道。真诚至极的创生之力，从事物的开端延续到终结，任何事物如果离开了真诚至极的创生之力，就不能够保持其自身物之为物的内在力量。所以，君子特别重视贯通物我的真诚至极的创生之力。真诚至极的创生之力发挥作用的时候，不是仅仅成就内在自我就可以停止了，而是要不断成就事物，达到贯通物我之境。成就自我是仁德的展现，而同时成就事物就是智慧的体现。成就自我与成就事物都是把内在的天性发挥出来成为德行的表现，也说明真诚至极的创生之力可以贯通外在的事物与内在的自我。具有真诚至极的创生之力的"诚者"懂得在适当的时机发挥作用成己成物，所以他做的一切都是合乎时宜的。①

---

① 孔疏："言至诚者成万物之性，合天地之道，故得时而用之，则无往而不宜，故注云'时措'，言得其时而用也。"〔汉〕郑玄注，〔唐〕孔颖达正义：《十三经注疏·礼记正义》，上海古籍出版社，2008年，第2028页。

第二十五章　诚明万物

【明注】

万物皆因"诚"而有，因"诚"而存，因"诚"而在，"诚"是万物之为万物的根源。万物从本体上和存在论上，都因"诚"而实有，如"伪"则空。换言之，万物之生生变化，不待人为而真诚如此地存在①。"自成"是万物自己感天之变化生生而成，不是简单地、孤立地自我成全，而是自己成就通天状态，是万物都自我完善以至于通天化境。在价值论意义上，自成可以理解为自我完善，是因为成就而体现出更加完善的价值理念。"自成"是自我完成（self-completion，理雅各）；是自我存在的实现趋于极致（realization of our being，辜鸿铭）；是向更好状态去自我完善，持续深化（self-consummating，安乐哲）。

"自道"是通达祖天之后可以自我引导（self-directing，陈荣捷和安乐哲）而成就自己。择善就是诚中，是在诚之中，在真诚至极、无妄、不欺骗自己也不欺骗他人、毫无欺瞒、无遮蔽的状态当中，保持一种心地光明的状态。因为本性通天，所以明了本性就能够通达天下。

"成己"的"己"是在时空阴阳变化的"几微"当中的展开和实化。②子思继承孔子，以此阴阳之"几"为仁人之意，要求诚中于此仁人之意，让仁爱他人的意念时刻发动而不断成就自己，这样形成的不仅仅是自我的"己"，而且是我与万物合体的"仁"境。因为"己"的仁爱，所以感通仁的"几"，从而成就万物一体、天人合一之"仁"境。理雅各以 virtue 言仁，将仁视为一种完美的美德；辜鸿铭则侧重道德意味（moral sense）；陈荣捷用 humanity 凸显仁爱他人的品质和人性相通的意涵；安乐哲用 authoritative conduct 表达展现仁爱并成就仁爱，是在社群当中逐渐获得权威性的行为和

---

① 《论语》"子曰：巧言令色，鲜矣仁"与此处不诚无物的意思可通，也就是心念发动不真诚，就不可能成就事物，不能够建功立业。
② 参夏可君：《〈中庸〉的时间解释学》，黄山书社，2009年，第151页。其实，子思的几微的时间性书写，不是无仁，更不是非仁的书写，只是子思的书写之"诚"于"仁"到了极致，以至有通于天道那种似乎无仁或非仁的意味出来。

过程。

"物"因意的关注、观照而维持其物之为物的边界，其实就是心与物的边界。"成己""成物"是意念成就、实化自身的过程，是意念超越心与物之间的边界，这个边缘不是客观外在的边缘，而是心物一体的边缘域。所以成就自己（成己）的同时，其实也是改变自己与物的边界的过程，就是对物（process，安乐哲译）的过程性成就，是"物"从不受意识关注的状态，进入心物交关的边缘域，进而成为意识关注对象的"物"，并最终为"心"所化，为意识所消融，从而成为心物一体的"物"的过程。

"性之德"可以理解为本性拥有的德（virtues belonging to nature，理雅各），近似于本性的特征（the character of nature，陈荣捷），我们存在的能力或功能（the power or faculties of our being，辜鸿铭），某人的自然倾向的完美德性（the excellence of one's natural tendencies，安乐哲）。可以说，性是人的天然倾向，顺着天然倾向或本然实理去自成、自修、自推，从而把德性成就为德行，这样"德"就是内在的德性实化成为外在的德行的统一体。"外内"一般都译为 external 和 internal；辜鸿铭译"外内之道"为 combine the inner or subjective and outer or objective use the power of the mind，强调的是在心灵功能发用的时候，要结合内在主观和外在客观两方面来运用。

"合外内"是内在的德性合于天地之化。"成己"就是明物，就是在诚的境界当中，可以明通万物。这是自我澄明、自我生成、自我转化的自明境界，是自明而通天的化境。"时措之宜"是祖天之意的时机化展开的合宜状态，理雅各译成 The entirely sincere men employs these virtues, their action will be right.（极度真诚的人运用这些德性，他们的行动就会正确）；辜鸿铭译成 with truth, everything done is right（有了真理，完成什么都是对的）；陈荣捷译成 whenever it is employed, everything is right（每当运用的时候，什么事都合适）；安乐哲译成 whenever one applies this excellence, it is fitting（每当人们运用其德，都是合宜的），强调合适而非正确。

第二十五章　诚明万物

【明解】

时刻诚中即意识时刻通达祖天，以通祖天之"明"，化约超越的、外在的他者观念，因为内外的观念都在光明的意识境域之中。无论是东方的祖天还是西方的上帝，其实都在一心之间、一意之中，关键在于意识"明"。在真诚至于极致的意识境界里，诚中之意可以化祖天或上帝为一心一意、真诚纯净的意识状态。这样，在对存在的意识状态上，把外在超越转化为内在超越；在理解生成的意识过程当中，化解物我分离、天人异构的主客两分法，而时刻成就天人合一境界。这和西方人神两分、物我两分的意识境界迥然有别。在心意光明的通于祖天的意识世界里，没有主客二元之分，既日常又神圣的光明的祖天意识其实就体现在日常、平常、庸常的人伦日用之中，此即"即凡而圣"。

人性通于祖天，祖天在人的意识当中可以显示其终极实在。这样的祖天意识本身是生生而成就的。如此一来，《中庸》祖天意识的哲学境界就能够融贯二元论世界观。如果人们能在日常事务当中通达祖天之意，就可以实现人性的终极状态，而不需要诉诸传统西方哲学与宗教的二元对立框架。在意识的修持过程中摆脱这样的对立性框架，而且可以把主客对立的思维模式转化为天人合一的思维方式，意识到天人合一思维可以理解和把握对象，在日常生活的现象当中，在表象论当中，就能够形成本体论、形而上学甚至宗教性的极致意识状态。心意通于祖天，是为了创造和谐的理想世界而做的意识努力，体悟到意识修为可以在当下的日常生活当中，在转念之间实现在人间建立天国的理想，并且不逊色于超越尘世的天国，这样的祖天意识是何等精致和美妙。

祖天即庸常，祖天之意是"中（zhòng）"于日常化境并趋于极致的，可以化解西方人神二元论的鸿沟，不被此岸和彼岸的观念性两分遮蔽，知道所有的此岸和彼岸都与河床联通一体，本来没有区别，只是因为岸上观察者的眼光而有分别。祖天之意体现在日常当中，可在表象、现象世界之间实现天人、主客、物我贯通的一元论、整体论。① 宇宙是无分的，宇宙就是在实化诚中之意的过程当中生生不息而成就不止的。人们时刻诚于其中，就把天意实化出来，表现为日常的人意，而人意本身，就是天意，所以诚中之意，就是诚于天意，让天意转化为日常的人意表现出来。似乎离开人意，并无天意，而天意洋溢于人意之中，合天意之外与人意之内，时时刻刻，都是合宜的。合乎天人之意的光明没有内外，因为都是通天之光。

诚于日常，就是"中（zhòng）"于日常，就是在诚中之意流行的过程当中，不断地成就事事物物。要想让诚中之意实化出来，就要不断地成就事物，每时每刻都达到贯穿物我之境。成就自我是仁人之意的德行的体现，是仁德自动实化为仁人之意的德行，所以可以同时成就事物，完善智慧。成就自我越深沉，成就事物就越宏大。如果人能够把内在的天性都发挥出来，就会充分展开，成为德行的表现。这说明，真诚至极的创生之力可以贯通内在的自我，内观自我至于极深、极幽微之处，与此同时，可以贯通外在的事物，与宇宙整体的存在共生共成。所以，具有真诚至极的创生之力的诚者，懂得在任何适当的时机发挥自己诚中之意的作用，成就深沉的自己，与此同时，成就与己相关的物，也就是"己—物"一体地存在，在心通物论的状态当中，心物不分，意物一体，从而在一切时机当中，都"中（zhòng）"于其中，也都实化为"己—物"之中道，成就基于中道基础上的"己—物"一体之化境。如此"中（zhòng）"于"己—物"一体之"庸"，则诚中之意时时刻刻实化出来的一切，都是通天之意，也就都是合乎时宜的。

---

① 参观不同宗教的教堂、博物馆时，人们通常会被那种人间天国的极致美妙状态所震撼，体会到那种典型的、在人间建立天国的二元论，似乎要求人永远臣服于外在超越的上帝之城当中。相比之下，《中庸》祖天之意的极致境界不需要上帝之城，而是于日常生活当中化解主客两分、神人相分的二元状态，好像平日、平庸的状态就是天人合一，可以当下意识到、时刻实现那种天地与人融会贯通、物我一体不二，如"孔子于乡党，恂（xún）恂如也，似不能言者"（《论语·乡党》）的境界。

第二十五章　诚明万物

【明意】

诚中之意即心意诚于物我之中道，心念诚中，由我而物，化物为我，把彼此的内在创生力打通，心意真诚至极而通乎中道，贯穿物我，在成己与成物的同时，生成物我共成之境。成就自我是推致仁人之意或实化意念的状态，在成就自我的同时成就事物。每时每刻实化意念，同时成就我的对象事物。诚者在合适的时机依境（*in situ*）实化他的意念，因其诚中，而一切都合乎时宜，心意所发皆在天道之中。

诚中之意不是仅仅诚于事物之中，而是在诚中的过程中打通自我，实化与天地共同创生的力。共同创生的意识和力量同时既成就自我，又成就外物。如同每时每刻的火山喷发成就的不仅是火山本身，也成就当时与之相关的时与势。本体性的创生让时势在不断地生成与变化的过程之中，事物在变化的时与势当中，一切观念不断生成和变化。正是在这个意义上，如果不能成就事物（成物），就无法成就自己（成己）。成己是通过成物而实现的。

要成物，自己就要先真诚至极。心意真诚到了极点，就不会只成就自己，而还会成就事物，因为心意真诚到极致就油然而生通天的创生之力，自然就能成就事物，这就是合内外为一之道。可以说，这是以心通祖天的证自证分意识状态为第一义，诚于祖天大道的心意生发出来，就能不断引导生成。换言之，"诚"意的境界，其实就是大道自然呈现、生发的过程。这种证自证分的意识状态就是自我成就，不依赖外境和外缘，潜意识汩汩流出，不断化为显意识，好像火山喷发、海潮涌动一般。这其实就是事物变化的终始状态。心与物感通一体，时刻真诚通天，祖天之意在心上升起，成就自身意识的见分，同时也成就与物一体的意识，即相分。道的自我运行，如其本然。诚体自然而然地运行，就是自证分的意识状态延伸的过程。

外物都是通过己之"意"延伸出去的。这是心物一体论。成心即成物。

因意贯通"物—心",所以实意就是成就"心—物"。其实,"诚"就是意,即有意能,不仅是真诚的情感,更是本体性的天人融贯感。诚即本体、本心、本意通天而自然有天能,有天善。心灵和意识的能量,可以转化为事物的能量。意识真诚至极才具有意能,才能成就自己(成己);改变自己本来的状态,才能实化出来成就外在的事物(成物)。[①]

[①] 杨国荣认为,是人的能力构成了人生世界与改变世界(成物),认识自我与改变自我(成己)所以可能的内在条件。参杨国荣:《成己与成物——意义世界的生成》,北京大学出版社,2011年,第337页。在意本论看来,杨国荣所谓能力,从根本上说就是意识能量(意能)。只有真诚至极才能不断增强意识的能量。

第二十六章　诚天至纯

故至诚无息,不息则久,久则征,征则悠远,悠远则博厚,博厚则高明。博厚,所以载物也;高明,所以覆物也;悠久,所以成物也。博厚配地,高明配天,悠久无疆。如此者,不见(xiàn)而章,不动而变,无为而成。

天地之道,可一言而尽也:其为物不贰,则其生物不测。天地之道,博也,厚也,高也,明也,悠也,久也。今夫天,斯昭昭之多,及其无穷也,日月星辰系焉,万物覆焉。今夫地,一撮(cuō)土之多,及其广厚,载华岳而不重,振河海而不泄,万物载焉。今夫山,一卷(quán)石之多,及其广大,草木生之,禽兽居之,宝藏兴焉。今夫水,一勺[1]之多,及其不测,鼋(yuán)、鼍(tuó)、蛟、龙、鱼、鳖(biē)生焉,货财殖焉。

《诗》云:"维天之命,於(wū)穆不已!"盖曰天之所以为天也。"於(wū)乎不(pī)显,文王之德之纯!"盖曰文王之所以为文也,纯亦不已。

---

[1] 傅佩荣注音四声,见傅佩荣:《傅佩荣译解大学中庸》,东方出版社,2012年,第87页。

【明译】

真诚至极的创生之力发挥起作用来是不会停止的。不会停止就会持续长久，持续长久就会产生效验[1]。效验显露出来就会影响深远，影响深远就会广博深厚，广博深厚就会高大光明。因为广博深厚，所以可以承载万物；因为高大光明，所以可以覆盖万物；因为悠远长久，所以可以生成万物。广博深厚可以与地相配，高大光明可以与天相配，悠远长久就可以不断发挥创生力的作用至永无止境。真诚至极的创生之力发挥起作用所达到的境界，无须表现就会自然彰显，无须行动就会改变事物，无须作为也能成就功业。[2]

天地创生万物的法则，可以用一句话来概括：真诚至极的创生之力本身发挥作用时诚中专一，因此创生出来的事物多得难以测度。天地创生万物的法则是广博的、深厚的、高大的、光明的、悠远的、长久的。如今我们所说的天，刚开始不过就一丁点光明，可等到这点点光明累积达到无边无际时，日月星辰都可以在上面悬系，世界万物都在它的覆盖之下。如今我们所说的地，刚开始不过就一撮土，可等到这一撮撮土不断聚积达到广博深厚时，可以承载崇山峻岭都不觉得重，可以容纳江河湖海都不会流泄，世间万物都在它的承载之上。如今我们所说的山，刚开始不过是拳头大小的石块，可等到这一块块石块聚积起来达到巍峨高大时，可以让草木在上面生长，禽兽在上面生活，宝藏在其中孕育储藏。如今我们所说的水，刚开始不过是一小勺水，可等到这一勺勺水聚积起来达到浩瀚无边、无法测量时，可以让鼋、鼍、蛟、龙、鱼、鳖等都在里面生长，货财都在里面集聚增长。

《诗经·周颂·维天之命》说："天道运行所展现出来的真诚至极的创生

---

[1] 郑注："徵，犹效验也。"〔汉〕郑玄注，〔唐〕孔颖达正义：《十三经注疏·礼记正义》，上海古籍出版社，2008年，第2028页。

[2] 通《道德经》第四十七、四十八章。参孔疏："'如此者，不见而章，不动而变，无为而成'者，言圣人之德如此博厚高明悠久，不见所为而功业彰显，不见动作而万物改变，无所施为而道德成就。"〔汉〕郑玄注，〔唐〕孔颖达正义：《十三经注疏·礼记正义》，上海古籍出版社，2008年，第2029页。

第二十六章　诚天至纯

之力，是多么崇高美妙而无穷无尽！"这大概就是说，这就是天之所以为天吧。"多么光辉显耀啊，文王的品德如此纯正！"这大概就是说，这就是文王之所以被称为"文"王吧。他的纯正也是无穷无尽、不可测度的。

【明注】

"诚"与天道合一，无声无臭，无止无休。"息"是止息、休止。"无息"指连续无间断，一般译成 ceaseless（不绝，不停）；辜鸿铭译成 indestructible（无毁坏，无坚不摧）。"征"是征验，显露于外，是说至诚最终要表现在外在行动上；理雅各译为 evidences itself（自己彰显而有结果）；辜鸿铭译为 self-existent（自身存在）；陈荣捷译成 evident（显现出来），有从潜在转化为现实的意味；安乐哲译成 effective（有效的），说明效验可以从外在表象上观察到。

"博厚"包括横向的广和纵向的积，理雅各译成 large and substantial（大的、实质性的），有"实体"的意味；辜鸿铭译成 vast and deep（广阔而深邃）；陈荣捷译成 extensive and deep（广泛而深刻）；安乐哲译成 broad and thick（又宽又厚），皆是象征和权宜之说，意在强调光明本身没有边界、没有厚度。

"高明"指祖天无限高远而光明，崇高而辉煌（high and brilliant），辜鸿铭强调超验的、超凡的高明智慧（transcendental and intelligent）。通体光明，极致广大，这种真诚其实是反向入定而心体透亮、光芒万丈的，其超越内外之高，从而彻明、广明，即无限光明。

"覆物"是覆盖万物，祖先通天而能够覆盖、布满（overspread，理雅各）万物；陈荣捷译成 overshadow（遮蔽）；辜鸿铭译为 embrace（拥抱、欣然接受），使之拟人化，较独特；安乐哲译成 envelop（包、裹、盖），如信封一般。祖天之意真诚至极，光芒万丈，自然覆盖万物。

"成物"是使物成其为物，陈荣捷译成 complete，较到位；安乐哲译成 realize，侧重"物"之"成"是从潜在到现实的过程；辜鸿铭译成 fill（填充、塞满)则不够准确；理雅各译成 perfect(使事物完美)。祖天之意真诚至极，光明赋能，自然能不断地成就万物，让世界越来越完美。

光明的祖天之意化去一切区分，心意通天至纯，都在光明之境中，无所作为但能够成就事物，所以能够"无为而成"。"无为而成"，理雅各译成 without any effort(不需要任何人为)，较能准确表达其意；辜鸿铭用 without being conscious 强调"无为"是没有意识到的状态，消解了实践层面上"为"的意涵。即使是意识对天光的领会，刚开始也是需要诚恳而扎实地积累的，这样光明才会越聚越多。

"为物不贰"表示事物有独特性，事件不会重复(events are never duplicated，安乐哲)，没有任何双重性(without any doubleness，理雅各、陈荣捷)；辜鸿铭译成 it exists for its own sake without any double or ulterior motive(它为自己而存在，没有任何双重或不可告人的动机)。天地之间，事事不同，物物各异，一切事物，本身都是独一无二的，没有一模一样的复制品。因为"诚"是忠诚如一，所以"不贰"。每物都是独一无二(uniqueness)的，这里的"不贰"不仅强调物的独特性，而且强调创生力发挥作用的那种诚中专一，也就是强调表面的独特性后面那种极其独特的创生力，即"为"物、造物的力量。这就把"生生"的力量独一化、具体化了。如果"生生"是场域(field)，那么"为"就是焦点(focus)，是物乃生物力量具体化之焦点，"生"物之意念(域)具体化"为"某物(点)。天地之道之所以能够创生如此丰富、毫不重复的事物，是因为天地创生万物非常专心致志，犹如人诚恳专注，唯精唯一。

"不测"是不可测度，指浩瀚无涯。"生物不测"是"生物之多，有莫知其所以然也"[①]，不测是不知其所以然，不了解其因，基本都译成 unfathomable，展现事物之无法测度，深不可知。"无疆"是无穷无尽。诚于祖天之意，则意识光耀天下，心意的光明无边无际。

[①]〔宋〕朱熹：《四书章句集注》，中华书局，2012年，第35页。

第二十六章　诚天至纯

"见"是显现。"章"即彰，彰明。"一言"即一字，指"诚"字，天地间只有一个心物一体的"诚"，让心一直通达万物，创生万物，光耀万物。"斯"是此。"昭昭"是光明，指真诚至极而意识清明，意识之光昭昭朗朗，大放光明。"华岳"即华山，一说本来就是齐国境内的山名[1]，叫作华山和岳山[2]。"振"通"整"，整治，引申为约束。"卷"通"拳"，一卷石指一块拳头大的石头。

天道创生万物的状态，根本上是无法言说的，所以只能引用《诗经》来表达那种无法言说之化境。"《诗》云"以下两句诗均引自《诗经·周颂·维天之命》。"维"和"於"都是语气词，均表示感叹。

"穆"是深远至极而美不胜收[3]，比喻天地创生之力生生不息而美到极致、令人无限感慨的状态；"禾"旁，甲骨文和金文字形如果实成熟，沉沉垂下之状，透过累累果实而体悟天地自然的创生之力无限丰盛、广大无边的力量，令人肃穆感叹。"不已"指无穷。"不显"的"不"通"丕"，即大；一解为语助词，无义；"显"即明显。这是意识真诚至极而能够自证天地化生之纯。

【明解】

《中庸》的诚中之意的境界，其中（zhòng）于祖天实在太过光明，已经无法表达，感到无话可说，于是进入了无言之境。"天地之道，博也，厚也，高也，明也，悠也，久也"，道无可道，由于无话可说，最后便只好引《诗经》的话来表达，《中庸》的极致境界好像交响乐的高潮，层层叠叠，情感越来越深厚，无法表达，需要沉浸其中，才能够体会到那种无法言说的高明

---

[1] 参黄忠天：《中庸释疑》，万卷楼，2015年，第20—23页。
[2] 参杨少涵：《中庸原论：儒家情感形上学之创发与潜变》，社会科学文献出版社，2015年，第385页。
[3] 孔疏："穆，美也。'於穆不已'者，美之不休已也。"〔汉〕郑玄注，〔唐〕孔颖达正义：《十三经注疏·礼记正义》，上海古籍出版社，2008年，第2031页。

境界。

心意与天地一体的境界很高，这既是人在修行当中所要追求的极致境界，也是本体性的、原发性的境界，本末一贯，始终一体。"如此者，不见而章，不动而变，无为而成"，这个境界是儒家的无为，无须作为，却能成就功业。《中庸》的无为是最高境界，是已经彻彻底底地领悟人世道理的状态与天道运行的状态相贯通，其在人间就是让天道运行，所以不用表现，就自然而然地彰显出来，好像意识通透至极的最高境界，不用让心意刻意去发光，可是天下人都看得见光明之心。"诚"至于"明"境之人，不用行动都能够改变事物，因为心意的光芒已经改变周围的状态了。心意发动，可以无为而成，好像什么都没有做，但是已经谱写了天地之华章。

祖天创生万物是广博的、深厚的、高大的、光明的、悠远的、长久的，存在之万物都不足以代替人对天地大道本然的、真诚至极之状态的领悟。由于这种意识境界实在无法表达，无论怎么形容和歌颂都觉得词不达意，所以只好一再引用《诗经》的话语来帮助大家去体会、理解。文王是祖天的代表，其心意纯正的光芒，可以历千秋万代而常新，无穷无尽，不可测度。文王纯正、神妙莫测的意识状态，已经达到跟天道真诚、纯净合一的程度，所以具有无限的创造力、生命力、开拓力。这种意会祖天的意能可以充沛至于极致，与天地共同创造生成，达致天地造物一般生生造化的无言之境，只可意会，不可言传。

【明意】

化孔子"克己复礼"为由己，犹如孟子"水之就下"，化天道自然之善为人性的本然之善，化天良之知为个体良知，转化的过程在一念之间，意会的过程是通体光明的。因为感悟心意通于祖天之至善，所以心意与祖天合一于日常生活当中，看起来平淡无奇，似乎不过如此。诚意通天至于极度纯净之境，也就无法言说了。这种无极之境当中没有造物主，所以无极等于太极。无就是有，无就是诚，是非有非无之境，也是即有即无之境。这种有无

第二十六章 诚天至纯

感通的化境，是不会停止的动态状态，是诚中而应的状态。诚于天中，犹如无中。这就正是中（zhòng）于纯之又纯之德。感通的状态不会停止，因为诚中而应的状态是天地本来的状态。但是，真诚至极的能量可以不断积累，从量变引发质变，这个改变的过程就是实意的过程，而时刻不能离开心即天的至诚化境。

心意诚中则与物共同创生，效用无穷。心意诚中能有秩序，能有广博、深厚、高大、光明的效应，并能够承载、覆盖、生成万物，此皆是心意通于天地之中的状态的展现。诚中之意的实化状态，就是创生力的彰显，其于心意上就是诚中之意显现实化的境界。心念诚于天地之中道而创生，进而成就一切事物，展示天地创物恢宏博大的境界。

诚中之意刚开始也是星星之火，但诚到一定程度，天地万物皆在境中显现。诚中之意有通于天地的承载之力，不断积累，能够承载世间一切。诚中之意如山，不断积累，万物生长，宝藏藏之，所以意念之境，诚中至于极致，就可以实化为万千之物。诚中之意如水，积少成多，无边无际，产生无穷的生物和财货。天地自然之意自然流露，自然创生，无比美妙，无穷无尽。这通于《大学》"明明德"之教，真诚至极地了悟自己的光明本性，因为真诚至极，所以能够明了。这里没有强调如太阳、天堂一般的外在的、绝对的光源，而是从微小的光亮不断积累，说明修行是身边力所能及的事情延伸出去的过程。

文王之德就是心意诚于祖天，而能够彰显、表现为无边无尽的创生力。文王"文—化"了这种自然之意的创生力。文王之光就是斯文之光，来自如文王一般心念诚中的境界，可以通天地，通山，通水。而心意诚如太极，好像都从天地间的大中之点出发。如果心意尽于如《易》之太极，就可以化生出辞、象、变、占四个方面的圣人之道，再生出无数象数和义理变化，对应天文、地理无穷事物之变易过程。

可见，关键在于诚中之意可以涵融万有，一切存在之有都可在意境之无的情境上生起，实现无而有之。所以诚中之意看似无，因其至诚就能有，实现无中生有[1]。诚中之意的意境无限浑厚、雄壮、高明、深沉、博大，可谓无以复加。人的心意皆可以是通于天地的诚中之意，这种实化出来的力量（意力和意量）无法测度。只要心意之诚中到无比精纯的极致境界，就可以贯通天地自然，创生无穷事物。而"诚中"就是诚于天道，即诚于天之宏阔深远的气象。

创生之力无穷无尽，是自然之意的绵延持续。创生之力的气象宏阔无穷，涵纳万有。心念诚中如意会自然创生之力，此诚中境界可包容万千气象。心念诚中自然实意，则能顺着创生力去成就万千事物。心念诚中则创生之力如鬼功神力，不可测度，涵养天地、山水、世间万物，这种儒家创造之"有"的境界，可以摄"无"（道佛境界），如天道似无还有，美至极致。

心意通于祖天，如文王诚中纯正极致，通于天之修美，这种状态看似"无"，不着痕迹，其实是与万物共同创造之"有"。心意之"有"涵摄"无"的共同创生（co-creativity and contextual creativity），是精纯至极而且无穷无尽的。

---

[1]《中庸》的"无中生有"与西方上帝创世论的"无中生有（creatio ex nihilo）"很不一样。《中庸》认为，每个人的意念之"无"，只要真诚至极，就可以生"有"，但创世论认为，"无中生有"是上帝的特权，文艺复兴之后，高扬人的主体性，人才参与世界和宇宙创造的过程。参温海明：《儒家实意伦理学》，中国人民大学出版社，2014年。

第二十七章　诚祖峻极

　　大哉圣人之道！洋洋乎！发育万物，峻极于天。优优大哉！礼仪三百，威仪三千。待其人而后行。故曰苟不至德，至道不凝焉。故君子尊德性而道问学，致广大而尽精微，极高明而道中庸。温故而知新，敦厚以崇礼。是故居上不骄，为下不倍。国有道，其言足以兴；国无道，其默足以容。《诗》曰："既明且哲，以保其身。"其此之谓与？

【明译】

　　多么崇高伟大啊！圣人的诚中之意！多么充实洋溢啊！诚中之意能够化生并养育万物，充塞宇宙，与天一样崇高。多么充足而宽裕啊！大的礼仪有三百项之多，小的礼节有三千条之多，这些都有待于合适的人出现之后才能推行。① 所以说："如果没有德行极其崇高的人，最高境界的诚中之意就无法推行起来。"因此，君子尊崇天性中可以发展为善德的发端，以诚中之意来引导知识学问②；既追求诚中之意的广阔博大，又钻研其精细微妙之处；

---

① 孔疏："'礼仪三百'者，《周礼》有三百六十官，言'三百'者，举其成数耳。'威仪三千'者，即《仪礼》行事之威仪。《仪礼》虽十七篇，其中事有三千。'待其人而后行'者，言三百、三千之礼，必待贤人然后施行其事。"〔汉〕郑玄注，〔唐〕孔颖达正义：《十三经注疏·礼记正义》，上海古籍出版社，2008年，第2032页。
② 郑注："德性，谓性至诚者。道，犹由也。问学，学诚者也。"〔汉〕郑玄注，〔唐〕孔颖达正义：《十三经注疏·礼记正义》，上海古籍出版社，2008年，第2037页。朱注可参。

既领悟最高明的境界，又遵循中庸平常的道理；温习所学的学问，从而推知获取全新的见解；敦厚自己的言行，从而推广崇尚礼仪的价值。因此之故，君子身居高位时，不骄傲自大；身居下位时，行事也不背离诚中之意。国家政治清明时，他的言论足以使他获得施展抱负的机会；国家政治黑暗时，他的沉默足以使他具有容身自保的可能。《诗经》说："既明察事理又有哲人智慧，如此可以保全自身。"说的大概就是这个意思吧？

【明注】

诚于祖天的心意包裹万物，意识贯通全境，洋洋大观，如洋流流动，充足有余（优优），丰沛盛大的状态显得浩瀚无边。

"礼仪"指祖先传下来的礼仪体系，即古代礼节的主要规则，又称"经礼"，包括冠礼、婚礼、丧礼、祭礼等。"威仪"是古代典礼中的动作规范及待人接物的细致礼节，又称"曲礼"，包括对日常生活的服饰、言行、坐立行站等举止细节的规定。"三千"说明具体礼节细致、繁复。这些礼仪体系在人来到世间之前就已经存在于祖先的生活当中，构成我们当下意识先在的、类似文化无意识的意识前境。风俗和教化意义上的"风"化，都是说心意可能会受环境的引导和教育感化。

"其人"指圣人（sage，安乐哲），通常理解为 proper man（合适的人）。"至德"是极高的、完美的德行（perfect virtue，理雅各、陈荣捷），极致的美德（ultimate virtue，杜维明），最高的道德力量（highest moral power，辜鸿铭），极致的卓越（utmost excellence，安乐哲）。通达祖天之意的意识境界可谓至德化境，是证自证分的意识状态。圣人齐天，心意发动纯在道中，如天地生养万物，却不彰显其内在生生的仁德。

"凝"是聚，指心意凝聚而成己成物，引申为成就、成功，理雅各译为 be made a fact（变成事实），辜鸿铭译为 be realized（被实现），陈荣捷译为 be materialized（被物质化），杜维明译为 be crystallized（被结晶），安乐哲译为 take shape under their feet（在他们的脚下成形）。

第二十七章　诚祖峻极

"尊德性"是因为尊祖而成就自身的德性。"尊德性"一般理解为尊重道德本性（honors the moral nature，陈荣捷、杜维明）。本性通常是善良的、有内在美德的本性（virtuous nature，理雅各）。这种道德本性是伟大而有力量的（greatness and power of his moral nature，辜鸿铭），因此人们应该珍视他们追求卓越的天然倾向性（prize their natural tendency towards excellence，安乐哲）。可见，安乐哲把德性（道德本性）进一步理解为追求卓越的天然倾向性，否定把"性"视为不变的本质那种本质主义的理解。

"问学"是询问（inquiry）和学习（study）。"致广大"指祖天广大无边，理雅各译为 seeking to carry it out to its breadth and greatness（寻求并实现其宽度和广度），辜鸿铭译为 widening the extent of his knowledge（扩大他的知识面），陈荣捷、杜维明译为 achieves breadth and greatness（实现宽度和广度），安乐哲译为 extending this path to the furthest quarters（将这条路径延伸到极致）。

"尽精微"是祖天之意可以体现在极度精微的细小事物之上，理雅各译为 omit none of the more exquisite and minute points which it embraces（不要忽略它所包含的更精致、更细微的要点），辜鸿铭译为 seeks to attain utmost accuracy in the minutest details（力求在最细微的细节中达到最大的准确性），陈荣捷、杜维明译为 pursues the refined and subtle to the limit（追求精致和微妙至于极限），安乐哲译为 exhausting its every detail（穷尽它的每一个细节）。

"极高明"指祖先高明峻极，崇高无限，理雅各译为 raise it to its greatest height and brilliancy（将它提升到最高的高度和极致的辉煌状态），辜鸿铭译为 seeking to understand the highest things（寻求理解最高的事物），陈荣捷、杜维明译为 seeks to reach the greatest height and brilliancy（追求达到最高的高度和极致的辉煌状态），安乐哲译为 reach to the highest and brightest limits（达到最高和最明亮的极限状态）。

"道中庸"指祖天之道不离日用伦常，体现在日常礼仪和生活当中。理雅各译为 pursue the course of the Mean（追求中庸之道）；辜鸿铭译为 lives a plain, ordinary life in accordance with the moral order（按照道德律令过着平凡的生活）；陈荣捷译为 follows the path of the Mean（遵循中间的路径）；杜维明译为 follows the path of Centrality and Commonality（遵循中心性和公共性的道路），强调公共性和平民性；安乐哲译为 make focusing the familiar their way（使得中于日常之庸成为他们的道路）。这就是说，切中伦常意味着心思意念时时刻刻都关注最平常的生活，正如杜维明说这里"消解了任何形式的'傲慢'"①。圣人开悟之后，虽然在体悟天道方面高于常人，但圣人的日常表现与常人无异，只是能够比常人更"中（zhòng）"于日常之中（zhōng）而已，圣人身上时刻体现出天道本身，圣人可谓天道与人道的结合，圣人的人间之道（人道）本身就是天道的直接体现，离开人道，不存在另外的天道，而体认天道必须回到日常的人间之道（人道），不存在超越的、外在的、或所谓真正的天道。因为天道都在人道之中，所以没有"中（zhòng）"于人道之外的、独立存在的天道。

"倍"通"背"，背弃，一般译成 insubordinate（不顺从的）；或背叛，如安乐哲译成 disloyal（不忠）。"容"是容身，指保全自己。"既明且哲，以保其身"引自《诗经·大雅·烝民》，"哲"是有智慧，意识明白，通达事理。"既明且哲"是因为有智慧和理智（wisdom and good sense，辜鸿铭），显得聪明且谨慎（intelligent and prudent，理雅各）或聪明有智慧（intelligent and wise，陈荣捷）；但"明"而"哲"确实应该是因为开悟而有智慧（enlightened, and also wise，安乐哲）。

【明解】

身体意识是超越一般的、身体范围的小身意识，形成超越身体边界的大身意识。意识通于祖天，能使身体意识变得广大高明。如果身体意识局限在小身意识，儒家学说就容易被误会为自私的、私身性的说教。其实，儒家

---

① 参杜维明著，段德智译，林同奇校：《〈中庸〉洞见》，人民出版社，2008年，第107页。

保全身体的意识是为了保全整个家族至于天下，这样就具有大身体的意味。大身就是家国之身，而这种保全，不是危难无道的时候那种不得已的自我保护，而是时时刻刻于修行当中，保护自己的小身至于家国天下的大身的意义，所以是诚中有道的状态，是心意一直在有道之中的保全状态。"以保其身"既是保护他的人格（preserves his person，理雅各），强调人格的完整性，也是保护生命不受伤害（He guards his life from harm，辜鸿铭），强调生命的安全性。陈荣捷理解为保护他自己的人民（he protects his person），把"身"理解为人民大众，接近于安乐哲所译的 Thus he guards his person（他保卫他自己的人民）。可见，陈荣捷和安乐哲所译近于"家国之身"的含义。

诚于祖天之中的意识状态本身就是崇高而伟大的。诚中之意通于创生之力，能够有足够的意能去生化万物。诚中于万物之节文，待祖天之意出，而后实化并推布天下。通过诚中之意来推行，帮助天下人心意诚于祖天之中，通过诚于学问之中道来提升意识的境界，而且，诚中之意也可以实化在日常礼仪之中。日常礼仪具有强大的社会效能，在礼仪的实践当中实化祖天之意，就能够纲举目张，影响诚中的功夫论，心意在日常之中，时刻光明朗照，光耀天下。

【明意】

通达祖天之意的心意如此诚中，能与周文王的无忧无虑及舜之大孝相呼应。心念诚中不但能够创造万物，而且可进可退，即能有智慧地应对世间的变化。诚中之意的境界通达祖先，崇高而伟大。当然，领悟和推行诚中之意，都需要一定的时势条件。但诚中到了极致，不会高不可攀，反而平易近人，因为通晓了明哲保身的智慧，具备智慧去面对和理解身为存在首要条件的深意。

中庸明意

儒家重身之实存①，与道家道教的养生哲学虽然有殊途同归的一面，但二者对身体意识的理解不同，即对身体在时间存在的本体性基础的理解有别，修养身体的方法也多有不同。儒家的身是大身，是从家国天下延伸到宇宙当中去的，相比之下，道家道教的身体是具体的身体，与气息呼吸之间的肉身意识紧密相连。家国天下对于儒家来说非常实际，因为意念要在家国天下当中实化出来才算儒家，但对于道家道教来说，家国天下反而是身体烦恼的根源，需要放下、抛弃，修到没有自我身体意识的"无己"化境。就私人之身体的意识来说，道家道教相比儒家来说要强烈一些，但就家国天下的大身之意来说，儒家比道家道教更重有家国天下意味的身体意识。儒家的身体意识是立足于自身意识的，即反身意识构成了家国天下的身体意识的基础。相对来说，道家的身体意识认为道就在身里，不必外心而求道，所以从逻辑上讲，对道的意识的重要性高于对身体的意识，所以要先存道意而后自然存身意，重视在身意上求得道意的精神修炼功夫。

诚中之意达到"峻极于天"的那种境界，接近于一种精神性的极致沉醉境界：

> 这种至福导致了精神的酩酊大醉。精神之醉意味着一个人接受到了如此之多的美味和福乐，以至于他[她]的心灵和强烈渴望都无法想象和包含[它们]。精神的沉醉在一个人那里产生了许多奇怪的行为。它让某些人由于欢乐的充溢而歌唱、赞美神，让另一些人因为他[她]们心灵的福乐而痛哭流涕。对于有的人，它在他[她]的众器官中带来的不宁是如此之大，以至于他[她]必须飞跑、跳跃、舞蹈。这种沉醉使另外的人兴奋到必须拍手喝彩。有的人大声呼叫，显示出他[她]在内部感受着的充溢。可另一个人却保持沉默，为他[她]所有感官中的极乐而融化销魂。②

---

① 意以身为基础。参温海明：《儒家实意伦理学》，中国人民大学出版社，2014 年，"身与意"，第 16—30 页。
② 吕斯布鲁克著，张祥龙译：《精神的婚恋》，商务印书馆，2018 年，第 67 页。

第二十七章　诚祖峻极

诚中之意的对象当然不是美味和福乐，也正因为比较抽象，所以总是难以为人所理解和感通，这种纯精神性的崇高和极致境界，就变得非常难以索解。但借助这段话，我们可以相对形象地想象那种状态，不由外在的人格神，而是由内在的心意通天的极致美感导致的那种情感性的安顿和愉悦，即"孔颜之乐"发自内心的大乐。

第二十八章　礼乐时诚

子曰："愚而好自用，贱而好自专，生乎今之世，反古之道。如此者，灾及其身者也。"

非天子，不议礼，不制度，不考文。今天下车同轨，书同文，行同伦。虽有其位，苟无其德，不敢作礼乐焉；虽有其德，苟无其位，亦不敢作礼乐焉。

子曰："吾说夏礼，杞不足征也；吾学殷礼，有宋存焉；吾学周礼，今用之，吾从周。"

【明译】

孔子说："愚昧不通却喜欢自行其是，低贱却喜欢一意孤行，生活在今天的社会当中却一心背离古代的道路。这样做的人，灾祸一定会降临到他的身上。"

如果不是天子①，就不要议订礼仪，不要制定法度，不要考订文字。现在天下的情况是：车子轮距一致，行走在同样的轨道上，书写的文字统一

---

① 有说这更像汉代之后的话。但卫湜《中庸集说》载历代注家都认为天子指周天子。参〔宋〕卫湜撰，杨少涵校理：《中庸集说》，漓江出版社，2011年，第296—302页。

第二十八章　礼乐时诚

了，人们的行为依循同样的伦理规范。① 即使有天子的地位，如果没有相称的德行，也是不敢制作礼乐制度的；即使有至高的德行，如果没有天子的地位，也是不敢制作礼乐制度的。

孔子说："我谈论②夏朝的礼制，夏的后裔杞国的文献已经不足以用来验证；我学习殷朝的礼制，殷的后裔宋国残存的资料还可以参考；我学习周朝的礼制，如今天下人都还实行着它，所以我遵从周代的礼仪制度。"

【明注】

"愚"不仅指先天的智慧低下，更指后天被外在的物欲蒙蔽，所以解为"愚昧不通"比"愚笨""愚蠢"合适。"不通"指人的灵魂不彰显，所以不灵，就是不灵敏，不灵巧，不能变通，不通达也不通灵，即无法通于祖天的意识状态。"自用"是凭自己主观意图行事，自以为是，不听别人意见，即刚愎自用。"自专"是独断专行。"贱"是因为没有政治地位（无位）所以低贱。

"反"是背离，不遵从传统。一说反通"返"，回复周朝之前的夏朝和商朝的意思。"制度"在这里作动词用，指制定法度。"考文"是考订文字规范。"车同轨"指车子的轮距一致；"书同文"指字体统一；"行同伦"指伦理道德相同。冯友兰等认为，这种情况是秦始皇统一六国后才出现的，据此推断《中庸》有些内容可能是秦代或汉代儒者增加的。一说为秦始皇统一六

---

① 虽然有学者认为这像是秦统一后的，按宋代卫湜《中庸集说》，历代注家都未提出是秦汉之后语的质疑，都说孔子在说其所处的时代。或许宋代以前的人都默认此书为孔子所作，并以此为前提作注。但朱熹《中庸章句》明确说是子思所作，可能在宋代时曾发生过争议，但似乎都未提秦汉后的质疑。李学勤认为"今"是"若"，表假设，不可因此怀疑《中庸》的年代。见其《周易经传溯源》，转引自姚淦铭：《中庸智慧》，龙图腾文化有限公司，2019年，第295页。
② 郑注、孔疏都是"说"的意思，不取"喜欢"的解释。参〔汉〕郑玄注，〔唐〕孔颖达正义，部同麟点校：《礼记正义》，浙江大学出版社，2019年，第1275—1276页。参〔宋〕卫湜撰，杨少涵校理：《中庸集说》，漓江出版社，2011年，第296页。

国之前，这些说法就应该已经是治国大一统理想的表现了，至少每个国家内部都试图实现相对统一，而国与国之间能够沟通，在度量衡和文字等方面，应该大同而小异，这样春秋和战国时期的人们才有可以沟通和协作的基础。①康有为认为孔子去世之后，孔子之道已大行于天下，"孔子之车制，各国已从其轨；孔子之文字，各国已从其书；孔子之人伦，各国已同其行。即三者推之，可见圣教必行之理焉"。②这样看来，先秦的时候就基本达到了天下相"同"的"通"达状态。

因袭制度要因时制宜，不能刻意复古，也不能自以为是。"夏礼"指传说中禹建立的夏朝（前2270—前1600）的礼制。传说周武王封夏禹的后代于杞国，杞国的故城在今河南杞县。"征"是验证。"殷礼"指殷朝的礼制。商朝从盘庚迁都至殷（今河南安阳）到纣亡国，一般称为殷代，商朝也称商殷或殷商。商汤的后代居于宋国，宋国的故城在今河南商丘南。"周礼"指周朝的礼制。孔子相关的话语记录散见于《论语》的《八佾》和《为政》篇。

【明解】

通乎祖天之意的身是大身，而不是以肉身为边界的小身。儒家把礼乐视作身体的延伸，既是天地的节文，也是万世难以改易的规范，是祖先延续下来的道路的具体体现，不可以违背。君子通乎祖天的意识状态光明盛大，意识在实化过程当中，需要结合礼乐的形式一起表现出来。可是，低微卑贱的人与他人他意隔绝不通，没有足够的智慧去实化自己的意识，但内心还自以为是。小人的心意不灵又不通，既不灵动也不灵活，其心灵意识边界僵化，无法体悟到边缘感，即使身体都已经处于边疆状态，甚至处在危险之中，他

---

① 黄忠天认为不能以此句质疑《中庸》是子思所作，否则不仅方法流于片面，而且论证颇多破绽。参黄忠天：《中庸释疑》，万卷楼，2015年，第20页。
② 参康有为：《中庸注》，台湾商务印书馆，2011年，第73页。

第二十八章 礼乐时诚

们的心意还是难以被激活。①

天下大一统之后出现的情形，是否秦代之前也能做到？可能比较难，但未必不可以成为治国的理想状态。礼乐制度要能够制作出来，需要领导人有地位而且有德行，缺一不可。这从另一角度说明，当时礼崩乐坏的原因在于缺乏明君。孔子是与时俱进的，并非一味保守或者复古。孔子其实反对顽固不化地复古，认为纯粹地、绝对地复古，其实就是背离祖先的时机化大道，那就不可能成功。

【明意】

本章讨论诚于祖天的时间观念有一种当下永恒性，又能够通过礼乐时机化地呈现出来。心意狭隘的人难以打开自己意识僵化的世界，不能体会意识边缘域的灵动感，拿着僵化的方法论和认知框架去套用需要认识和研究的对象，必然无法与时俱进。

天子的身份加时位、位分加德行是制礼作乐的根本，故本章带有对礼乐复兴，并期待圣王再出，从而实现天下大一统的设想、愿景和展望。周礼是上古文化的巅峰，也是后代儒者永远缅怀的梦想，更是为政者诚中之意的根本境域。孔子之时，恢复周礼的努力还比较切近可行，对于距离他太远的夏朝和殷朝之礼，孔子则认为没有必要过分追究，毕竟时已过、境已迁。可见，孔子善于权变，而且有与时俱进的一面。

---

① 张祥龙认为，哲学就是在思想边缘运思的艺术。在这个意义上，哲学运思也是大心大意的艺术。参张祥龙：《中西印哲学导论》，北京大学出版社，2022年，序。

第二十九章　诚明百世

王（wàng）天下有三重（zhòng）焉，其寡过矣乎！上焉者，虽善无征，无征不信，不信民弗从。下焉者，虽善不尊，不尊不信，不信民弗从。

故君子之道，本诸身，征诸庶民，考诸三王而不缪（miù），建诸天地而不悖，质诸鬼神而无疑，百世以俟（sì）圣人而不惑。

质诸鬼神而无疑，知天也；百世以俟圣人而不惑，知人也。是故君子动而世为天下道，行而世为天下法，言而世为天下则。远之则有望，近之则不厌。

《诗》曰："在彼无恶（wù），在此无射（yì）。庶几（jī）夙（sù）夜，以永终誉。"君子未有不如此而蚤（zǎo）有誉于天下者也。

【明译】

用诚中之意治理天下要做好三件重要的工作：议订礼仪、制定法度、考订文字规范，目的就是减少过失吧！① 在上位的君王，虽然发心善良但缺乏征验，缺乏征验就无法让百姓信从，无法取信于百姓，百姓就不会追随他。

---

① 郑注："三重"，三王之礼。孔疏："'王天下有三重焉，其寡过矣乎'，言为君王有天下者，有三种之重焉，谓夏、殷、周三王之礼，其事尊重，若能行之，寡少于过矣。"参〔汉〕郑玄注，〔唐〕孔颖达正义，部同麟点校：《礼记正义》，浙江大学出版社，2019年，第1275—1276页。另参〔汉〕郑玄注，〔唐〕孔颖达正义：《十三经注疏·礼记正义》，上海古籍出版社，2008年，第2040—2041页。

第二十九章　诚明百世

在下位的臣子，虽然发心善良但对君王不够尊重①，对君王不够尊重就无法让百姓信从，无法取信于百姓，百姓就不会追随他。

所以君子谨守诚中之意治理天下包括以下几个方面：以自身的道德修养和亲身实践为基础，推行于百姓之中并得到检验，以夏、商、周三代先王的做法为标准来考核而不出现差错，在天地之间建立起来而不跟天地之道相悖，质询于鬼神来预知吉凶而不再有疑问，就算一百世以后再请到圣人出来检验也没有什么困惑不解的地方。

质询于鬼神来预知吉凶而不再有疑问，这是因为了解祖天之意；就算一百世以后再请到圣人出来检验也没有什么困惑不解的地方，这是因为了解人的心意发动可以通于百世的道理。所以君子因应世间的起心动念，世世代代得到天下人的称赞，他因应世间的行为举止，世世代代受到天下人的效法，他因应世间的言语论断，世世代代成为天下人的准则。从远处看君子，他让人产生敬爱景仰之心，从近处看君子，他让人不会产生厌恶离弃之心。

《诗经》说："在自己的封地没有人憎恶，来到天子的朝廷没有人厌烦。日日夜夜勤勉操劳啊，永远保持美好的声望。"君子没有不这样做而能够很早就扬名于天下的。

【明注】

"王"作动词，"王天下"即在天下做王，统治天下。"三重"指上一章所说议礼、制度、考文三件重要的事情，此为朱熹引吕大临解。②孔颖达《礼记正义》和程颐解为"三王（夏、商、周）之礼"；③毛奇龄解为"德、

---

① 跟第二十章："在下位不获乎上，民不可得而治矣"呼应。郑注："下，谓臣也。臣虽善，善而不尊君，则其善亦不信也。"参〔汉〕郑玄注，〔唐〕孔颖达正义，郜同麟点校：《礼记正义》，浙江大学出版社，2019年，第1275页。另参〔汉〕郑玄注，〔唐〕孔颖达正义：《十三经注疏·礼记正义》，上海古籍出版社，2008年，第2040页。
② 参〔宋〕朱熹：《四书章句集注》，中华书局，2012年，第37页。
③ 参《礼记正义》第2040—2041页。参〔宋〕程颢、程颐著，王孝鱼点校：《二程集》，中华书局，2004年，第309页。

位、时"①；陈戍国解为"动、行、言"，鲍鹏山引申为"慎重"②。"上焉者"指在上位的君王，一解为历史在先为上，代表夏商之制度。"下焉者"指在下位的臣下，一解为历史在后为下，表示孔子认可的周代制度。还有解为"知、仁、勇"三达德的，这样才能"寡过"。③ 又一解为"本诸身、征诸庶民、考诸三王"。④

"三王"指夏、商、周三代君王。祖天之意可以通达古代的先人，至于久远。"建"是立，诚中之意可以在今生今世建功立业。"质"是质询、询问。"俟"是待。"道"通"导"，先导。"望"是威望。"《诗》曰"句引自《诗经·周颂·振鹭》。"射"，《诗经》本作"斁"，厌弃。"无射"是无嫉妒。"庶几"是几乎。"夙"是早，"夙夜"指早晚。"蚤"即早。

【明解】

这是意识境域的相通、融合与实化。"征验"是一个人的发心得到祖天相助的表现。如果百姓感受不到下臣对君王的尊重，就很难随从。亲身实践、质询鬼神等都是扩展与延伸自身意识境遇的维度，因为只有足够丰富强大的内在意量，才能包容涵纳足够的外在情境。延伸自己的意识境域至于三代，使得天地自然之意呈现于事物之中，自然有鬼神那种神妙莫测的变化，所以不用太过疑惑。

人心发动诚于天地之中，合于天地阴阳之化，那么就没有什么事情和变化能够让心意感到困惑了，因为君子心念发动即诚于祖天，通乎天地之中道。"动"与言行相区别，当理解为起心动念。君子心意实化而成言和行都依境而生，即随顺情境，创生不息。这也是良知通天，可以称为天良之知，

---

① 参〔清〕毛奇龄著，胡春丽点校：《四书改错》，中华书局，2015年，第292页。
② 参鲍鹏山：《〈大学〉〈中庸〉导读》，中国青年出版社，2022年，第231—233页。
③ 参南怀瑾：《话说中庸》，东方出版社，2015年，第248页。
④ 刘兆伟认为与墨子的"三表法"相通。参刘兆伟：《〈大学〉、〈中庸〉诠评》，中国社会科学出版社，2013年，第185—186页。

第二十九章 诚明百世

即证成心意与事物一体，自证见分和相分融合的意识状态。

意念发动可以延伸到一切神妙的存在。君子诚于祖天之意的意境让人感到亲切平和。有位的君子心心念念诚于祖先和天地之中道，就能够让自己封地里的百姓和朝廷百官都欣赏他。关键不在于现世的状态，而在于永恒的意念光明之境。这是儒学版的证自证分意识状态的特点。

【明意】

身是心意的基础，诚中之意不可能离开身体之基石。身体不是意识的对象，身体与意识是一体的，是意识的自我观照使得身体存在，这就是内观。君子之道开始于君子对自己身体的内观，但这种内观因为通天而能够与天地鬼神相往来。

本章的君子有君王之古意。君子心意通天，祖天可验，且心意发动必有征验。祖天的宗教意味比《论语》要强，因此可以说《中庸》提升了《论语》的儒家宗教性意味。君王心意通天，其发心和生意要修养达到诚中的状态，实化而能纯善，起心动念通于百姓、三王、鬼神、天地，心意发动就可以通于天下万事。君王之心创生顺应祖先和天地自然之意，所以实化出来之后，虽然看起来平平常常，但能够让常人仰视，叹为观止。

君子不仅要发心善良，而且要注意验证，才能令人信服。君子修身之后实化意念的效果来自内心极致的真诚，因为其心意真诚至极，所以能够转动阴阳，改天换地，表现出来的征信，往往不可思议，从而令周围人感叹、敬佩、信任、服从。这就是心意实化能够彰显出令人惊叹的效果。

第三十章　诚祖育天

仲尼祖述尧舜，宪章文武；上律天时，下袭水土。辟（pì）如天地之无不持载，无不覆帱（dào）。辟如四时之错行，如日月之代明。万物并育而不相害，道并行而不相悖。小德川流，大德敦化。此天地之所以为大也！

【明译】

孔子继承并传述尧舜的传统，效法周文王、周武王的德政典章；向上遵循天道运行的规律，向下顺应水土的自然地理。他就像天地那样，没有什么东西不能持守承载，没有什么东西不能覆盖照顾。他又好像春夏秋冬四季交错运行，如同日月轮流照耀。万物一起化生长养而不相互妨害，各种道理同时并行而不相互冲突。小的德行如河水一样长流不息、滋润万物，大的德行因其敦厚淳朴，化生养育万物。这就是天地这么伟大的缘故啊！①

【明注】

"祖述"是远宗其道，即效法并遵循祖先的思想、学说和行为。"宪章"是就近遵守、遵从、效法、取法。"袭"是因袭，与上文的"律"之效法义近，符合之意。

"覆帱"是覆盖，心意诚明配于天地日月之明。"错行"是交错运行，流

---

① 此处主语为天地，跟全段主语为仲尼不合。当解为仲尼上升为天地境界。此处乃儒家宗教义之核心，即祖天之意以人配天。

第三十章　诚祖育天

动不息。不同文明的征服和变化带有因时而错位的迭代感，所以要加以适当强化，其引申义是文明之间需要对话，实现平等共存，而不是征服和冲突。

道千变万化，恒转不息。"代明"是交替光明，循环变化。"敦化"是使万物敦厚淳朴。

【明解】

从孔子、尧舜到祖先和天地，代表修养的意识境界渐次提升。一个人追求中庸之境达到了圣人的境界，与天地贯通，近于《周易·乾卦·文言》："夫大人者，与天地合其德，与日月合其明，与四时合其序，与鬼神合其吉凶，先天而天弗违，后天而奉天时。天且弗违，而况于人乎？况于鬼神乎？"这是乾卦描述大人与祖先和天地贯通的境界。

孔子的圣人境界无疑令人仰视，叹为观止。孔子的心意之境上通古代圣王，下通天文地理，心如天地，广涵万有。孔子的心意境界让万世敬仰，如日月不败，所以被称为素王。宇宙的创生之力、万物的运作、历史的传承等多个角度都说明孔子是儒家道统的正宗传人。孔子的圣性通于祖天，所以可以被召唤回来，临到当下的时空场域之中。[①]

【明意】

儒学版的证自证分的意识化境来自对无数事物的同频共振，联通物我，打通心物，在反省的、非对象化意识状态中通天达地。佛学对于证自证分的说法显得空灵，而儒家认为天地生生之力流淌在万物与万事之间，也流淌在人身与人之心中，但这种非对象化的领悟来之不易，借助基督教意味的对象

[①] 劳乃宣在《论孔教》中认为，孔教不是宗教，因为孔教是"以孔子教人之法传布于天下，兆学教也"。他解释说，如果诸教如山，各自鼎峙，"孔教则如天，群山皆在覆帱之内"；如果各宗教如江河之水，"孔教则如地，百川无不在持载之中。此孔教之所以异于诸家之宗教也"。也就是说，孔教高于各种具体宗教，且没有教内教外之别。参劳乃宣：《论孔教》，《本同乡劳先生遗稿》卷一，见沈云龙主编：《近代中国史料丛刊》，第36辑，台海出版社，1966年，第65—169页。

化理解如下:

> 那更高的意愿被点燃于沉默的爱情之中,具有巨大的丰富性。于是这人就成为一个在精神上被照亮者,因为神的恩惠在精神统一中作为一眼源泉而出现,而且这水流在众官能里引起了带着德行的向外涌流。还有,这恩惠的源泉总要求一个回流,回流到那引出涌流的同一个根源处。①

这样的理解比较形象化。诚中之意是点燃一切的,而不是被点燃的;是照亮一切的,而不是被照亮的。诚中之意本身就是永不止息的源泉,这意(力)来自天地生生之力,而不来自外在的人格神。

天地神圣的创造之力是如此丰沛和巨大,远远超过了所有人意层次上的意识状态,所以天地的神力从不要求回流,生成一切,带走一切,不求回报,也不在乎回响。正是在这个意义上,祖天之意不需要人意的回流、回响和膜拜,因为祖先和天地之力已经远远超过个人意识存在的层级,不需要以人格化的意识形式具体性地向人呈现。在这个意义上,经典都是古代圣人们对天道神秘莫测的创造力的记录和体悟,因为天地之伟大远远超过了人格神可以表达的限度,所以不需要以人格化的具体意象实化在人间,而是以经典的方式让人通过诚于祖天之意之中的方法去体察和领悟。

孔子的心意通于古代圣贤的心境,通于天地自然之中道,其心通于天地与人间正道,与四时、万物、天地一样淳朴地长养②。诚中是诚于祖天之境。天地有大德,有小德,人心发动当顺祖天,从有言之境进入无言之境。小德可谓人的心意的具体实化,表现犹如江河流淌不息,脉络分明。大德是人的心意接续天道的表现,其与宇宙万物变化生发的原生之力从原发性的根本上相通。

---

① 吕斯布鲁克著,张祥龙译:《精神的婚恋》,商务印书馆,2018年,第96页。
② 以《传习录》来观《中庸》,可以说《中庸》的最高境界是《传习录》心学的基本意识底色。

第三十一章　圣祖如天

唯天下至圣，为能：聪明睿知，足以有临也；宽裕温柔，足以有容也；发强刚毅，足以有执也；齐（zhāi）庄中正，足以有敬也；文理密察，足以有别也。溥博渊泉，而时出之。溥（pǔ）博如天，渊泉如渊。见（xiàn）而民莫不敬，言而民莫不信，行而民莫不说（yuè）。是以声名洋溢乎中国，施（yì）及蛮貊（mò）。舟车所至，人力所通，天之所覆，地之所载，日月所照，霜露所队（zhuì）；凡有血气者，莫不尊亲，故曰配天。

【明译】

只有达到了天下最圣明境界的人，才能做到：耳目聪明睿智博通，因而足以治理天下万物；宽容淳厚温和柔顺，因而足以包容普罗大众；奋发努力刚强坚毅，因而足以决断天下之事；威严庄重居中守正，因而足以获得众人尊敬；条理清晰明辨详察，因而足以辨别是非邪正。达到这种圣明境界的人，德行周遍广远，思虑深沉如渊，他的心意犹如渊深的泉水汩汩，时时流出。他的心意如天空一样广阔博大，又如深渊一样深厚沉静。他一起心动念，人们没有不敬佩他的，他一说话，人们没有不信任他的，他一行动，人们没有不喜欢他的。所以他的美名声誉广泛流传在华夏大地，并传播到边远未开化的地区。凡是车船所能够抵达的地方，人力开发所能够到达的地方，天所能够覆盖到的范围，地所能够负载起的领域，日月所能够照耀到的地方，霜露所能够降落到的地方，凡是有血脉气息的人，没有人不尊敬他，不亲近他，所以说具有至圣境界的人可以与天相匹配。

【明注】

"施"同"迤"，延伸、远传。"队"通"坠"，降下。"蛮"指古代南方少数民族，"貊"指古代北方少数民族。本章从心意实化能够无所不至的角度，说明通达祖天之意的圣人，一方面其意识精细至极，细致入微；另一方面，其祖天之意还有君临天下的意味，可以延伸至天下每个角落。通达祖天之意的人，其心意至诚专一，好像纺织时整理经纬丝线，将其编织成为完整的锦缎，善于收摄天下的正理编织成就大经大法，实现人文化成的新开展，助成天地运化和对万物的生养。

"现"是出现，指人的出现以心意的现出为本。圣人本性光明，德行通天，其心意发动，总是令人感动敬佩。其意念发动实化为言语和行动，有形有象，由隐而显，令人欣喜悦纳。圣人如通神的祖先，与天地无限的境界相配，圣明齐天。通达祖天之意需要诚恳和仁慈，执定其为源泉，静定中去参究、体悟、琢磨，心胸开阔，浩然太虚，心意时刻接续祖先和天地的境界，好像天性的禀赋如此聪明睿智，如有圣德守护其间一般。

【明解】

心意诚明通于祖天，即可以配天地日月之明。聪明睿智是心意通天的境界，《周易·系辞传》认为，古代"聪明睿智"的人可以"神以知来，知以藏往"，可谓达到身前身后无所不知的境界。这当然是圣人时刻修持诚中之意的境界——持守着天地的中道，既有通天睿智、无所不知，又能够感通人心、治理天下。

至圣之境到最后叫配天，就是人跟天地可以相配。配天的境界接近神，但这种神不是基督教上帝的人格神。中国古代的圣人期待的最高境界非常之高。杜维明认为这是解释孔子的境界，不是把孔子神明化，只是说明孔子超

第三十一章　圣祖如天

出了常人的境界。[1] 换言之，孔子的境界不过是一种方便说法，关键在于体悟孔子那种时刻持守祖天之意的，真诚至极、纯粹精一、恒久共在的意识境界。

【明意】

至圣者的眼光当然是祖天之意的眼光，这种眼光和意识境遇是现象学的构成、生成性的眼光，是一种看现象即看本质的眼光，是自然悬搁权威性的看法。至圣者的明意本祖天之意，其意发动如天行，显相即显神，即本体即用事。通于祖天的圣哲自然明意，其诚中之意本乎祖天之意。祖天之意发动犹如天行，显乎日用之象，即成用于日用常行。可见意的显象即成为日常的现象，日用之常即庸常，即平常。明意即感通祖天之意的方法，即感通即通达的开悟道路。

心境通于古代圣人与天地的状态，就是心天之意的状态境界。心意与万物之化共同变迁，创生不已，而没有心物之分。心意通天。心意动，则人们自然佩服，诚中之意能感动天下人心。心意达到诚中境界的人，起心动念皆合于自然的节拍。所谓心意通天，令人肃然起敬，此即心天之意。

天下至圣之人（圣王）的心意境界通达万物，得到万民的尊敬。心意发动的感应之力巨大，可以通于广袤宇宙内的所有事物。所有人修行诚中之意，都可以推致到心天之意那种心意通天的境界。这与阳明致良知的说法相近，良知好像渊深的泉水，汩汩流淌而出。这种非对象化的诚中之意所达至的"溥博渊泉，而时出之"的比喻义，需要借助对象化的比喻加以理解：

没有任何水流无泉源，也没有任何泉源无活的水脉。以同样的方式，神的恩惠带着（它的）水流流入更高的官能中，推动和点燃一个人的所有德行。它像一眼源泉位于我们精神的统一中，它就在它出现的这同一个统一性中涌流着，正如一道活生生的水脉从神的丰富性的活生生

---

[1] 参杜维明著，段德智译，林同奇校：《〈中庸〉洞见》，人民出版社，2008年，第111页。

中庸明意

根底中涌出，那里绝不会缺少忠诚［尽职］和恩惠。这就是我说的触动的含义。①

诚中之意不需要对象化的人格神，因为泉源不在外在的神那里，而在人自己的本性里。这里借用此语，是为凸显本性是人的内在神，带有神妙莫测的力量，因为人的本性可以涌出活生生的诚中之意，故只需要反躬自省，即可内观而得，其不是对他者的忠诚，而是本性通天的自然忠诚。这种诚至于极致的境界，不仅触动自己，而且感天动地。

---

① 吕斯布鲁克著，张祥龙译：《精神的婚恋》，商务印书馆，2018年，第109页。

第三十二章　祖意达天

唯天下至诚，为能经纶（lún）天下之大经，立天下之大本，知天地之化育。夫焉有所倚？肫（zhūn）①肫其仁！渊渊其渊！浩浩其天！苟不固聪明圣知，达天德者，其孰能知之？

【明译】

只有天下真诚至极的人，才能够把祖天之意制定为治理天下的法则，才能够把诚中之意树立为天下的大本大源，只有如此，才能够领会天地化生、养育万物的境界。除了真诚至极的创生之力，他哪里还有什么呢？真诚至极的人，他起心动念无比诚恳，展现为仁爱之善；他的思虑、心念无比深邃，像深渊一样深不见底；他的心思、意念广阔盛大，可以通达天地之化境。如果不是真正耳目聪明睿智博通，其心念发动都通达天地创化之境的人，又有谁能够知晓这个诚中之意呢？

【明注】

"大经"是大常、常道，即庸常之大道；理学家解为"天理"，指治国理政的大经大法、总的纲领和原则性的要求。通于祖天的意识是根本大法，真

---

① 傅佩荣注音"chūn"，见傅佩荣：《傅佩荣译解大学中庸》，东方出版社，2012年，第98页。

中庸明意

诚至极足以实化而化育万物。

第一章"中也者，天下之大本也""喜怒哀乐之未发"之"中"为天下之大本。此即"诚中之意"的由来，即时刻持守意念于中道的状态。如果领悟这种诚于祖天的意识，就不需要依靠其他的了，因为心意发动，都在诚恳、仁慈的状态当中，都在不断增厚自己的德行的努力当中。这种努力表现出来的德行通于天地，心意浩渺，无边无际，聪明睿智，至于天极，浩瀚无垠，中意达天，所谓至诚通乎祖天的境界，也不过如此。

【明解】

诚于祖天之意可以让祖天明白显现出来，成就意识实化的至高境界。真诚至极地推动诚于祖天之中的意识状态，使诚中之意成为君子时刻持守的根本意识境遇，能够体会到祖天成为天下万物创生之源[1]。心意与万物共同创生的境界通过心意诚乎极致的状态体现出来，心意通于天地自然之善，使祖天之意转化为心天之意，即心如天那般深远，心如天那般广阔。

心念诚于天地之中的境界是治国理政之要枢，心念诚中，与宇宙万物的创生相通，共同创造。心念发动，与造化同功，有心意通于天地之化的神秘相应感。祖天之意可以实实在在地把祖先实化出来。祖天之意真纯至极，深不可测，可以左右逢源，如浩然正气充塞天地之间，尽性而通乎天地，通达天命之理。

---

[1] 沈善增指出："在东方生命哲学里从来没有宇宙第一推动力的问题，因为在生命哲学看来，没有运动的宇宙是不可思议的，也是没有任何意义的。"沈善增：《坛经摸象》，上海三联书店，2009年，第16页。西方哲学脱胎于犹太－基督教宇宙观，所以一直纠结于第一推动力问题。如果从康德的哥白尼式的革命出发，我们可以认为，时间和空间，其实都是运动的表现形式，是人类主客观合一的感知形式，世界本来只有运动，是因为人类意识的参与，人类才意识到所谓的时间和空间。换言之，时间和空间是人类意识赋予物体运动的形式感，是外在于物体运动的，只是对人来说，是主客合一的。在东方生命哲学当中，宇宙本身就是有生命的，本来就是运动的，无所谓第一推动力和创造者，宇宙本来就是这样的，而不是被创造成为这样的，或者推动之后才成为这样的。

第三十二章　祖意达天

【明意】

只有感悟祖天之意达到天下最为真诚的境界的人，才能体悟到祖天看似有相，其实无相，在这种祖天之意的意识状态当中，领悟到现象本如无相，因现象本身就是祖天之意的现实化显现，正是祖天之意使得天象如此这般地呈现而有用。没有祖天之意，就不能有"至诚"，难以领悟天机之机有大用，也就无法朝向事情本身。

祖天之意帮助人们摆脱偏见，面对世界的本相和事实，达到实事求是的本来面目，看到一切现象没有背后的实体或本质作为其根据，现象本身就是世界存在的实相，事物存在和变化的状态本身就是祖天之意的情境化展开，一切现象不是祖天之意的对象，而是祖天之意"非对象化"的本来面目。祖天之意的世界就是生活中经历的日常、庸常的现象世界，祖天之意并不规定世界，而是与世界共同存在。祖天之意不是某种存在性的实体，而是开悟之后的意识状态，这种意识状态应该成为人与世界互动或者对话的先行意识状态。世界本相不是主体观念活动的建构，而是祖天之意如其本然地、自然而然地展现出来的。

这种非对象化的诚中之意往往难以解悟，而借助形象化的对象化的理解可能有所帮助：

按照他［她］浸入自己的本质存在的状态，他［她］被充满了深渊般的至高幸福和神的丰富性；出自这种丰富性，涌出了一种可感觉之爱的拥抱和充满，流入更高官能的统一中。出自这种可感觉之爱的充满，涌流出一种令人欢喜的、弥漫性的风味，流入到心灵和身体诸官能中。凭借这些流，一个人在内部变得静而无动，失去了对于他［她］自己和所有他［她］的行为的控制；他［她］在自己最内在的根底（中心），既不知晓也不感到灵魂和身体的任何其它东西，而只有不寻常的清澈，以及可感觉的幸福和弥漫着的风味。[1]

---

[1] 吕斯布鲁克著，张祥龙译：《精神的婚恋》，商务印书馆，2022年，第138—139页。

诚于祖天之意不需要对象，但如此深沉，以至于好像沉入深渊，无限丰富饱满，也在深渊当中映照出天空的浩渺和广远，极致扩展人的感官所能通达的极限。诚中之意没有明确的爱意，但其实仍然带着对天与人的深爱。这是令人感动、令人欢喜的，能够弥漫进入身体所有的细胞的那种浸润与舒适，是天人相感而通畅的舒适感，因为诚中之意感天而通神，只是这神不是外在的人格神，而是内在的、来自天地的神性创造的生生之力。因为感通了内在的生生之力，浩然正气时刻流淌，几乎无法控制，但又非常舒畅和饱满，这就是诚中之意的极致境界。

第三十三章　明意化天

《诗》曰："衣（yì）锦尚䌹（jiǒng）。"恶（wù）其文之著（zhù）也。故君子之道，暗然而日章；小人之道，的（dí）然而日亡。君子之道，淡而不厌，简而文，温而理，知远之近，知风之自，知微之显，可与入德矣。

《诗》云："潜虽伏矣，亦孔之昭！"故君子内省（xǐng）不疚，无恶（wù）于志。君子之所不可及者，其唯人之所不见乎？

《诗》云："相在尔室，尚不愧于屋漏。"故君子不动而敬，不言而信。

《诗》曰："奏假（gé）无言，时靡（mí）有争。"是故君子不赏而民劝，不怒而民威于铁钺（fū yuè）。

《诗》曰："不（pī）显惟德，百辟（bì）其刑之。"是故君子笃恭而天下平。

《诗》云："予怀明德，不大声以色。"子曰："声色之于以化民，末也。"

《诗》曰："德輶（yóu）如毛。"毛犹有伦。"上天之载，无声无臭（xiù）。"至矣！

【明译】

《诗经》说："身穿锦绣衣服，外面罩件麻衣。"这是厌恶锦绣之衣的纹饰色彩过于显眼的缘故。所以，君子行事遵从祖天之意：深藏、隐晦但因其深远而日益彰明。小人行事违背祖天之意：华丽、显著但因其浅薄而日益消亡。君子行事遵从诚中之意：恬淡而不会使人厌倦，简约而内含文采①，温和而条理清晰。知道长远的功业要从切近处做起，知道移风易俗要从端正自身开始，知道隐微的开端中隐含着显著起来的可能，这样就可以跟他一起进入修行道德的状态了。

《诗经·小雅·正月》说："虽然潜在水里，隐伏很深，但还是能看得一清二楚。"所以君子虽然隐遁、深藏，但道德清明，没有污垢，能够时刻保持祖天之意而不会有偏邪的心念，不会偏离原初的心志。②君子的德行之所以让一般人不可企及，大概就是他在这些一般人看不见的地方，仍然时刻保持诚中之意吧？

《诗经·大雅·抑》说："即使独自处于偏僻阴暗的室内，心念也皆能无愧于微弱的天地之光。"所以，君子时刻保持祖天之意，就是在心意没有发动的时候也受人尊敬，就是在心意没有落实为言语的状态也能够取信于人。

《诗经·商颂·烈祖》说："诚心进祭，感通神灵。肃穆无言，没有争执。"所以，君子行事合于祖天之意，不用赏赐，老百姓就会劝勉振作；不用发怒，老百姓就会畏惧刑罚。君子带领百姓敬拜先祖，移风易俗，化民成俗。

《诗经·周颂·烈文》说："弘扬光大德行，诸侯都来效法。"所以，君子行事合于诚中之意，笃实恭敬，天下就会太平安宁。

《诗经·大雅·皇矣》说："我向往怀有光明品德的人，他们从来不疾声厉色。"孔子说："用疾声厉色去教化百姓，那是最差的手段。"

《诗经·大雅·烝民》说："德行很轻，轻如鸿毛。"虽说轻如鸿毛，但毕竟还有形象可见。《诗经·大雅·文王》说："上天化育万物，既没有声音也没有气味。"这才是行乎诚中之意的最高境界啊！

---

① 一解为君子行事简单直接，但因能把握好分寸，不会失节失礼。参翟奎凤：《至圣至诚》（见陈来、王志民主编：《中庸解读》，齐鲁书社，2019年，第245页）。
② 郑注："言圣人虽隐遁，其德亦甚明矣。疢，病也。君子自省身无怨病，虽不遇世，亦无损于己志。"〔汉〕郑玄注，〔唐〕孔颖达正义：《十三经注疏·礼记正义》，上海古籍出版社，2008年，第2045页。

第三十三章　明意化天

【明注】

　　《诗经》没有"衣锦尚䌹"的语句，只在《诗经·卫风·硕人》中出现了"衣锦褧（jiǒng）衣"，有人说它是逸诗。"褧"同"䌹"，麻布单衣。这里可能是传写之误。[1]"衣"作动词，指穿衣；"锦"指色彩鲜艳的衣服。"尚"是加。"䌹"同"裳"，指用麻布制的罩衣、深衣、禅衣。意思是在色彩绚丽的衣服外面罩上颜色暗淡的深衣，这样做是为了怕引人注目，尽量显得低调、沉潜、含蓄，表现一种深藏不露的涵养和状态。

　　"暗然"是隐藏不露。"的然"是鲜明、显著，指小人图一时快意，反而很快烟消云散。一切显著的动静都来自微末的细节，所以任何意念的发动和投射，都需要明确清晰的反身意识，这是从德性不断积累成为德行的必然过程。

　　"潜虽伏矣，亦孔之昭"引自《诗经·小雅·正月》。"孔"是很。"昭"在《诗经》原作"沼"。"昭""䁓"同，意为明显。一说故意掩藏过错并没有用，反而容易暴露显明。所以关键在于内省无疚，俯仰无愧，心安理得。

　　"相在尔室，尚不愧于屋漏"引自《诗经·大雅·抑》。"相"是相看、注视。"屋漏"指古代室内西北角设小帐的地方，相传是神明所在，这里是以"屋漏"代指神明；一说指最暗的地方。[2]"不愧于屋漏"喻指心地光明，不在暗中做坏事、起坏念头，这样心意通于天地之光，意境光明而有力。无论境遇多么黑暗，内心永存光亮，自明自照，不待他人告诫鼓励，总是自明其德，毫无阴影。

　　"奏假无言，时靡有争"引自《诗经·商颂·烈祖》，是祭祀祖先成汤的诗。"奏"是进奉。"假"通"格"，即感通、至，指诚心能与鬼神或外物互相感应。"奏假"是祭祀开始，演奏礼乐。"靡"是无，没有。"鈇钺"是古代执行军法时用的斧子。在迎神祭天的典礼当中，仪式感的力量足以收摄人

---

[1] 参幺峻洲：《大学说解 中庸说解》，齐鲁书社，2006年，第116页。
[2] 参幺峻洲：《大学说解 中庸说解》，齐鲁书社，2006年，第118页。

的心意，让参与者自然正念正语，不生邪念妄语，好像斧子随时都会落下，这是场域之威，带来心意之严，从而成就德行之力。心意通于祖天的人，意念发动之处，自然生成一个真诚、纯粹、无限有力的意识境域，这个意识境域的力量看起来是临在当场的，但其实是跨越时空的，千年之后、万里之外，都能够感悟到那种心意君临天下的威严和威仪。

"不显惟德，百辟其刑之"引自《诗经·周颂·烈文》，是周成王祭祀祖先时劝勉与祭诸侯的。"不"通"丕"；"不显"即大显，可以理解为不欲彰显却能大显。"辟"是诸侯，一说是天子、诸侯的通称；"百辟"就是各方诸侯。"刑"通"型"，示范、效法、榜样。如果德行足以感化周围的人，那么天下之人就会闻风而归附，从内心深处效法自己敬佩的典型。

"予怀明德，不大声以色"引自《诗经·大雅·皇矣》，这是颂扬周先王美德的诗。文王彰明的德行和功业，仅仅依赖其内心无限纯粹的真诚，从来不需要大声疾呼，更不需要用威武的姿态和强力的约束。"声"是号令；"色"是容貌；"以"是与。"予怀明德"一解为"我胸装有光明美好的德性"。明君治国纯靠明德，不靠诫命，也不靠法制，更没有多如牛毛的规章制度，因为用明德治国理政，精一真诚，这才是最高明、最理想、最令人佩服的境界。

"德輶如毛"引自《诗经·大雅·烝民》，是赞美有德行的君子的。"輶"是古代一种轻便车，引申为"轻"。"伦"是类、比，意为可比拟、有形象。领导人之德行的表现，即使做到轻如鸿毛，也还是有迹可循的。只要有为，就没有达到"无为而无不为"的化境。

"上天之载，无声无臭"引自《诗经·大雅·文王》。"载"是事。"臭"是气味。这种诚中之意至于极致通天的状态，由于"无声无臭"以至于无法描述，甚至无法感通，因其是非对象化的，无对象的。天没有实体，没有形状，没有声音，也没有味道，什么都没有，是虚无之天，是不能实体化的天。① 诚中之意诚于如此之天，通天的德行不易理解。② 这种性天合一的至德，虽然无形无相，不显于世，但化生万物，盛大光明，可见至德通于祖天大道，自然而然昭彰天下。

【明解】

真诚至极地明于祖天之意的境界能转化天地至于极致。君子知道本末，知道从哪里开始实化自己的意念，能够改变周围的情境，最后改变天下。《大学》"知所先后，则近道矣"与《中庸》此章"知远之近，知风之自，知微之显，可与入德矣"可以相互印证。心与身的修行都从修意开始，从身体意识的近处出发，只有诚于祖天之意之中，才能改变天下趋于极致。

心念诚于祖天所指示之道之中，但不彰显祖天之意，不有意使之明耀于世。祖天之意的发动，是成事的几微之端，所以要极度小心，要在诚于祖天之中的境界里培养道德，在意与境交融之中塑造自己的德行。明祖天之德就能转化天地阴阳。

诚于祖天之中道，并保持诚于祖天之中不失，即使祖天之意光芒微弱，自我省察之光也仍然要长明。即使祖天之意未发于言，但通于祖天的意境也仍然通于天地，而且境通万民，当慎独而不自欺。祖天之意化己化人，化通天地万物，化于极致之境。祖天之意光明常在，如日月之长明。

祖天之意通于阴阳鬼神之运化，神妙莫测。无言之意境是以"有"言摄

---

① 正如伍晓明指出："基督教《圣经》旧约中的上帝可以明确地宣布'我就是我'，并可以在西奈山上现身并授摩西以书写而成的《十诫》，但是中国传统中的天却根本无'身'可'现'，所以也更不会对人当面言说。"参伍晓明：《"天命：之谓性！"——片读〈中庸〉》，北京大学出版社，2009年，第138页。

② 我们可以借助精神性婚恋那种对象化的理解："这精神在此爱火中燃烧净尽，如此深地进入神触，以至于它在所有渴望中都被征服，在所有行为中都被消融为无；它必定耗尽它的行动，它在所有献身之上，自身成为了爱；它在一切德行之上，拥有了它作为受造者的最内在者，也就是所有受造者工作的起始和终结。这就是在其自身中的爱，它是所有德行的源头和根基。"见吕斯布鲁克著，张祥龙译：《精神的婚恋》，商务印书馆，2022年，第113页。

"无"言之境。心意诚中而为之法,本身就是不显山露水的教化,是如雨露滋润自然那般,自然而然。在儒家看来,以"有"收摄"无"的有无之境非空,而是无中生有,有而无之。

【明意】

至诚无言,通祖天而诚。所谓天成,即天诚而成之,因为诚而成(就天道)。得失皆天道显现之象。因为诚而自成,所以诚之于人就是真正地成就人。真诚至极方能成人。感悟现象、整体地面对现象本身,需要主体切实去做"诚"的功夫,需要祖天之意的参与才能成为现象,而参与的意识使现象得以呈现,意是现象之庸常成为有用的根本。

诚于祖天之中的意识状态创生万物,但不显山露水。诚中之意从身边开始,从自明隐微之诚开始,从心意不偏斜、时刻诚中、心地光明开始;心意诚于祖天之中,心通于鬼神阴阳莫测的变化。可见,祖天之意可以以不变应万变。

祖天之意以"有"摄"无","有"本"无"末,此儒家意识以有为本。诚于祖天之中,意识能够感动人心,实现天下太平,如大道自然无言,但能够涵养百姓,滋润万物,无声无臭,这就是诚中之意达到心意通天的极致。这种极致境界,是以"有"摄"无"的境界,看上去如空气一般,虚无如无,但万象森然,一念诚中,即生万有,天德如天,德化万物,此证明诚中之意之实,如证明祖天之意之恒。

参考文献

［1］吕斯布鲁克.精神的婚恋［M］.张祥龙,译.北京：商务印书馆,2022.

［2］于连.（经由中国）从外部反思欧洲：远西对话［M］.张放,译.郑州：大象出版社,2005.

［3］郜同麟.礼记正义［M］.杭州：浙江大学出版社,2019.

［4］郑玄.礼记正义［M］.上海：上海古籍出版社,2008.

［5］朱熹.四书章句集注［M］.2版.北京：中华书局,2011.

［6］黎靖德.朱子语类［M］.北京：中华书局,1986.

［7］卫湜,杨少涵.中庸集说［M］.桂林：漓江出版社,2011.

［8］黄宗羲.明儒学案［M］.2版.北京：中华书局,2007.

［9］司马迁.史记［M］.北京：中华书局,2014.

［10］鲍鹏山.《大学》《中庸》导读［M］.北京：中国青年出版社,2021.

［11］陈满铭.学庸义理别裁［M］.台北：万卷楼图书公司,2002.

［12］安乐哲.切中伦常：《中庸》的新诠与英译［M］.北京：中国社会科学出版社,2010.

［13］陈荣捷.中国哲学文献选编［M］.杨儒宾,等,译.北京：北京联合出版公司,2018.

［14］丁四新.郭店楚墓竹简思想研究［M］.北京：东方出版社,2000.

［15］东方桥.读中庸的方法学［M］.台北：玄同文化事业有限公司,2000.

[16] LEVINAS E. Totality and infinity [M]. LINGIS A, trans. Pittsburgh: Duquesne University Press, 1969.

[17] 黄兴涛. 辜鸿铭文集 [M]. 海口：海南出版社, 2000.

[18] 辜鸿铭.《大学》《中庸》：中英双语述评本 [M]. 北京：中华书局, 2017.

[19] 方尔加.《大学》《中庸》意释致用 [M]. 北京：中国人民大学出版社, 2008.

[20] 于连. 道德基础：孟子与启蒙哲人的对话 [M]. 宋刚, 译. 北京：北京大学出版社, 2001.

[21] 余莲. 势：中国的效力观 [M]. 卓立, 译. 北京：北京大学出版社, 2009.

[22] 曹峰. 清华简《五纪》的"中"观念研究 [J]. 江淮论坛, 2022, (3)：11-18, 193.

[23] 陈来. 仁学本体论 [M]. 北京：生活·读书·新知三联书店, 2014.

[24] 陈来. 熊十力哲学的体用论 [J]. 哲学研究, 1986, (1)：36-42.

[25] 陈来, 王志民. 中庸解读 [M]. 济南：齐鲁书社, 2019.

[26] CHAN W T. A source book in Chinese philosophy [M]. Princeton: Princeton University Press, 1963.

[27] 陈赟. 中庸的思想 [M]. 杭州：浙江大学出版社, 2017.

[28] 邓球柏. 大学中庸通说 [M]. 长沙：湖南人民出版社, 2008.

[29] 丁耘. 道体学引论 [M]. 上海：华东师范大学出版社, 2019.

[30] 杜维明.《中庸》洞见：汉英对照 [M]. 北京：人民出版社, 2008.

[31] 傅佩荣. 傅佩荣译解大学中庸 [M]. 北京：东方出版社, 2012.

[32] 高柏园. 中庸形上思想 [M]. 台北：东大图书股份有限公司, 2016.

[33] 顾宏义. 宋代《四书》文献论考 [M]. 上海：上海古籍出版社, 2014.

[34]葛兆光.宅兹中国：重建有关"中国"的历史论述［M］.北京：中华书局，2011.

[35]韩星.《大学》《中庸》解读［M］.北京：中国社会科学出版社，2018.

[36]黄忠天.中庸释疑［M］.台北：万卷楼图书股份有限公司，2015.

[37]姜广辉.郭店儒简研究的参考坐标［M］//郭店楚简与早期儒学.台北：台湾古籍出版有限公司，2002.

[38]康德.康德著作全集：第5卷：实践理性批判、判断力批判［M］.李秋零，译.北京：中国人民大学出版社，2006.

[39]康有为.中庸注［M］.台北：台湾商务印书馆，2011.

[40]孔德立.诚明之道［M］//陈来，王志民.中庸解读.济南：齐鲁书社，2019.

[41]孔德立.早期儒家人道思想的形成与演变［M］.成都：巴蜀书社，2010.

[42]李泽厚.论语今读［M］.北京：中华书局，2015.

[43]廖名春."慎独"本义新证［M］//黄忠天.中庸释疑.台北：万卷楼，2015.

[44]梁涛.道不远人［M］//陈来，王志民.中庸解读.济南：齐鲁书社，2019.

[45]梁涛.中庸的艺术［M］//陈来，王志民.中庸解读.济南：齐鲁书社，2019.

[46]列圣齐释.中庸证释［M］.台北：元晟出版社，1993.

[47]刘兆伟.《大学》、《中庸》诠评［M］.北京：中国社会科学出版社，2013.

[48]南怀瑾.话说中庸［M］.北京：东方出版社，2015.

[49]倪梁康.八识规矩颂注译［M］.武汉：崇文书局，2021.

[50]沈善增.坛经摸象［M］.上海：上海三联书店，2009.

[51] 师为公.《中庸》深解[M].北京：作家出版社，2009.

[52] 王云五.中庸今注今译[M].台北：台湾商务印书馆股份有限公司，2009.

[53] 孙向晨.论家：个体与亲亲[M].上海：华东师范大学出版社，2019.

[54] 谭宇权.中庸哲学研究[M].台北：文津出版社，1995.

[55] 王夫之.尚书引义[M].北京：中华书局，1962.

[56] 王爱平.印度尼西亚孔教研究[M].北京：中国文史出版社，2010.

[57] 王邦雄，杨祖汉，高柏图，等.中国哲学史：上[M].台北：里仁书局，2015.

[58] 王晓薇.宋代《中庸》学研究[D].保定：河北大学，2005.

[59] 温海明，路则权.安乐哲比较儒学哲学关键词[M].北京：华夏出版社，2021.

[60] 温海明.道德经明意[M].北京：中国社会科学出版社，2019.

[61] 温海明.周易明意：周易哲学新探[M].北京：北京大学出版社，2019.

[62] 温海明.儒家实意伦理学[M].北京：中国人民大学出版社，2012.

[63] 温海明.坛经明意[M].北京：宗教文化出版社，2021.

[64] 温海明.新古本周易参同契明意[M].上海：上海三联书店，2022.

[65] WEN H M. Confucian pragmatism as the art of contextualing personal experience and world[M]. Lanham, MD: Lexington Books, 2009.

[66] WEN H M. Chinese Philosophy[M]. London: Cambridge University Press, 2012.

[67] 夏可君.《中庸》的时间解释学[M].合肥：黄山书社，2009.

［68］伍晓明.天命：之谓性！：片读《中庸》［M］.北京：北京大学出版社，2009.

［69］萧天石.大学中庸贯义：人生的内圣修养心法［M］.北京：华夏出版社，2007.

［70］杨国荣.成己与成物：意义世界的生成［M］.北京：北京大学出版社，2011.

［71］杨国荣.道论［M］.北京：北京大学出版社，2011.

［72］杨海文.大德受命［M］//陈来，王志民.中庸解读.济南：齐鲁书社，2019.

［73］杨海文.四书选讲［M］.成都：巴蜀书社，2022.

［74］杨少涵.中庸原论：儒家情感形上学之创发与潜变［M］.北京：社会科学文献出版社，2015.

［75］杨祖汉.中庸义理疏解［M］.台北：鹅湖月刊社，1984.

［76］姚淦铭.中庸智慧［M］.台北：龙图腾文化有限公司，2019.

［77］幺峻洲.大学说解 中庸说解［M］.济南：齐鲁书社，2019.

［78］于述胜.《中庸》通解［M］.北京：社会科学文献出版社，2020.

［79］于文斌.中庸类解［M］.长春：吉林文史出版社，2010.

［80］张岱年.中国哲学史史料学［M］.北京：中华书局，2018.

［81］张汝金.解经与弘道：《易传》之形上学研究［M］.济南：齐鲁书社，2007.

［82］张祥龙."家"与中华文明［M］.济南：济南出版社，2022.

［83］张祥龙.儒家哲学史讲演录：第2卷：从《春秋》到荀子［M］.北京：商务印书馆，2019.

［84］张祥龙.从现象学到孔夫子［M］.北京：商务印书馆，2022.

［85］张祥龙.复见天地心［M］.北京：东方出版社，2013.

［86］张祥龙.儒家哲学史讲演录：第4卷：儒家心学及其意识依据［M］.北京：商务印书馆，2019.

［87］张祥龙.先秦儒家哲学九讲：从《春秋》到荀子［M］.桂林：广西师范大学出版社，2009.

［88］张祥龙.中西印哲学导论［M］.北京：北京大学出版社，2022.

［89］赵汀阳.天下体系：世界制度哲学导论［M］.北京：中国人民大学出版社，2011.

［90］赵汀阳.历史·山水·渔樵［M］.北京：生活·读书·新知三联书店，2019.

［91］郑熊.《中庸》学与儒家形而上学关系研究［M］.北京：人民出版社，2020.

后记　诚于祖天之意中

《中庸》凝聚的古圣先贤的祖天之意经得起两千多年历史的检验，说明祖天之意有其自在的、稳定的，甚至永恒的意识结构，这是通于祖天的意向性缘构状态的意识结构。《中庸》的祖天之意有天然的倾向性，无法言传，但又能穿过文字，进入读者的意识境遇而形成意象（成象），好像欣赏梵·高《农夫的鞋》，画中"大地无声的召唤"就是经典作品本身内在的意向性，也是经典被解读和缘构的基础。《中庸》文本里祖天无声的召唤，正是儒家教化绵绵不绝的根基，但读者鲜能领略个中三昧。

如果不曾亲见这个世界上有很多时刻保持着祖天之意的人们，这本书就不可能如此完成。世界上很多地方的人们以不同的形式时刻感通着祖先，保持着祖天之意，这与是否会讲中文并没有直接关系，那种祖天在场的意识其实是儒家教化思想的核心。那种接通祖天的"诚"，无论是真诚还是诚实，本身就是"明"，就是明白祖先与天地亘古亘今的实存，这不仅于文本有据，而且于现实可证。能明祖天之意，就能推致祖天的良知至于极致，所以"明意"就是"致良知"，"明"既可以做如"良"一般的形容词，也可以做动词，明白、明亮、使之光明，而"诚"如"明"，诚于祖天，一气贯注。心意之中无限光明，便是"诚中之意"时刻实化为"祖天之意"的状态。

2023年春，大疫初散，即有印尼之行，途中续写本书稿，但常感笔力不济，时取时辍。可就在离开巴厘岛之前，遇到一位米寿老人，他在众人间向我显现，主动传授祖先之言，如从天降，助我明见并感通祖先，体悟到祖先临在当场，真实不虚，昭示其意，显示其力，和谐天人，共襄盛举，成就天人之业，承继往圣绝学。这种触发祖先天机的感悟，让我在从巴厘岛到香江的旅次沉浸于改写书稿之中，一气呵成，得以在知天命之年，基本完成儒学三书初稿的写作，在清明时节献给祖先和天地。这种"知天命"之年困读《中庸》，又思又写"尝试知命过程中的困惑"，伍晓明也曾经有过：

> 作者本人现在也还不敢说自己就真的已经知命：知中国传统之命（这一观念），知自己之（有限之）命，知自己之（必须完成之）天命，知人（作为人也许即应有、必有而且必须完成）之天命。……谨以此有限而谦卑的知命尝试，一个希望激发思想回应的尝试，献给已经过去和将会到来的"知命之年"，献给那些在一个至少是表面上早已远离传统的天命观念的时代中仍然出于一己之惑与一己之诚而愿意思考天命与人性者。[1]

大疫三年，师友凋零之悲恸益发冲击我去尝试知命，可是阅读和思考的过程并不给出明确的答案，甚至给我空留困惑，令我长吁短叹。幸运的是，大疫三年之后，刚刚放开可以行走天下时，祖天给我灵光乍现的震撼，不减七年前创作之初的云开雾散。感念祖先让我意识到此生如此幸运，兜兜转转仍然得以保守此身，延续此生，可以继续阐扬明意，告慰先人。

"诚中之意"是本书的主旨和核心，但初稿完成多年，一直觉得"诚中之意"太过抽象，印尼之行才大有落实的气象，即诚于中是诚于祖（宗）之中、诚于天（地）之中、诚于"和"之中，从而把诚于"祖天"之意的新解熔铸于一炉。巴厘岛是一个世外桃源，岛人的生活有着桃花源般的氛围，空气中渗透着一种近乎梦幻般的小国寡民状态，正是这种状态抵抗住了千年文明冲突的风霜雨雪。在如此和谐厚重的文化氛围之中，人人都诚于祖天境界当中，祖先在人们的皮肤之下，在流淌的血液之中，从来都在当下，永不离

---

[1] 伍晓明：《"天命：之谓性！"——片读〈中庸〉》，北京大学出版社，2009年，《写在前面》，第4页。

后记　诚于祖天之意中

开。印尼和谐文化基金会（大道文化研究中心）黄愿宇（Kasino）会长在巴厘岛山区，把一个几年前的蛮荒之地，化成桃花源般的梦幻之地，那里上下天光，豁然开朗，杂花生树，芳草鲜美，黄发垂髫，怡然自乐，天人和谐，欢歌悦舞，每个人都得到祖天的感召和佑护，在天地间开拓着灵魂的边界，时刻生生于和谐之中。

祖天并非天祖，因为由祖而天，非因天而祖，祖天非人格神，而天祖则有人格性。体悟到祖天创生力那种生生不息、无限活化的力量，不禁欣悦无边、手舞足蹈，从而可以"咏而归"，从海外华人生存拓展的经验边界，回到经典思考的写作建构之中来。之前《周易明意》的人天之意有后天返先天之意，《新古本周易参同契明意》有先天一炁之说，但诚中之意于文化现象之实存，仍需实证方才可知，至于祖先之实存，当从海外华人在天地之间无限艰辛的开拓，以及时刻对祖先的维系和守护中去体证。海外华人体现了中华民族真实的血肉之躯一代接一代在海疆和天地之间延展搏斗的那种边界感和征服感。海外华人时刻都在开疆拓土的过程当中，其生存境遇本身就是边缘域的拓展，是实实在在的中华民族生存意识的边界，他们在海外诚于祖天之中，而不是天祖，在边缘性生存境遇当中，海外华人祈祷和呼求的祖天，并不是犹太－基督教信仰的、外在超越的人格神上帝。这种华人依托的祖天信仰的力量，在天地之间延展自己的身心灵边界，不断追索其灵感边界，对祖天的领悟越真诚纯粹，其探索的边界越深沉广远。

海外华人在祖天的指引下开疆拓土的宗教性精神，是中华民族精神世界化的重要一环。祖天不是死的偶像，不是静止的牌位，不是对象化的，而是活生生的、有力量的真实存在。祖天洋溢在天地之间，临在当场，生生不息，大美无言，有着无穷的力量。祖天不是具体的某个人，不是某个族群的祖先，而是天地之间的祖天。海外华人在天地之间的边缘性生存，那种开拓和发展的经验，让他们觉得，自己吃的每一口饭、喝的每一滴水，都是因为信仰祖天而从天地之间得到的，所以充满感恩之情。华人在海外有共同的祖天，他们血气相连，心性相通，灵感互通，所以血肉之下的祖天，可以超越族群和宗教的边界。哪怕与其他族群相融通，海外华人仍然流着炎黄子孙的血液；哪怕他们的后代信仰其他宗教，炎黄祖天之实存仍然可以得到体证。换言之，信仰孔教或者佛教、道教、三教合一教的华人都继承着对大道的理解和体悟。

依托经典而立说，本是上古以来的立说正统，但近世以来，学术西化，解经立说的古法反而不易为世人理解。本书依从"明意"解经系列的节奏，很自然以实意（实化意念）来解释"中庸"，说明《中庸》首先是率性和修道之学，希望人们主动统帅自己的本性，修为自己的人生之道，这需要通过实化意念的当下来体现，要让意念"中（zhòng）"于日常生活之"中（zhōng）"，也就是时时刻刻持守"诚中之意"的意念状态。

无法忘却燕园里品读《中庸》的时光，在跟随陈来、张学智等老师们研读宋明理学著作之余，我常和同学李虎群、柯小刚、陈振宇、陈清春、陈中浙等交流对儒家经典和义理的理解。有段时间，李虎群沉迷于《象山语录　阳明传习录》，反复沉潜品味《通书》之"诚"，渐入化境，开悟之际，不禁手舞足蹈。后来他说开悟状态持续达两个月以上，足证夫子"三月不知肉味"并非虚言。如此沉迷于邵雍先天学和阳明龙场悟道之化境，彻底走出川端康成虚无主义情绪的迷雾，可以说，《中庸》的儒家境界成就了他的思想之锚，让他从此不再飘忽无定。走出燕园，奔赴檀香山求学期间，我对比较哲学视域中的《中庸》的理论深度和广度有了深切的体认。2001年，恩师安乐哲教授《中庸》译本由夏威夷大学出版社出版，出版之后引发学界持续关注和讨论。夏威夷大学哲学系 Mary Tiles 教授在她的一门经典导读课上，专门讨论了安乐哲老师的新著，我围绕该书完成了课程论文。之后，在 2002 年春天，我赴西雅图参加美国哲学学会（APA）西部会议，发表此文，并与黄勇、李晨阳、倪培民等美国中国哲学学会（ACPA）的学者们交流讨论，该论文题为"From Substance Language to the Vocabularies of Process and Change: A Comparison between the Translation of Key Philosophical Terms of 'The Doctrine of the Mean' and 'Focusing the Familiar'"《从实体语言到作为过程和变化的词汇表：〈中庸〉主要哲学术语的翻译》，载于 Dao: A Journal of Comparative Philosophy, 2004 年第三期。中文译文以《过程与实体——儒家哲学概念之英译》为题收入本人 2020 年人民出版社版的自选集《比较境遇与中国哲学》（第 252—274 页）。

2006 年回人大任教之后，我曾多次开《中庸》研讨课，与学生们的交流和讨论不断深化着我对文本哲学与宗教维度之理解。2021 年 9 月 11 日，杜维明先生线上亲自主持高研院《中庸》研讨会，可见他对近五十年前出版的《中庸》研究充满自得和自信。在多年来跟杜先生高足王建宝的交流过程当中，我进一步理解了杜先生对比较哲学和比较宗教的领悟之深、见识之精，其视域之宽广、问题意识之切要，可以说影响了一整个时代。最为关键的是，"精神人文主义"的核心其实就是杜先生深切体悟《中庸》的无言境界，并终其一生不断运用多种比较文化、比较宗教的视角和方法去讨论和丰富它，使得这种精神性变得神圣化而有神圣性。安先生和杜先生在《中庸》研究方面的成就启发着我深入理解《中庸》文本的哲学性，并试图通过意本论哲学解读来建构中国传统宗教的哲理维度。他们的哲学视角和中西比较的方法论，对完成此书有重要指引作用。2022 年 8 月 19 日，应梁涛教授邀请，我赴邹城孟子研究院参加"儒家人文思想暨第三届国际青年儒学论坛"，会议论文就是解读杜先生的《〈中庸〉洞见》并讨论与其"精神人文主义"的关系。陈来先生做大会总结时，多次提及我对杜先生关于《中庸》的解读和儒家宗教性的理解。无疑，杜先生提出"精神人文主义"，与他早年对《中庸》的体悟和深耕密不可分。随着他在全球性比较哲学与比较宗教、文明对话的视域不断开展，他对《中庸》宗教性的解读也不断丰富，成长为一棵与天地并列的参天大树。

本书译文初稿完成于孔学堂，博士生李芙馥和硕士生李佳蔚（冲）对初稿译文提出过很多中肯的意见。感谢孔学堂 2015 年 8 月提供良好的研修条件，帮助我在思考意本论形而上学的时候，确定以"诚中之意"为书稿的中心思想。2016 年 5 月，我在夏威夷檀香山马诺阿山谷里的星巴克续写"诚中之意"。那是我完成博士论文初稿的地方。读博期间，我曾经与年近百岁的著名语言学家德范克（John DeFrancis）先生朝夕相伴。点滴回忆涌上心头，泪光中的回响依然那么熟悉有味，那种意味既是日常人伦的韵味，回荡在写作《中庸》初稿"庸"常的字里行间，也饱含祖先之意的启示性的先行意味。德范克教授每天严格的日常韵律和生活节奏，昭示着一个伟大的、自律的学者如何初心不改地建构自己的人生之"意"，那种持续一生、永不言败的奋斗精神，令后学感动。

写作初稿时，我在夏威夷海边游泳之余奋笔疾书，迅速构架起"诚中之意"的论述框架，好像游泳之时，时刻"诚"于海浪之"中"，"诚"于天地风云之"中"一般，那种从身体摆动，拨开波浪，进而推波助澜的状态，到引导自己身体前进，保持长久不偏的每个瞬间，都要求自己进入"诚中之意"的状态——诚于水、诚于浪、诚于海、诚于天，更诚于日月阴阳、坎离交互的大自然之母——于是回到岸上，奋笔疾书，把译文初稿整体性书写下来。本书哲学诠释部分完成于美国洛杉矶罗耀拉大学（Loyola Marymount University），感谢王蓉蓉（Robin Wang）教授为我提供极佳的写作条件，我每天得以在俯瞰天使之城全景并远眺太平洋的公寓中，如有神助地完成初稿。

跟之前写作《坛经明意》和《新古本周易参同契明意》一样，时过境迁之后，想要找回创作时的感通化境异常困难，幸好天不见弃，多次努力之后，还是突然找回了当年的灵感，回复当年创作之境。2023年春季，我在参加印尼"和"文化文明论坛之后，到雅加达拜会国际儒联副理事长、印尼孔教总会（MATAKIN）前会长黄金泉（Chandra Setiawan）先生，印尼孔教总会会长陈清明（Budi S. Tanuwibowo）先生，印尼孔教总会前会长黄德耀（Wawan Wiratma）先生，印尼孔教最高理事会副理事长、印尼广东社团联合总会新任总主席张锦泉（Haris Chandra）先生，《印尼新报》总编李卓辉（Bambang Suryono）先生等。印尼孔教会的发展历程非常曲折，领导人连续四五十年矢志不渝地为建立孔教而努力奋斗的精神，令人感佩。印尼孔教

后记　诚于祖天之意中

（儒教）形成于1900年前后，2023年是印尼孔教会成立一百周年。1993年，印尼孔教全国最高理事会第12届全国代表大会推选黄金泉为执行主席。由这一年开始，印尼孔教会的领导班子逐渐变成华族年轻高级知识分子。印尼历史上曾经排华，黄先生等孔教领导们为了保留儒家文化多方奔走协调，终于在2000年2月28日，由瓦希德总统宣布将孔教定为印尼六大宗教之一，提升了儒家文化在海外的影响力。后来，黄金泉先生曾于2014任印尼孔教总会主席团主席、印尼总统大学校长。2023年4月，经刘华庆引荐，我拜访新加坡南洋孔教会和霍韬晦纪念馆。印尼、新加坡等国之行让我对康有为提倡孔教，对张祥龙希望建立儒家文化保护区的观点都在同情的基础上加深了思考。儒家文化的世界化推广需要因地制宜，因时而变。儒家不仅有哲学的维度，还有深刻的宗教性，在礼制、文化经典等方面，祖天的创生力可以有多维度的解释和实化的可能性。

时过境迁，如今距离初稿初创的时候已经有七年之久，一个周期已经完成，可是意本论体系的生成和展开还在路上。意本论和着时代的风云，在生长发育当中，逐渐展开。感谢臧峰宇、张鹏举、王易、原理、国承彦、路则权、牛喜平、孔德立、李焕梅、张凯等的支持、理解和帮助。感谢方旭东、陈赟、李靖、杨少涵、姜丹丹、蔡祥元、赵薇、王蓉、徐凯文、薄世荣、杨美俊、丛君博等启发儒家内观、明觉等"诚"于"中"的修行功夫，促进我反思中西比较视域当中儒家诚中智慧的当代命运，比如何应对疫情等当代现实问题。感谢2021、2022年比较哲学课程的研究生盖丽娅、贾枝润、阮晓庄、梁娟、吴文韬、黎妮、索千惠等的讨论和启发，其中卜坤桐启发了本书诚中之意和唯识宗自证分意识之间的交流对话。书稿的一部分在世界各地的讲座当中报告过，如2015年在中央美院，2016、2017年给全国书法培训班学员上课等，其间一些老师和学员提供过修改建议。本书初稿得到黄天夷、郑鹤杨、袁传志、鲁龙胜、徐萃、刘科迪、邹紫玲、胡继月、钱玉玺、刘熳淳、边玉殊、赵宇男、庞子文、唐军等研究生们的校对，他们的修改对完善初稿多有助益。

本书与写作其他"明意"一样，是在与师生们长期交流论学过程中丰富和完善的，此过程有助于加深体会经典章句之间的衔接，并常有天衣无缝的丝滑柔顺之感慨，那种时常体悟到的原文思路通融连贯的状态，或许就是从天地到祖先，再到历代作者之间的心流体验吧，如今借助写作小书的意识流实化出来，或因当下写作的意识试图诚于祖天之意而融贯到字里行间。最后要感谢张百庆、赵龙、杨金泉、孙宏涛等长期的鼓励和鞭策，还有燕园老同学李虎群和陈振宇，是他们的因缘让我接续祖先和天地的本来善意，并协助这部难产的小书实化成为铅字。

镜天斋主人
2015 年 8 月草于孔学堂
2016 年 5 月创于檀香山
2019 年 2 月造于慎修堂
2023 年 3 月改于龙水居
2023 年 5 月成于白岚村